内蒙古财经大学实训与案例教材系列丛书

丛书主编 金 桩 徐全忠

旅游法规案例教程

主编 杨智勇 刘春玲 任馥瑛

中国财经出版传媒集团

经济科学出版社

Economic Science Press

图书在版编目（CIP）数据

旅游法规案例教程/杨智勇，刘春玲，任馥瑛主编．—北京：
经济科学出版社，2020.4
（内蒙古财经大学实训与案例教材系列丛书）
ISBN 978 - 7 - 5218 - 1495 - 8

Ⅰ.①旅…　Ⅱ.①杨…②刘…③任…　Ⅲ.①旅游业 - 法规 -
案例 - 中国 - 高等学校 - 教材　Ⅳ.①D922.294.5

中国版本图书馆 CIP 数据核字（2020）第 065403 号

责任编辑：郎　晶
责任校对：隗立娜
责任印制：李　鹏　范　艳

旅游法规案例教程
主编　杨智勇　刘春玲　任馥瑛
经济科学出版社出版、发行　新华书店经销
社址：北京市海淀区阜成路甲 28 号　邮编：100142
总编部电话：010 - 88191217　发行部电话：010 - 88191522
网址：www. esp. com. cn
电子邮件：esp@ esp. com. cn
天猫网店：经济科学出版社旗舰店
网址：http://jjkxcbs. tmall. com
北京密兴印刷有限公司印装
787×1092　16 开　14.25 印张　310000 字
2020 年 9 月第 1 版　2020 年 9 月第 1 次印刷
ISBN 978 - 7 - 5218 - 1495 - 8　定价：49.00 元
（图书出现印装问题，本社负责调换。电话：010 - 88191510）
（版权所有　侵权必究　打击盗版　举报热线：010 - 88191661
QQ: 2242791300　营销中心电话：010 - 88191537
电子邮箱：dbts@ esp. com. cn）

前　　言

　　本书是杨智勇任主编、由北京大学出版社出版的《旅游法规》教材的配套案例教程。全书与《旅游法规》教材章节目录相对应，精选了100多个旅游案例，目的是为我国旅游管理类专业的教师、学生以及旅游法律爱好者学习旅游法规课程提供教学案例，以帮助其理解与掌握我国现行的旅游法规。

　　本书案例选自现实中发生的旅游案例，且较多为法院判决的案例。各案例内容在案例介绍的基础上，以现行法律法规为基础进行法理分析，最后分析案例带来的启示。分析过程中，力求做到案例翔实，以方便教师教学或学生自学法规。

　　本书由杨智勇、刘春玲、任馥瑛共同任主编，三位老师具有多年的旅游教学和实践经验。杨智勇老师提出全书的写作思路和章节构架，具体编写第1、第3、第4、第5章（共承担约11万字），并负责全书的统稿；刘春玲老师编写第2、第8、第10、第11章（共承担约10万字）；任馥瑛老师编写第6、第7、第9、第12章（共承担约10万字）。

　　在编写中，我们参阅了大量的教材、网站和文献，在此对作者表示衷心的感谢。

　　由于水平有限，难免有不当之处，敬请广大读者批评指正。

编者

2019 年 8 月

目 录
CONTENTS

第1章 旅游法规概论案例

培训目标：了解旅游法规的产生，熟悉旅游法规的法律制度体系，掌握旅游法律关系的主体、客体和内容。

1.1 旅游法规的产生及调整对象

【案例1-1】旅游项目违规上马，督查组依法严查①

一、案例介绍

2015年10月，陕西合阳县洽川风景名胜区管委会、渭南城投公司和陕西宏业有限公司三家单位共同成立陕西洽川风景名胜区开发公司，在未取得国土资源、环境保护等相关手续，也未征得黄河湿地省级自然保护区管理部门同意的情况下，2016年4月开始擅自在黄河湿地自然保护区大规模开发建设圣母湖旅游项目。圣母湖旅游开发建设还被列为2017年渭南市、合阳县重点建设项目大力推进。

督察发现，该项目破坏湿地、人工"造湖"，并计划建设水上乐园、沙滩区、圣母岛、木婴古渡等辅助设施，严重影响候鸟迁徙，严重违反《中华人民共和国自然保护区条例》第二十九条中的"严禁开设与自然保护区保护方向不一致的参观、旅游项目"的规定。该项目导致保护区近3000亩湿地遭受破坏，直至2017年7月才被责令停止建设。根据卫星遥感和现场勘查，目前该旅游项目在保护区已形成一个2500亩左右的人工"湖面"，中间还建有一个"湖心岛"，开挖出的弃土就地侵占填埋400多亩低洼坑塘。

2019年5月13日，中央第二生态环境保护督察组向陕西省委、省政府反馈"回头看"督察意见。督察强调，陕西省委、省政府应根据督察反馈意见，抓紧研究制定整改方案，在30个工作日内报送国务院。

---

① 根据资料改编。资料来源：董鑫：《旅游项目违规上马，湿地破坏严重》，载于《北京青年报》2019年5月14日。

二、法理分析

[适用法条]

《中华人民共和国自然保护区条例》第二十九条第三款：严禁开设与自然保护区保护方向不一致的参观、旅游项目。

[分析]

旅游法律关系的法律调整，就是国家通过立法，对旅游活动中所发生和存在的各种法律关系进行规范和调整。陕西黄河湿地省级自然保护区是我国内陆候鸟迁徙的重要驿站，是我国中西部国际保护候鸟的主要栖息地之一。本案例中的圣母湖旅游项目破坏湿地、人工"造湖"，并计划建设水上乐园、沙滩区、圣母岛等辅助设施，严重影响候鸟迁徙，严重违反《中华人民共和国自然保护区条例》第二十九条中的"严禁开设与自然保护区保护方向不一致的参观、旅游项目"的规定。

三、启 示

开发利用旅游资源必须要遵守相关法律的规定，加强对环境的保护。一定要处理好旅游开发和环境保护的矛盾，杜绝打着开发旅游的旗号对环境资源进行破坏的行为。

【案例 1-2】 导游诉旅行社拒付团款的劳务纠纷案件①

一、案例介绍

北京市丰台区人民法院开庭审理了一起导游诉旅行社拒付团款的劳务纠纷案件。具体案情如下：2018 年 5 月，原告导游张某为被告 ZH 旅行社带团，双方约定工资每天 500 元，共计 5 天，张某负责某旅行团在京游览参观事宜。旅行团游览期间产生景区门票由导游垫付。行程结束后导游向旅行社结款时，被告以种种理由拒绝支付，在多次追讨下，被告 ZH 旅行社支付了部分款项，但仍有 3300 元被扣款。被告还伪造对食宿、行程的投诉，伪造餐厅扣款证明，而行程变动是以原告、被告双方商议并由被告方改动后由原告执行的。

原告导游张某向法院提出诉讼请求：要求被告 ZH 国际旅行社有限公司支付被克扣的垫付团款 3300 元。

被告 ZH 旅行社认可扣除原告导游 3300 元团款，然而被告未提交充分证据证明被告公司所受损失应该由原告承担。

法院对原告导游张某的诉求——ZH 旅行社支付其垫付团款 3300 元予以支持，要求被告 ZH 旅行社在判决生效后 7 日内支付原告所垫付团款 3300 元。

---

① 根据资料改编。资料来源：《导游状告旅行社胜诉，赢在证据》，搜狐网，2018 年 11 月 22 日，http：//www.sohu.com/a/277050675_698307。

二、法理分析

[适用法条]

《旅游法》第三十八条：旅行社应当与其聘用的导游依法订立劳动合同，支付劳动报酬，缴纳社会保险费用。

旅行社安排导游为团队旅游提供服务的，不得要求导游垫付或者向导游收取任何费用。

[分析]

原告导游张某为被告 ZH 旅行社带团，约定工资每天 500 元，游览期间产生景区门票由导游垫付。行程结束后，被告以种种理由拒绝支付原告费用，违反了《旅游法》第三十八条的规定，旅行社应当与其聘用的导游依法订立劳动合同，支付劳动报酬；旅行社不得要求导游垫付或者向导游收取任何费用。

该案例涉及旅行社与聘用导游之间的劳务纠纷，从旅游法规调整对象看，属于调整旅行社和导游的法律关系。

三、启　示

《旅游法》是旅游行业法律效力最高的法规，旅行社必须严格执行《旅游法》的相关条款，以保护导游的合法权益，维护旅游市场秩序。

1.2　我国的旅游立法体系

【案例 1-3】旅游景区安全事故多发，亟需完善旅游立法①

一、案例介绍

近日，一名 12 岁的小学生在江苏省宿迁市项王故里景区游学时，被石柱灯砸中身亡；在此之前，河南省焦作市神农山景区发生一起高处坠落事故，造成 1 人死亡；2018年 4 月 15 日，时任沁阳市委书记薛勇带领相关人员到神农山景区检查督导全域旅游进展，行至景点"龙脊长城"拟整修提升路段附近，不慎坠落悬崖，因公殉职。

《法制日报》记者统计相关报道发现，2017 年以来，旅游景区因为旅游设施引发的人身伤害事故共有 19 起，占全部人身伤害事故总数近 20%，居于首位。

此外，值得注意的是，近年来空中秋千、蹦极、玻璃栈道、玻璃观景平台等作为新兴旅游景点项目一方面吸引了大量游客，另一方面也存在一定的安全风险。

---

① 根据资料改编。资料来源：赵婕：《旅游景区安全问题日渐凸显专家：亟需完善旅游立法》，中国新闻网，2018 年 11 月 26 日，http：//www.chinanews.com/sh/2018/11-26/8685427.shtml。

华侨大学旅游学院院长郑向敏教授对《法制日报》记者说，以玻璃栈道为例，这种设备的问题在于没有责任监管部门，特种设备管理部门不管，旅游部门不管，体育行政部门也不管，在没有监管检查的情况下，玻璃栈道却大量修建，埋下了安全隐患。郑向敏发现，很多景区虽然有系统的安全教育培训制度，但安全教育大多流于形式，只是为了应付主管部门的检查和要求，并没有真正提高员工的安全素质和管理水平。所以，真正的安全教育制度落地很困难。

因此，安全监管亟须制度化保障，旅游安全是旅游主体的法律责任。

二、法理分析

[适用法条]

1.《旅游法》第七十六条：县级以上人民政府统一负责旅游安全工作。县级以上人民政府有关部门依照法律、法规履行旅游安全监管职责。

2.《旅游安全管理办法》第二十二条：旅游主管部门应当加强旅游安全日常管理工作。其中包括：法律、法规规定的其他旅游安全管理工作；旅游主管部门应当加强对星级饭店和 A 级景区旅游安全和应急管理工作的指导。

[分析]

旅游是综合性产业，旅游安全需要群防群控，需要行业监管、专项监管、综合监管协同用力。《旅游法》规定，县级以上人民政府统一负责旅游安全工作。旅游、公安、交通运输、食药监、质检、卫生以及安监等部门应共同加强对旅游安全的监管责任。

三、启示

旅游安全应该从以下几个方面去抓：首先，要完善旅游立法，为政府部门之间协调监管旅游安全提供法律依据；其次，要建立政府部门间执法协调制度（例如，因高风险运动发生的旅游安全事故属于体育总局管，因海上运动发生的旅游安全事故要归属海事局监管等）；最后，在执法层面，亟须确保部门之间做到无缝合作。

【案例1-4】遏制不文明旅游行为尚需完善立法[①]

一、案例介绍

2017 年 4 月 14 日，犯罪嫌疑人张某某等三名攀岩爱好者相约到被列入世界自然遗产名录的三清山风景名胜区踩点，并最终将其中最著名的景点——巨蟒峰定为攀爬目标。次日凌晨 4 时许，三人携带电钻、岩钉、铁锤、挂片、绳索等装备攀爬该山体，为了确保安全和顺利登顶，张某某在该山体的岩体上钻孔，共打入岩钉 20 余枚，其余二

---

① 根据资料改编。资料来源：杨宏生：《遏制不文明旅游行为尚需完善立法》，和讯网，2017 年 11 月 24 日，https://m.hexun.com/news/2017-11-24/191753940.html。

人负责保护，张某某登至山顶后垂下绳索让其余二人攀爬。当天上午 7 时许，三人爬至巨蟒峰山顶部。三人在攀爬过程中不听从工作人员劝阻，导致巨蟒峰景点附近大量游客聚集围观，曾一度造成现场旅游秩序混乱。4 月 22 日，上饶市公安局三清山分局以涉嫌故意损毁名胜古迹罪对张某某等三人予以立案。

据三清山旅游官网介绍，三清山位于江西省上饶市东北部，是世界自然遗产地、世界地质公园、国家 AAAAA 级旅游区、国家级风景名胜区，因玉京、玉虚、玉华三峰峻拔，宛如道教玉清、上清、太清三位尊神列坐山巅而得名。巨蟒峰是三清山的标志性景观之一，它是一座上粗下细、最细处直径不到 7 米、高达 128 米的奇峰，拥有"世界最高的天然蟒峰"的称号。业内专家认为，张某某等三人的攀爬行为对巨蟒峰造成了严重破坏，其打入的膨胀螺丝还会造成岩体新的裂痕，加快景点柱体的侵蚀进程甚至造成崩解，给景点造成不可修复的严重损毁。经由地质专家鉴定，张某某等三人的攀爬行为造成了巨蟒峰岩体的严重损毁。

我国《刑法》第三百二十四条规定：故意损毁国家保护的珍贵文物或者被确定为全国重点文物保护单位、省级文物保护单位的文物的，处三年以下有期徒刑或者拘役，并处或者单处罚金；情节严重的，处三年以上十年以下有期徒刑，并处罚金。故意损毁国家保护的名胜古迹，情节严重的，处五年以下有期徒刑或者拘役，并处或者单处罚金。过失损毁国家保护的珍贵文物或者被确定为全国重点文物保护单位、省级文物保护单位的文物，造成严重后果的，处三年以下有期徒刑或者拘役。

然而，张某某等三人仅被列入旅游不文明行为记录。根据《国家旅游局关于旅游不文明行为记录管理暂行办法》第二条第一款第（七）项、第（八）项和第九条第（二）项的规定，经旅游不文明行为记录评审委员会审定，国家旅游局将上述张某某等三人列入旅游不文明行为记录，信息保存期限自 2017 年 6 月 9 日至 2020 年 6 月 8 日。张某某等三人的旅游不文明行为记录档案号分别为 20170025、20170026 和 20170027。

二、法理分析

[适用法条]

1.《旅游法》第十三条：旅游者在旅游活动中应当遵守社会公共秩序和社会公德，尊重当地的风俗习惯、文化传统和宗教信仰，爱护旅游资源，保护生态环境，遵守旅游文明行为规范。

2.《刑法》第三百二十四条：故意损毁国家保护的珍贵文物或者被确定为全国重点文物保护单位、省级文物保护单位的文物的，处三年以下有期徒刑或者拘役，并处或者单处罚金；情节严重的，处三年以上十年以下有期徒刑，并处罚金。

[分析]

目前，我国对旅游者的不文明旅游行为的法律处罚还不完善。《旅游法》第十三条要求旅游者要爱护旅游资源，保护生态环境，遵守旅游文明行为规范；《刑法》第三百二十四条规定：故意损毁国家保护的珍贵文物或者被确定为全国重点文物保护单位、省级文物保护单位的文物的，处三年以下有期徒刑或者拘役，并处或者单处罚金。最终，张某某等三人仅被国家旅游局列入旅游不文明行为记录。

三、启示

对旅游者破坏旅游资源的行为仅列入旅游不文明行为记录，尚缺乏震慑作用。面对刻字涂画、乱丢垃圾、随地吐痰、踩踏攀爬等种种旅游不文明行为，仅仅依靠自律自觉或规劝警示，效果并不理想。在全面依法治国的当下，应推进"依法兴旅、依法治旅"，必须尽快完善旅游立法、加大惩治力度，才能让旅游者对绿水青山仰慕敬畏，旅游业才能获得和谐发展并更好地融入社会经济发展全局。

 【案例 1-5】 全国首部全域旅游地方性法规发布[①]

一、案例介绍

2018年5月1日起，湖南省张家界市制定的全国首部全域旅游地方性法规——《张家界市全域旅游促进条例》（以下简称《条例》）正式施行，引起业界普遍关注。

《条例》依据《中华人民共和国旅游法》《中华人民共和国城乡规划法》《湖南省实施〈中华人民共和国旅游法〉办法》等法律法规，参考《湖南省国有资源有偿使用收入管理办法》等规章规范性文件，参阅了浙江杭州、四川成都等地的地方性法规，结合张家界市实际，作出具体化、实施性的规定。制定该条例的目的是，通过完善全域旅游的规划体系、基础设施和公共服务体系、社会治理和保障体系，促进张家界全域旅游科学、健康、协调、有序发展。

《条例》共七章五十三条，分为总则、规划引导与产业融合、景区建设和管理、乡村旅游、基础设施与服务保障、法律责任、附则。从内容上看，《条例》重点从全域旅游规划、景区建设与管理、基础设施与服务保障、乡村旅游发展等方面解决困扰和制约张家界旅游业实现全域优质发展的突出问题。尤其是赋予行业自律组织法律地位及其作用，解决了旅游行政主管部门在旅游建设项目中作用缺失的问题，明确了资源有偿使用费的征缴与使用、建立全域旅游发展资金及旅游投融资机制等事项。

张家界市人大法制委员会主任委员、市人大常委会法制工作委员会主任张坚持表示，总体来讲，《条例》的主要亮点有三个：一是《条例》的主旨在于"促"，而不是"管"。《条例》更多地赋予相关部门服务职责，促动相关部门积极主动参与和融入全域旅游发展。二是着眼于国际化发展目标。突出旅游规划的地位，用规划引领全域旅游发展，强化基础设施和服务保障功能的提升完善，以此促进张家界旅游产品及旅游服务质量向国际化水准迈进。三是在旅游市场秩序治理上疏堵结合。突出行业协会的作用，建

---

① 根据资料改编。资料来源：《全国首部全域旅游地方性法规出台助推全域旅游发展》，搜狐网，2018年5月11日，http：//www.sohu.com/a/231219795_185388。

立旅游纠纷法律援助机制，规范旅游佣金收支行为和旅游电商服务，推行旅游企业发票门票一票制，对"追客赶客"行为制定了有本市特色的处罚类型和标准，有利于促进旅游市场健康发展。

二、法理分析

[适用法条]

《旅游法》第十七条：国务院和省、自治区、直辖市人民政府以及旅游资源丰富的设区的市和县级人民政府，应当按照国民经济和社会发展规划的要求，组织编制旅游发展规划。

[分析]

《旅游法》第十七条规定，旅游资源丰富的设区的市和县级人民政府，应当按照国民经济和社会发展规划的要求，组织编制旅游发展规划。张家界市依据《中华人民共和国旅游法》等法规，编制《张家界市全域旅游促进条例》。该条例属于地方性法规，是我国旅游立法体系重要组成部分。

三、启　示

《条例》成为我国首部关于全域旅游的地方性法规，标志着张家界市推进全域旅游创新发展开始步入景城一体、全域共建、规范优质发展的新阶段。《条例》的出台为各地提供了一个很好的借鉴范本。在不久的将来，会有更多地方性法规相继出台，为全域旅游提供法制保障。但是，每个旅游目的地所处的区位和经济发展阶段不同，在制定相关法规时需要根据自身的实际情况来进行。

 【案例 1-6】内蒙古自治区旅游条例①

一、案例介绍

2017 年 9 月 29 日，内蒙古自治区第十二届人民代表大会常务委员会第三十五次会议第二次修订了《内蒙古自治区旅游条例》。

修订后的《条例》共有八章、六十九条，着眼于促进旅游产业发展、规划旅游资源开发、保护生态环境、维护旅游者和旅游经营者的合法权益等重点工作，明确了内蒙古旅游业应坚持创新、协调、绿色、开放、共享发展理念，在立法指导思想、明确内蒙古旅游发展模式、旅游者合法权益保障、旅游安全监管等方面取得了明显突破，具有较强的针对性和可操作性。

《条例》以全区旅游市场存在问题为导向，重点围绕景区品牌建设、市场秩序整

---

① 根据资料改编。资料来源：《〈内蒙古自治区旅游条例〉12 月 1 日发布实施》，搜狐网，2017 年 11 月 25 日，http://www.sohu.com/a/206571623_425126。

顿、旅游安全等方面，提出要着力抓好以下几方面工作：一是关于促进旅游业发展，增加了旅游基础设施建设、旅游项目建设用地供给、整合旅游资源、建立诚信体系等内容。二是关于边境旅游，对边境旅游的开展、边境旅行社的设立、边境领队的从业条件等内容做了明确规定。三是关于危险性旅游项目，明确规定了经营骑马、乘驼、沙漠冲浪等旅游活动项目应当依法办理工商登记，并投保相关责任保险；个人在景区提供骑马、乘驼、沙漠冲浪等服务，应当与景区签订合同；旅行社安排旅游者参与骑马、乘驼、沙漠冲浪等活动，应当选择符合以上要求的服务提供者。四是关于旅游投诉受理，明确了旅游主管部门是旅游投诉受理机构，并对投诉的受理程序和时限作出了明确规定。五是关于旅游监督管理，增加了旅游及有关部门的监管职责、开展综合执法、旅游企业诚信管理、建立不文明游客记录、旅游投诉受理等内容。

二、法理分析

［适用法条］

《旅游法》第十七条：国务院和省、自治区、直辖市人民政府以及旅游资源丰富的设区的市和县级人民政府，应当按照国民经济和社会发展规划的要求，组织编制旅游发展规划。

［分析］

内蒙古作为少数民族地区，旅游发展有其特殊性。本案例中发布的《内蒙古自治区旅游条例》，除一般的促进旅游业发展的政策外，还就内蒙古特有的边境旅游、骑马、乘驼、沙漠冲浪等危险性旅游项目做了规定，体现出民族自治区旅游条例的特殊性。

三、启示

《内蒙古自治区旅游条例》的出台是内蒙古贯彻实施《中华人民共和国旅游法》的重要举措，是内蒙古旅游业发展史上的一座里程碑，标志着内蒙古旅游业依法兴旅、依法治旅工作迈上了新台阶，为进一步改善内蒙古旅游业发展环境、促进旅游业快速持续健康发展提供了强有力的保障。

1.3　旅游法律关系

【案例 1-7】迎春灯展出事故，责任到底谁来负[①]

一、案例介绍

几年前，北京市密云县在举办迎春灯展过程中，由于领导和管理责任没有落实，导

---

① 根据资料改编。资料来源：杨富斌：《旅游法案例解析》，旅游教育出版社 2012 年版，第 14～16 页。

致云虹桥（亦称彩虹娇）上拥挤、踩踏，造成37人死亡、37人受伤的特大伤亡事故。

事故发生后，党中央、国务院高度重视。中共北京市委、北京市政府及时采取了一系列紧急措施，全力做好伤员救治及遇难者的善后处理工作。同时，对有关12名责任人分别给予行政撤职、行政记过、党内警告等党纪政纪处罚，并将事故中涉嫌玩忽职守犯罪的直接责任人孙某、陈某移交司法机关处理。

一审法院北京市第二中级人民法院经审理查明，北京市密云县在该县密虹公园举办"密云县第二届迎春灯展"，游园活动之前，密云县公安局为此制定了相关的安全保卫工作方案。该方案中规定，迎春灯展期间，密云县公安局城关派出所负责维护密虹公园内白河东岸观众游览秩序和云虹桥（包括桥的东西两端）的行人过往秩序，控制人流量，确保桥面畅通，不发生事故。2月5日晚，密虹公园内观看灯展的游人骤增。时任城关派出所所长孙某、政委陈某不认真履行职责，对工作极端不负责任，未按规定派出警力到云虹桥两端对游人进行疏导、控制，致使云虹桥上人流密度过大，秩序混乱，部分游人在桥西侧跌倒后相互挤压，造成特大伤亡事故发生。

法院审理认为，孙某、陈某身为国家工作人员，在分别担任北京市密云县公安局城关派出所所长、政委期间，对具体负责的灯展安全保卫工作极其不负责任，不认真履行职责，未严格执行、落实上级制定的安全保卫方案，在2月5日晚没有按规定派警力到负责安全保卫的云虹桥执勤，以致云虹桥发生游客拥挤时，现场没有民警进行疏导，致使发生挤压死伤事故，造成国家及人民利益遭受重大损失的严重后果，两人的行为均已构成玩忽职守罪，且情节特别严重，依法应予惩处。

二、法理分析

[适用法条]

1. 《合同法》第六十条：当事人应当按照约定全面履行自己的义务。

2. 《刑法》第三百九十七条：国家机关工作人员滥用职权或者玩忽职守，致使公共财产、国家和人民利益遭受重大损失的，处三年以下有期徒刑或者拘役；情节特别严重的，处三年以上七年以下有期徒刑。

[分析]

游客在密虹公园参加迎春灯展，游客即与灯展举办单位形成权利义务关系。游客前来观看灯展，这种游玩活动便是一种旅游行为，是以精神愉悦为主要目的的。作为灯展举办单位，有义务负责游客的安全，包括人身安全、财产安全和食品卫生安全等。而如果需要，游客有义务支付门票费用。因此，灯展举办单位与游客之间使形成一种权利义务关系，其权利义务所指向的对象是旅游，所以此种权利义务关系是一种旅游法律关系。

本案中的旅游法律关系主体，分别是灯展举办单位与游客。双方当事人之间的旅游法律关系是平权型的旅游法律关系，而不是隶属型的旅游法律关系；是具体的旅游法律关系，而不是一般的旅游法律关系。

本案涉及旅游行政法律关系，即派出所领导以及负责安全保卫工作的公安干警与游客之间的关系，他们之间不是平等主体之间的旅游法律关系，而是具有隶属关系的旅游行政法律关系。

本案中的派出所领导或者某些公安干警犯有渎职罪，受到刑事追究，所以，案例中还存在刑事法律关系，有关责任人会依照国家法律，承担相应的刑事责任。

三、启 示

提高社会整体防范公共危机事件的能力，涉及方方面面，要靠基层工作人员整体素质的提高。政府应对重大公众活动进行安全监管，履行安全检查、监督的责任，避免此类悲剧的发生。

 【案例1-8】滑雪钢板伤游客，游客状告旅行社①

一、案例介绍

原告王某与被告北京某国际旅行社签订旅游服务合同，约定原告参加被告组织的赴八达岭滑雪场的滑雪活动。原告除交纳了相关费用外，还按照组团规定投保了旅游安全保险。不幸的是，原告在八达岭滑雪场由上向下滑雪时与滑道左侧缆车立柱发生强烈碰撞，被裸露在雪面外的钢板划成重伤，后被送往积水潭医院进行治疗。

原告认为，双方签订的旅游合同合法有效，被告应保障原告旅游期间的人身、财产安全，故要求被告支付住院费、误工费及护理费共3.4万余元。

被告辩称，其已经履行了告知义务，明确告知作为初学者的原告应在初级雪道上进行滑雪，但原告不顾被告的劝阻，自作主张到中级雪道上滑雪。因此，发生的后果应由原告自行承担责任。

王某在与旅行社协商赔偿未果的情况下，将该旅行社诉至法院，要求赔偿。

二、法理分析

[适用法条]

《旅游法》第六十二条：订立包价旅游合同时，旅行社应当向旅游者告知下列事项：（一）旅游者不适合参加旅游活动的情形；（二）旅游活动中的安全注意事项。

[分析]

本案中所存在的法律关系为王某与某国际旅行社之间签订的旅游合同关系。因此，本旅游合同关系的主体为原告王某和被告某国际旅行社。王某与某国际旅行社为本案中的当事人，是本案中的旅游法律关系的主体。本案中的客体是由本合同所导致的旅游行为，即原告王某随团赴八达岭滑雪场滑雪。

① 根据资料改编。资料来源：杨富斌：《旅游法案例解析》，旅游教育出版社2012年版，第18～20页。

在本案中，主体王某与某国际旅行社的权利义务为本案中的旅游法律关系的内容。王某的权利为，接受某国际旅行社提供的旅游服务，包括旅游行程的安排、用餐、交通、住宿、游玩等；王某的义务为交纳旅游费用，服从旅行社作出的合理合法的安排。某国际旅行社的权利为接受王某交纳的旅游费用；其义务则是为王某提供合法合理的行程安排，提供约定的旅游服务，以及保证其安全、通知、协助等附随义务。

根据本案情况来看，如果经法院查明，事实确实如被告所辩称的那样，其已经履行了告知义务，明确告知作为初学者的原告应在初级雪道上进行滑雪，并有证据证明，则法庭予以采信。而如果原告确实不顾被告方的劝阻，自作主张到中级雪道滑雪，发生的后果应由原告自行承担责任。

当然，如果是滑雪场的设施不符合安全规范，原告也可以向滑雪场主张赔偿，或者也可在起诉该旅行社的同时，把该滑雪场追加为第三人。此外，根据最高院有关司法解释，人民法院也可在旅游者起诉旅行社时直接把滑雪场追加为第三人。

三、启 示

旅游活动通常要跨越一定的区域，旅游者将置身于陌生的环境中，旅行社要履行告知内容，包括旅游目的地的法律法规、民情风俗等，告知义务应做到事无巨细、详尽周全。其目的就是让旅游者事先知道旅游目的地的相关情况，为顺利开展旅游活动做好准备。履行告知义务以书面形式为好，可以作为法庭举证的有效证据。

1.4 《中华人民共和国旅游法》概述

 【案例1-9】《中华人民共和国旅游法》颁布①

一、案例介绍

2013年5月16日，国务院召开贯彻实施《中华人民共和国旅游法》电视电话会议。国务院副秘书长毕井泉介绍说，4月25日，十二届全国人大常委会审议通过了《中华人民共和国旅游法》，将于10月1日开始施行。

《中华人民共和国旅游法》分为十章，共一百一十二条，包括总则、旅游者、旅游规划和促进、旅游经营、旅游服务合同、旅游安全、旅游监督管理、旅游纠纷处理、法律责任和附则。

《中华人民共和国旅游法》得以通过和颁布，成为中国旅游法治建设进程中的重要

---

① 根据资料改编。资料来源：《解读〈中华人民共和国旅游法〉》，北京市东城区人民政府网，2014年9月18日，http://www.bjdch.gov.cn/n1992907/n2498101/n2498102/c2500198/content.html。

里程碑。这标志着作为旅游大国的中国真正地开始迈向旅游法治大国的进程，我国旅游业持续健康发展有了重要的制度基石和法律保障。

二、法理分析

[适用法条]

《中华人民共和国旅游法》。

[分析]

这部法最大的一个聚焦点就是以人为本，保护旅游者的合法权益。可以说，这部法律最主要的三块内容——一是保护旅游者合法权利，二是规范旅游市场，三是国家促进旅游发展，都是围绕着保护旅游者合法权益设计的。这部法律中重要的内容是规范旅游经营和旅游合同，最大的亮点是规范"零负团费"和景区门票。

三、启示

在全民休闲旅游需求日益旺盛的今天，在旅游业诸多现象被公众诟病的今天，这部法律为整治旅游行业乱象提供了法律依据，将促进旅游业的可持续发展。

第2章　旅游者权益保护法律制度案例

培训目标：掌握旅游者的权利和义务，理解旅游者的法律地位，熟悉旅游者的权益保护的途径。

2.1　旅游者的合法权益和义务

【案例2－1】 湖南旅游团在桂林遭遇"强制消费"

导游：1小时须消费两万①

一、案例介绍

2019年6月，湖南一美容品牌商自行组团，其中一名游客钟女士为江西赣州人，是某美容产品代理商。作为福利，品牌方帮他们报了桂林跟团游。"公司说给旅行社送了598元的产品大礼包，免费玩。"5月30日到6月2日，她和另外54人参加了首发团。虽然是公司组的团，但游客表示，都有心理准备，需要出部分费用。所以5月31日，导游赵某要求每人交299元的景点门票费时，大家都未拒绝。然而两天后，购物消费明显升级。6月2日，导游赵某安排了3个购物店，分别为乳胶床垫、玉器和丝绸，冲突就发生在玉器店内。当日上午，导游赵某将游客带入玉器店内，有游客表示，因为玉器开价太贵，大家都没有消费，但当他们回到车内时，见到了黑脸的导游赵某。只见，她站在车头频频训话，"……我不管你是图我们桂林哪一样来的，便宜也好、什么也好，既然你们选择了这个，现在我们下车，在里面一个小时（消费）2万块钱。走，下车！"

事后，还有人爆出更多视频，视频中导游赵某还表示："既然你选择了含有购物环节的团，那么你就需要消费……今天在店里面，你们对我是什么样的态度？都在里面打游击！别人都是有情有义地趴在柜台上，你的情意在哪里？骂人的话谁都会骂，可是我真的不想……还有人跟我聊的是'我去云南花了几万，我去哪里花了几万'……噢！

---

① 根据资料改编。资料来源：马慧：《湖南旅游团在桂林遭遇"强制消费"　导游：1小时须消费两万》，华声在线网，2019年6月13日，http：//hunan. voc. com. cn/article/201906/20190613111712562. html。

一到了桂林（怎么就不花钱了）。"还有游客表示，事后导游赵某和司机下车，将一行人晾在车上，差不多10分钟后，才继续开往下一个购物点。6月10日，此事在网上曝光后，迅速发酵引发热议。6月11日，此事得到桂林市文化广电和旅游局关注，并公布初步调查情况。12日，桂林市文化广电和旅游局通报对网曝"这个导游好嚣张"视频涉事责任者的处理意见：

（一）责成涉事导游员赵某向游客赔礼道歉。

（二）对涉事导游员赵某作出吊销导游证的行政处罚，并纳入旅游经营服务不良信息。

（三）对涉事相关经营者做进一步调查处理，如涉及外省相关将依法办处。

（四）继续保持桂林旅游市场的规范文明，对旅游市场的薄弱环节继续强化监管力度。

（五）加强旅游经营者诚信合法经营和游客理性消费的教育引导力度。

二、法理分析

[适用法条]

1.《消费者权益保护法》第九条：消费者享有自主选择商品或者服务的权利。消费者有权自主选择提供商品或者服务的经营者，自主选择商品品种或者服务方式，自主决定购买或者不购买任何一种商品、接受或者不接受任何一项服务。消费者在自主选择商品或者服务时，有权进行比较、鉴别和挑选。

2.《消费者权益保护法》第十条：消费者享有公平交易的权利。消费者在购买商品或者接受服务时，有权获得质量保障、价格合理、计量正确等公平交易条件，有权拒绝经营者的强制交易行为。

3.《旅游法》第九条：旅游者有权自主选择旅游产品和服务，有权拒绝旅游经营者的强制交易行为。

4.《旅游法》第三十五条：旅行社不得以不合理的低价组织旅游活动，诱骗旅游者，并通过安排购物或者另行付费旅游项目获取回扣等不正当利益。旅行社组织、接待旅游者，不得指定具体购物场所，不得安排另行付费旅游项目。但是，经双方协商一致或者旅游者要求，且不影响其他旅游者行程安排的除外。发生违反前两款规定情形的，旅游者有权在旅游行程结束后三十日内，要求旅行社为其办理退货并先行垫付退货货款，或者退还另行付费旅游项目的费用。

5.《旅游法》第四十一条：导游和领队应当严格执行旅游行程安排，不得擅自变更旅游行程或者中止服务活动，不得向旅游者索取小费，不得诱导、欺骗、强迫或者变相强迫旅游者购物或者参加另行付费旅游项目。

[分析]

本案属于典型的不合理低价游和强迫购物事件。根据《消费者权益保护法》和《旅游法》，旅游者享有自主选择权、公平交易权。

三、启示

　　游客出游要选择合法、诚信的旅行社并签订合同，在合同中明确约定购物和自费项目等事项，切勿选择明显低于游览价格的项目。凡是"不合理低价游"都会在行程中另外增加自费和购物项目，甚至会强迫消费，因此千万不要上当受骗。旅游途中如遇纠纷，可拨打旅游投诉电话、消费者投诉电话，或在旅游投诉平台投诉，也可在旅游活动结束后 90 天内向旅游、市场监管等有关部门投诉。投诉维权要保存好合同、证据等。

　　旅行社不得以不合理的低价组织旅游活动，诱骗旅游者，并通过安排购物或者另行付费旅游项目获取回扣等不正当利益；接受旅行社委派的导游人员，不得诱导、欺骗、强迫或者变相强迫旅游者购物或者参加另行付费旅游项目。如果在旅游活动中安排自费项目，应当遵循诚实信用、自愿平等、协商一致的原则，而且需要同时满足以下条件：（1）与游客协商一致；（2）不得以不合理的低价组织旅游活动，不得诱骗游客；（3）不得通过安排另行付费旅游项目获取回扣等不正当利益；（4）不得影响其他不参加相关活动的游客的行程安排；（5）旅行社需要事先对自费项目做必要的资信审查。即：自费项目的运营管理方具有合法的经营资质，所安排的自费项目涉及的各项设施设备、操作管理、人员配置、救援救助等制度或措施能够保障游客人身及财产安全。同时，还要与游客订立书面合同。在实际操作过程中，有以下几种形式：一是书面形式，即利用书面形式对自费项目进行确认和说明。如发生纠纷争议，则可以将其作为切实有效的参考依据。《旅游法》第十一条规定，书面形式是指合同书、信件和数据电文（包括电报、电传、传真、电子数据交换和电子邮件）等可以有形地表现所载内容的形式。具体而言，在旅游者确认参团的过程中，与自费项目相关的书面确认形式有：（1）包价旅游合同；（2）行程单；（3）自愿参加另行付费旅游项目补充协议。其中需要特别强调注意的是，虽然《旅游法》第五十九条规定了旅游行程单是包价旅游合同的组成部分。但是并不意味着，只要旅行社发了一份行程单给游客，就视为游客同意旅行社所安排的自费项目（如果旅行社这么操作了，此时只能是认为旅行社自己单方面做的决定通知）。要明白所谓的"协商一致签署"的意思是要有游客书面同意确认，即：行程单只有在游客签字确认的情形下，才能视为游客同意安排。此外，按照《电子签名法》第三条，民事活动中的合同或者其他文件、单证等文书，当事人可以约定使用或者不使用电子签名、数据电文。当事人约定使用电子签名、数据电文的文书，不得仅因为其采用电子签名、数据电文的形式而否定其法律效力。按照上述法律规定并结合前文论述，微信、QQ、邮件、短信等均可被认定为是"书面形式"，是可以作为认定游客同意参加自费项目的依据之一。但是需要特别注意的是，因微信、QQ、邮件、短信等电子数据一方面存在被修改的可能性，另一方面存在"主体无法确认"的瑕疵缺陷，因而均需要通过其他辅助材料或证明文件加以相互验证，才能确认其法律效力。关于如何确认微信、QQ、邮件、短信的主体问题，旅行社可以通过在包价旅游合同中确认游客的联系方式，并通过该联系方式与游客进行沟通确认，并且需要保留相关的沟通交流记录的初始原件资料（如保留手机上的短信、微信聊天记录等）。二是旅行社与游客通过口头协商的方式。但是采用口头形式，如没有其他第三方的证明或辅助材料的情形下发生游客投诉争议，在判断是否是"自愿参加"的问题上，无论是旅游主管部门还是法院司法实践中，旅行社都是需要承担较高的举证责任。因而，从风险可控的角度分析，旅行社还是采用书面的方式确认较为妥当。

【案例2-2】陈某诉某旅行社人身损害赔偿纠纷案①

一、案例介绍

陈某报名参加某旅行社组织的"泰国六天游"。在巴堤雅金沙岛游玩时，陈某选择参加了自费项目水上降落伞活动。该项目由泰国当地旅游公司运营。在跳伞时，陈某从高空坠落受伤，造成八级伤残。后陈某诉至法院，要求该旅行社赔偿各项损失50余万元。

法院经审理认为，该旅行社对水上降落伞项目进行了介绍和推荐，该项目在行程单上写明是"自费项目"，应视为"另外付费"的旅游项目，不属于陈某自由活动期间或其他脱团时间所进行的个人活动。旅行社作为旅游经营者，有义务帮助旅游者明确了解自费项目实施者的资质、安全保障情况等，并有义务作出明确的警示，但该旅行社未举证其履行了上述义务，应承担相应过错责任，判决该旅行社赔偿陈某各项损失38.5万元。

二、法理分析

[适用法条]

1.《旅游法》第九条：旅游者有权知悉其购买的旅游产品和服务的真实情况。

2.《旅游法》第三十四条：旅行社组织旅游活动应当向合格的供应商订购产品和服务。

3.《旅游法》第五十条：旅游经营者应当保证其提供的商品和服务符合保障人身、财产安全的要求。

[分析]

旅游者享有知悉真情权和安全保障权。旅游者在旅游过程中经旅行社介绍参加由其他经营者经营的自费旅游项目的，旅游经营者有义务了解自费项目实施者的资质、安全保障情况等，并向旅游者明确告知，确保所提供的产品或服务符合保障人身、财产安全的要求。该案件中的旅行社不能对上述内容作出举证，很显然未尽到相关责任。

---

① 根据资料改编。资料来源：李明：《云南旅游纠纷十大典型案例》，中国网，2017年9月12日，http：//union. china. com. cn/txt/2017-09/12/content_40010331. htm。

三、启　示

旅行社组织旅游活动应当向合格的供应商订购产品和服务，尤其是特殊旅游活动项目，一定要实现确认供应方的资质、安全保障情况，并在活动项目开展之前做好安全提醒和安全警示，确保所提供的商品和服务符合保障人身、财产安全的要求。

 【案例 2 - 3】旅游者单方面解除合同，旅行社不承担违约责任①

一、案例介绍

殷先生等 26 名员工委托一家旅行社安排了"周末邻区风光二日游"，根据行程设计，每位旅游费用 400 元。经过双方的协商后，26 名旅游者与该旅行社签订了旅游合同。按照合同约定，该旅游团往返全程乘坐豪华空调旅游大巴，住宿标准约定为"双人标准间，独立卫生间"，餐饮标准为"八菜一汤"，不含酒水，游览 5 个景点。

旅游团按时顺利出发了，在前往郊外景区的路上，旅行社导游热心地向旅游团的团员介绍沿途风光、风土人情、历史典故，并告诉大家旅游团晚上将要下榻的酒店是一个二星级饭店，希望大家游览尽兴，充分享受。当旅游团抵达下榻饭店后，导游给旅游者安排房间入住。但是这时，殷先生认为所在的饭店"房间中无中央空调、无热水供应、地毯陈旧……"并不符合二星级标准，拒绝入住。导游向殷先生等旅游者进行了解释，但是殷先生等旅游者不能接受导游的解释，进而与导游发生了争执，并自行决定解除与该旅行社之间的旅游合同，当夜自行返回。

回来后，殷先生等 26 位旅游者向旅游质量监督管理部门投诉，要求旅行社退还全部旅游费用，并支付违约金。

经调查，旅行社安排的住宿饭店确为旅游行政部门评定的二星级饭店，并在显著位置悬挂标志，旅行社按照合同约定安排了符合标准的住宿。经过审理，旅游质量监督管理部门认为：旅游者单方解除合同不符合法律规定，旅行社没有违约责任。

二、法理分析

［适用法条］

1.《合同法》第九十三条：当事人协商一致，可以解除合同。当事人可以约定一方解除合同的条件。解除合同的条件成熟时，解除权人可以解除合同。

2.《旅游法》第七十条：旅行社不履行包价旅游合同义务或者履行合同义务不符合约定的，应当依法承担继续履行、采取补救措施或者赔偿损失等违约责任；造成旅游者人身损害、财产损失的，应当依法承担赔偿责任。旅行社具备履行条件，经旅游者要

---

① 根据资料改编。资料来源：《旅游者能否单方解除合同》，搜狐网，2017 年 9 月 13 日，http://www.sohu.com/a/191833267_195050。

求仍拒绝履行合同，造成旅游者人身损害、滞留等严重后果的，旅游者还可以要求旅行社支付旅游费用一倍以上三倍以下的赔偿金。由于旅游者自身原因导致包价旅游合同不能履行或者不能按照约定履行，或者造成旅游者人身损害、财产损失的，旅行社不承担责任。

[分析]

根据《合同法》和《旅游法》的规定，本案中殷先生等 26 位旅游者与旅行社的合同解除不是双方协商一致后解除的，双方也没有约定合同解除的条件。也就是说，依法订立的合同可以解除，但是要符合法律规定。殷先生等 26 位旅游者是单方解除合同。且根据调查，旅行社并没有违约行为。旅游者行使合同解除权，必须以旅行社根本性违约为前提条件，"周末郊区二日游"活动的主要目的是参观游览景点，住宿饭店存在无中央空调、无热水供应、地毯陈旧等问题属于一般瑕疵，没有造成合同不必要或者不可能实现。问题出现了，当事人可以采取变更住宿地点或让旅行社适当赔偿损失等办法处理，而殷先生等 26 位旅游者在不具备解除合同的前提下单方解除合同，违反了有关法律规定，要承担违约责任。

三、启示

旅游者依法享有合同解除权，但是必须要符合法律规定。像案例中这样，游客单方面解除协议是不可取的，旅行社没有责任，游客也放弃了继续旅游的机会和本该有的好心情。旅行途中会遇到一些突发事件，但是在出现相关纠纷或问题时，双方应进行沟通和协商解决，争执和投诉不能解决根本问题。

【案例 2-4】 导游强迫游客购物获刑[①]

一、案例介绍

武汉游客曹女士在网上公开了一段自己在云南旅游时遭当地导游辱骂的视频。曹女士称，自己到云南西双版纳州景洪市旅游时，因为没有购买翡翠，且买茶叶时花费不足 2000 元，遭到导游辱骂。视频曝光后，有关部门展开立案调查。经调查证实：2017 年 12 月 13 日至 15 日，被告人李某受昆明某国际旅行社聘用，在云南省景洪市为所带游客提供导游服务并带游客到定点商家消费过程中，为达到迫使游客消费的目的，采取辱骂、威胁、对不参加消费的游客不发放房卡、对与其发生争执的游客驱赶换乘车辆等手段，强迫 8 名游客购买商品、消费"傣秀"自费项目，强迫交易金额达 15156 元。云南西双版纳傣族自治州景洪市人民法院对导游李某强迫游客购物案进行一审公开宣判，李某被判有期徒刑 6 个月，并处罚金人民币 2000 元。宣判后导游李某当庭表示认罪、悔

---

① 根据资料改编。资料来源：《"导游强迫购物被判刑" 为行业整改带来契机》，中国评论新闻网，http://www.crntt.com/crn-webapp/spec/ylck/index.jsp? docid=105104779。

罪，接受法院的判决。

二、法 理 分 析

[适用法条]

1. 《刑法》第二百二十六条：以暴力、威胁手段，实施下列行为之一，情节严重的，处三年以下有期徒刑或者拘役，并处或者单处罚金；情节特别严重的，处三年以上七年以下有期徒刑，并处罚金：（一）强买强卖商品的；（二）强迫他人提供或者接受服务的；（三）强迫他人参与或者退出投标、拍卖的；（四）强迫他人转让或者收购公司、企业的股份、债券或者其他资产的；（五）强迫他人参与或者退出特定的经营活动的。

2. 《旅游法》第四十一条第二款：导游和领队应当严格执行旅游行程安排，不得擅自变更旅游行程或者中止服务活动，不得向旅游者索取小费，不得诱导、欺骗、强迫或者变相强迫旅游者购物或者参加另行付费旅游项目。

[分析]

整治"黑导游"乱象，不能只靠道德谴责，需要法律制裁。导游强迫游客购物触犯法律，侵犯了旅游者的合法权益，被判为"强迫交易罪"，受到了应有的法律制裁。对强制交易行为依法亮剑，有利于规范旅游市场，更是对旅游者公平交易权的保护。

三、启　　示

强迫游客购物并非小事，不只是有旅游法律法规约束，还有严厉的刑法在监管。因此，每个导游要从这起案件中吸取教训，在带团过程中必须遵守相关法律法规，不得强迫游客购物，不得侵害游客的合法权益。但是，导游强迫购物被判刑，不能只是导游们要吸取教训，更要倒逼旅行社改变经营理念、经营模式，解决好与导游的工资关系及其他利益分配，必须保证导游的工资和福利。同时，行业内部要整顿，革除诱使导游强迫购物拿提成的行业积弊，保障导游的合法利益。

【案例 2-5】游客出境旅行擅自脱团旅行社终止行程不违约[①]

一、案 例 介 绍

原告许某与成都一国际旅行社通过数据电文形式签订出境旅游合同，参加澳大利亚、新西兰 12 天散客拼团旅游活动。双方明确约定，若人数不足无法成团时，旅行社可转第三人出团；因该次申请的是被批准的旅游目的地国家（ADS）团队旅游签证，目的只能是旅游，参团需交旅游费用 9800 元及保证金两万元；不得擅自离团脱团、滞留

---

① 根据资料改编。资料来源：杨傲多：《游客出境旅行擅自脱团旅行社终止行程不违约》，搜狐网，2013 年 3 月 7 日，http://travel.sohu.com/20130307/n368046274.shtml。

不归等，如出现私自离团脱团等，每人每天需补交 3000 元，且旅游中途退（脱）团，所交团费和保证金不予退还，滞留不归或不按参团旅游计划返回国内的客人还需承担国家相关部门办案费用、赔偿因此给旅行社造成的不利影响和实际损失等。同时还特别约定，合同一经签订，非因签证等原因不得取消参团，中途退团或延期参团，则不予退还费用。后因参团人数不足，双方约定转第三人北京一旅行社出团，许某也按规定由湖南到广州随团队乘机前往澳大利亚。抵达澳大利亚一机场后，许某在未告知领队及团队其他成员的情况下，便携带其所有行李擅自离开，领队及团队成员在机场等候、寻找多时亦无果。后来，第三人及当地地接社工作人员联系许某及其家属，多次要求其尽快归队并说明了脱团的严重后果。随后，许某与旅行团在约定酒店会合，后以身体不适不能随团旅游为由，请求在酒店休息。第三人北京一旅行社称，由于地接社工作人员发现许某再次离开酒店且暂时失去联系，而其根据规定将此情况报告了澳大利亚移民局后受到了警告处分。为避免更为严重的后果发生，第三人及地接社决定提前终止许某行程，将其送返回国，并由第三人垫资购买了机票。之后，许某起诉称，其自扣违约金 3000 元，要求成都这家国际旅行社退还其团费 9800 元、保证金 1.7 万元、火车票 326 元，支付被弃置、擅自转团违约金各 1960 元。成都旅行社则反诉称，依照约定其不但不退还团费及保证金，许某还应支付回国机票款 7560 元及两次脱团共 3 天的违约金 9000 元。

法院认为，原被告双方签订的出境游合同合法有效，成都旅行社也不存在擅自转并团行为。而 ADS 签证明确规定出境目的是旅游，对游客不得擅自离团、脱团、滞留不归等，不但我国及澳大利亚两国相关法规都明令禁止，且对游客滞留不归还有更为严厉的处罚措施，许某在合同签订及获取签证时均得到了明确告知。许某虽称其脱团是为探望在澳读书的表妹，但其在申请签证时并未按规定如实告知其在澳有亲属，姑且不论其对此是否构成了隐瞒，其在澳语言不通、环境不熟，于情于理要见其表妹，也应由其表妹前来与他见面更为恰当。许某的行为足以让人对其赴澳目的产生合理怀疑。且许某在行程伊始即出现了严重脱团的违约行为，而此后行程一直处于境外，不可控之因素极多，因此第三人及地接社购买机票送许某回国的行为是适当的，且并未违反相关法律法规的规定。法院考虑到民事责任应以补偿功能为主、惩罚功能为辅，定旅行社不构成违约，许某将承担不予退还团费及保证金的违约责任，而旅行社又未能证明其实际损失大于上述金额，故对旅行社反诉请求不予支持，遂作出判决，依法驳回许某、旅行社的起诉、反诉诉请。宣判后，双方均未提出上诉。

二、法理分析

[适用法条]

《旅游法》第十六条：出境旅游者不得在境外非法滞留，随团出境的旅游者不得擅自分团、脱团。入境旅游者不得在境内非法滞留，随团入境的旅游者不得擅自分团、脱团。

[分析]

《旅游法》规定：出境旅游者不得在境外非法滞留，入境旅游者不得在境内非法滞留；随团出、入境的旅游者不得擅自分团、脱团。本案中，许某存在严重脱团的违约行为，将承担不予退还团费及保证金的违约责任；旅行社的做法未违反相关法律法规的规定，不构成违约责任。

三、启　示

旅游者应遵守出境旅游合同。出境旅游者前往其他国家或者地区，一般需要取得前往国签证或者其他入境许可证明，该签证或者其他入境许可证明上载有入境有效期、停留期间等事项，出境旅游者不得超出签证有效期、超出停留期间在境外非法滞留。

 【案例 2-6】老人隐瞒病情出游身亡　法院判旅行社无责[①]

一、案例介绍

苍溪县陵江镇七旬居民韩某与妻子报名参团赴九寨沟旅游。报名前，四川省某地接旅行社向拟参团人员说明，必须如实告知健康状况，如患高血压等疾病则不能参团旅游，否则发生事故旅行社将不承担责任。韩某当时向旅行社工作人员表示自己身体很好，没有相关疾病，并签订了免责协议。随后，旅行团到达九寨沟景区游玩。晚上 9 时许，韩某突发疾病昏倒，旅行社随行人员当即将其送到九寨沟县人民医院抢救，并垫支了当晚的抢救治疗费用。经诊断，韩某脑部出血，且患有高血压和糖尿病，在住院 54 天后，因医治无效死亡。韩某住院期间和死亡后，该旅行社给予了探视和慰问。韩某死亡后，其妻以旅行社未尽告知、抢救和照顾义务为由，起诉要求该旅行社和承保意外伤害保险的保险公司共同赔偿死亡赔偿金等共计 28.6 万元。

苍溪县人民法院对此案进行审理，认为该旅行社事前详细告知了不适合参加旅游行程的情形及旅行社责任免除的相关信息，且在韩某突发疾病后及时将其送到医院抢救并垫支了相关费用，对韩某的死亡无违约和侵权行为。而韩某在旅行社清楚告知，且明知自己患有高血压等疾病的情况下，未如实将自己的健康状况告诉旅行社，造成严重后果发生，存在重大过失。韩某系突发疾病死亡，不属旅行社所投保的意外伤害保险的保险理赔范围。据此，法院依法驳回了原告的诉讼请求，判旅行社和保险公司无责。

二、法理分析

［适用法条］

1.《旅游法》第十五条：旅游者购买、接受旅游服务时，应当向旅游经营者如实告知与旅游活动相关的个人健康信息，遵守旅游活动中的安全警示规定。

2.《最高人民法院关于审理旅游纠纷案件适用法律问题的若干规定》第八条第二

---

① 根据资料改编。资料来源：梁梁：《老人隐瞒病情出游身亡　法院判旅行社无责》，新浪网，2014 年 7 月 29 日，http://news.sina.com.cn/s/2014-07-29/033930592927.shtml。

款：旅游者未按旅游经营者、旅游辅助服务者的要求提供与旅游活动相关的个人健康信息并履行如实告知义务，或者不听从旅游经营者、旅游辅助服务者的告知警示，参加不适合自身条件的旅游活动，导致旅游过程中出现人身损害、财产损失，旅游者请求旅游经营者、旅游辅助服务者承担责任的，人民法院不予支持。

［分析］

旅游者在接受旅游服务前，应该向旅行社如实告知自身健康信息，按照旅行社安排，选择适合自身条件的旅游活动，规避一些因为旅游者健康状况所引起的风险或者事件。该案件中，韩某未履行此项义务，因此旅行社不承担相关赔偿责任。

三、启示

为更好地保护旅游消费者的合法权益，促进旅游市场和旅游业健康发展，旅游者在享有和行使自己权力的同时，也要履行相应的义务，如告知个人健康信息、文明旅游、不损害他人合法权益、安全配合、遵守相关法律法规等。如若不履行相关义务而导致旅游过程中出现人身损害、财产损失等事件，旅游者应自行承担后果。对于"银发族"等特殊游客群体，旅行社在组织旅游活动时，一定要详细问询健康信息和健康情况，尤其是对于患有某些疾病的高危人群，接待时需先签署免责协议。

 【案例 2 - 7】 三亚辱骂导游的事件①

一、案例介绍

2016 年 3 月，游客康某、戚某在三亚参团旅游行程中，因之前坐过的大巴车座位被他人占用不满，辱骂并殴打导游。6 月 13 日，国家旅游局公布了 2016 年端午小长假期间旅游投诉和典型案件查处情况。三亚辱骂导游的事件也在通报列。根据新修订的《国家旅游局关于旅游不文明行为记录管理暂行办法》的规定，经旅游不文明行为记录评审委员会审定，将康某、戚某列入旅游不文明行为记录，信息保存期限 3 年。三亚某旅行社负责人介绍说，游客一旦被列入旅游不文明行为记录，其出境旅游或将受到影响。

二、法理分析

［适用法条］

1. 《旅游法》第十三条：旅游者在旅游活动中应当遵守社会公共秩序和社会公德，尊重当地的风俗习惯、文化传统和宗教信仰，爱护旅游资源，保护生态环境，遵守旅游文明行为规范。

---

① 根据资料改编。资料来源：邓松：《夫妻游客三亚参团旅游因辱骂殴打导游被"拉黑"》，南海网，2016 年 7 月 31 日，http://bbs.tianya.cn/post - 5159 - 35938 - 1. shtml。

2. 《国家旅游局关于旅游不文明行为记录管理暂行办法》第二条：中国游客在境内外旅游过程中发生的因违反境内外法律法规、公序良俗，造成严重社会不良影响的行为，纳入"旅游不文明行为记录"。主要包括：（一）扰乱航空器、车船或者其他公共交通工具秩序；（二）破坏公共环境卫生、公共设施；（三）违反旅游目的地社会风俗、民族生活习惯；（四）损毁、破坏旅游目的地文物古迹；（五）参与赌博、色情、涉毒活动；（六）不顾劝阻、警示从事危及自身以及他人人身财产安全的活动；（七）破坏生态环境，违反野生动植物保护规定；（八）违反旅游场所规定，严重扰乱旅游秩序；（九）国务院旅游主管部门认定的造成严重社会不良影响的其他行为。因监护人存在重大过错导致被监护人发生旅游不文明行为，将监护人纳入"旅游不文明行为记录"。

3. 《国家旅游局关于旅游不文明行为记录管理暂行办法》第九条："旅游不文明行为记录"信息保存期限为 1 年至 5 年，实行动态管理。（一）旅游不文明行为当事人违反刑法的，信息保存期限为 3 年至 5 年；（二）旅游不文明行为当事人受到行政处罚或法院判决承担责任的，信息保存期限为 2 年至 4 年；（三）旅游不文明行为未受到法律法规处罚，但造成严重社会影响的，信息保存期限为 1 年至 3 年。

［分析］

根据《国家旅游局关于旅游不文明行为记录管理暂行办法》规定，对九类不文明行为的责任人将列入旅游不文明行为记录。黑名单的信息保存期限为 1 年至 5 年，有关部门和机构、行业组织、经营者可以根据职责权限在征信系统中记录，采取在一定期限内限制出境旅游、边境旅游、参加团队旅游、乘坐航班等惩戒措施。

三、启　示

做文明旅游者是每个游客的义务。若出现《国家旅游局关于旅游不文明行为记录管理办法》所规定的九类不文明行为，游客将被列入黑名单，严重者甚至承担相应的法律责任。游客一旦被列入旅游不文明行为记录，其出境旅游获将受到影响。未来，随着银行、工商、税务、保险等主管部门信誉平台搭建工作的推进，游客一旦因不文明行为被"拉黑"，其信誉度就会下降，还将影响贷款、保险和税收等。

【案例 2－8】旅行社未履行安全提示义务，导致游客受伤①

一、案例介绍

姚某等 8 人与四川一家旅行社签订了到曼谷、台湾、香港等地 11 日游的旅游合同。合同约定：费用为 9800 元/人，并保证参加有组织活动时的人身安全。在由旅行社组织的乘坐快艇前往某岛屿游览途中，由于所乘快艇缺乏基本的安全保障措施和明确的安全

---

① 根据资料改编。资料来源：《未履行安全提示义务　旅行社赔偿游客》，大律师网，2017 年 3 月 16 日，ht-tp：//www. maxlaw. cn/z/20170306/866481563486. shtml。

警示，同行领队也未尽忠实告知义务，快艇在高速行驶和剧烈颠簸中使姚某腰部受伤。伤后姚某在当地医院做了检查，由于语言文字不通，旅行社领队也未一同前往，诊断结果不清楚，姚某感到腰部疼痛难忍无法进食和排泄，要求回到曼谷当地医院确诊治疗或单独安排提前回国治疗，旅行社均未答复。

回国后，姚某到成都体育医院检查诊断为腰椎骨折，建议转院，随即转入四川大学华西医院，诊断为腰椎骨折伴不全性瘫痪，必须入院手术治疗，同时也告知了旅行社，该旅行社工作人员前往医院看望了姚某。后经华西医院法医鉴定中心鉴定为 8 级伤残。

事故发生后，游客和旅行社双方就治疗费用和赔偿有关事宜多次协商未果，姚某将旅行社诉至法院。原告认为，被告旅行社未按约履行安全提示义务，提出旅行社应支付医疗费、误工费、精神抚慰金等各项损失 10 万余元。被告旅行社承认姚某所主张的事实，但对赔付金额提出了异议。

法院审理后认为，姚某等 8 人与旅行社签订的合同书是当事人真实意思的表示，且内容符合法律规定，该合同合法有效。姚某按约向某旅行社交纳了旅游费，但该旅行社未按约向姚某履行安全提示义务，造成姚某受伤，故旅行社应赔偿姚某的损失。据此，成都市锦江区法院依法判决被告旅行社赔偿原告姚某损失 9 万余元。

二、法理分析

[适用法条]

1.《旅游法》第五十条：旅游经营者应当保证其提供的商品和服务符合保障人身、财产安全的要求。

2.《旅游法》第八十条：旅游经营者应当就旅游活动中的下列事项，以明示的方式事先向旅游者作出说明或者警示：（一）正确使用相关设施、设备的方法；（二）必要的安全防范和应急措施；（三）未向旅游者开放的经营、服务场所和设施、设备；（四）不适宜参加相关活动的群体；（五）可能危及旅游者人身、财产安全的其他情形。

[分析]

旅行社在签订旅游合同时承诺保障旅游者人身安全，但是并未在旅游合同中就旅游活动中的安全注意事项进行明确的告知；其所提供的快艇缺乏基本的安全保障措施和明确的安全警示，明显存在安全隐患。同行的领队在旅游活动中未以明示的方式事先向旅游者作出说明或者警示，未尽到安全告知或警示义务；而在发生事故后，领队也为尽到必要的协助救治义务。

三、启示

旅行社应当保证其提供的商品和服务符合保障人身、财产安全的要求；在旅游过程中，旅行社对游客具有安全提示的义务，未尽到安全告知或警示义务的，应依法承担相关责任。

【案例 2 - 9】游客上街游览被旅游大巴车撞伤残求偿[①]

一、案例介绍

任女士报名参加了由南昌某旅行社组织的港澳旅行团，但双方未签订旅游合同。任女士在无领队资格的领队胡某带领下，随旅行团从南昌出发。抵达香港特别行政区后，任女士与领队胡某及其他团员上街游览，行至周生生金行门口，任女士在横过马路时被一辆双层巴士撞倒，后经香港市民营救，送往医院抢救，先后在港动手术 5 次，住院 34 天。同年 11 月 19 日，任女士回到南昌后，在江西医学院第一附属医院住院 13 天，花去医疗费 15859.22 元。任女士的家人去香港探病人花去交通费 11898.80 元。经法医鉴定，任女士伤残等级为 10 级，继续治疗费用为 40000 元。而后，因双方协商赔偿事宜未果，任女士诉诸法院，要求南昌某旅行社赔偿各项经济损失共计 112355 元。庭审中，因南昌某旅行社不同意，致无法调解。

西湖区人民法院经审理认为，被告南昌某旅行社与原告任女士虽然没有按照《旅行社管理条例》签订书面合同，但双方实际履行了旅游合同。被告违反约定使用无领队资格人员带团旅游，在旅游过程中未能确保旅客安全，致使原告任女士因交通事故造成 10 级伤残，被告对此应承担赔偿责任；原告要求被告赔偿其经济损失的要求，合情合理，应予支持。原告要求交通费、营养费、误工费、护理费过高，法院支持部分，精神抚慰金 10000 元的要求不符合《合同法》规定，不予支持。但其过马路时，因疏忽而发生交通事故，本人亦有责任，应减轻被告的赔偿责任；被告称垫付了原告的费用，却无证据佐证，不予采信。据此，根据有关法律规定，近日，南昌市西湖区人民法院依法判决：被告南昌某旅行社赔偿原告任女士医疗费 15859.22 元，鉴定费 250 元，会诊费 300 元，继续治疗费 40000 元，护理费 1410 元，交通费 7813 元，在香港医疗费及护理用品费 2001 元，在香港的通讯费 735 元，营养费 376 元，残疾者生活补助费 12672 元，误工费 1600 元，共计人民币 83016.22 元的 80%，合计人民币 66413 元，其余 20% 的费用由原告任女士自行承担。

二、法理分析

［适用法条］

1.《消费者权益保护法》第七条：消费者在购买、使用商品和接受服务时享有人身、财产安全不受损害的权利。

2.《消费者权益保护法》第十一条：消费者因购买、使用商品或者接受服务受到人身、财产损害的，享有依法获得赔偿的权利。

---

① 根据资料改编。资料来源：《旅游交通事故赔偿案例》，大律师网，2018 年 2 月 19 日，http://www.max-law.cn/l/20180219/906854273148.shtml。

3.《关于审理人身损害赔偿案件适用法律若干问题的解释》第一条：因生命、健康、身体遭受侵害，赔偿权利人起诉请求赔偿义务人赔偿财产损失和精神损害的，人民法院应予受理。

4.《关于审理人身损害赔偿案件适用法律若干问题的解释》第六条：从事住宿、餐饮、娱乐等经营活动或者其他社会活动的自然人、法人、其他组织，未尽合理限度范围内的安全保障义务致使他人遭受人身损害，赔偿权利人请求其承担相应赔偿责任的，人民法院应予支持。

[分析]

本案是一起事实上的旅游服务合同纠纷案。任女士参加了旅行社组织的港澳旅行团，双方间形成旅游服务合同关系，由于提供旅游服务的旅行社未能确保旅客安全，致使任女士受伤，旅行社应承担赔偿责任。

三、启示

旅游经营者，在旅游经营过程中应履行一定的责任和义务，以保护旅游者的人身、财产安全，维护旅游消费者的基本权益。

2.2　旅游者合法权益的保护

【案例 2 – 10】旅行社违规操作，旅游者投诉[①]

一、案例介绍

某国内旅行社组团到某著名景点旅游，旅游广告称组团标准有豪华 A 等、豪华 B 等、普通游等团队。旅游者尹女士选择了豪华 B 等旅游团，并交纳了旅游团款。旅游合同约定，旅游团全程由豪华空调中巴接送，住二星级饭店。但实际旅游时，一个晚上住的饭店没有星级，另一个晚上住的客房没有窗户。在景点旅游期间，尹女士乘坐的车辆均为当地景点提供的普通中巴车。事后，尹女士拨打了当地的旅游投诉电话，对该旅行社进行投诉。旅游投诉受理机构对此事进行调节。经过调节，旅行社向尹女士补偿 300 元。

二、法理分析

[适用法条]

1.《旅游法》第三十二条：旅行社为招徕、组织旅游者发布信息，必须真实、准

---

① 根据资料改编。资料来源：《旅游纠纷经典案例 关于旅游纠纷案例》，快资讯网，2018 年 2 月 15 日，ht-tp：//www. 360kuai. com/pc/9d9f850c339df0910？cota = 4&tj_url = so_rec&sign = 360_57c3bbd1&refer_scene = so_1。

确，不得进行虚假宣传，误导旅游者。

2.《旅游法》第九十一条：县级以上人民政府应当指定或者设立统一的旅游投诉受理机构。受理机构接到投诉，应当及时进行处理或者移交有关部门处理（并告知投诉者）。

3.《旅游法》第九十二条：旅游者与旅游经营者发生纠纷，可以通过下列途径解决：（一）双方协商；（二）向消费者协会、旅游投诉受理机构或者有关调解组织申请调解；（三）根据与旅游经营者达成的仲裁协议提请仲裁机构仲裁；（四）向人民法院提起诉讼。

4.《消费者权益保护法》第三十九条：消费者和经营者发生消费者权益争议的，可以通过下列途径解决：（一）与经营者协商和解；（二）请求消费者协会或者依法成立的其他调解组织调解；（三）向有关行政部门投诉；（四）根据与经营者达成的仲裁协议提请仲裁机构仲裁；（五）向人民法院提起诉讼。

［分析］

旅行社操作过程中存在明显的违规和违约行为。首先，广告用语必须规范、明确，但该广告却使用含糊不清、使人误解的用语；其次，住宿的饭店也存在严重质量问题，无从体现豪华游；再次，旅行社安排的旅游交通同样名不副实，"全程豪华中巴"的理解应当是在旅游行程中，只要是旅游者参加的旅游活动，旅行社就必须安排豪华中巴，而不是乘坐景点中巴。所以，该旅行社存在明显违规和违约行为。旅游者可依法对旅行社的违规和违约行为进行投诉，双方协商解决，也可以通过调解、仲裁或起诉等途径进行解决。案例中，尹女士采用了向消费者协会、旅游投诉受理机构或者有关调解组织申请调解的方式。①

三、启示

旅游者在旅途中若遇旅游纠纷，可先与组团社的全陪、领队或地接社导游多沟通，不能解决时，再与组团社联系，要求妥善处理。要及时向他们反映自己的意见和建议，听取旅行社的答复后再做决定。若旅行社拒不接受意见，应注意收集证据，待行程结束后再向旅行社交涉或向有关部门投诉或通过法律途径解决。如果客观条件允许，也可以当场向旅行社交涉要求采取补救措施，接受旅行社的合理补救措施，并继续完成旅程。回程后，如游客认为旅行社的服务存在质量问题，可依据《旅游法》九十二条中的维权方式解决纠纷。如需向市旅游管理部门投诉，投诉人应当及时提交赔偿请求书和相关证据资料。② 对旅游者提出的投诉，旅游管理部门主要依据原国家旅游局发布的《旅行

---

① 在我国，国家立法机关、行政机关、司法机关分别对旅游者权益进行立法保护、行政保护和司法保护。除此之外，还有消费者协会等社会保护以及国际消费者联盟等国际保护。

② 书写赔偿请求书时，要注意以下几点：客观真实地陈述需投诉的事件内容。表述的事件经过应尽量具体、详细；提供的证据真实有效。这里所说的证据，一是与旅行社签订的有关协议及约定，主要包括旅游合同、旅游行程表、旅游发票以及与旅行社签订的各种有效凭证或材料。二是旅游中权益受到侵害的事实凭证，即游客提供的能够证明旅行社提供的服务与合同规定或原承诺不相符的最有力证据，如车船票据、门票、购物发货票、接待单位的证明，也可以提供有关物证、声像资料以及其他有效的文字资料；提出的赔偿请求和主张合法合理。

社质量保证金赔偿暂行标准》，认定旅行社的赔偿责任和金额。游客在确定赔偿金额时，要以双方合同约定的违约责任和管理部门的有关规定为主要依据，要及时地解决旅游纠纷，要有合理的投诉请求以及确凿的证据。

【案例 2 - 11】 上海市消保委点评典型案例　翠园旅行社违规经营引集体投诉[①]

一、案例介绍

2017 年下半年，上海市消费者权益保护委员会连续接到数起消费者投诉，集中反映上海翠园国际旅行社有限公司（以下简称翠园国际旅行社）拒不按约退还保证金，涉及金额共计高达 337 万元。据了解，翠园国际旅行社的注册经营范围包括"国内旅游、入境旅游业务"，其组织消费者出境游的行为已超出正常经营范围。在组织消费者出境游的过程中，翠园国际旅行社不仅以现金、转账方式直接收取消费者人均 10 万元至 30 万元不等的保证金，还设置一系列不平等、不合理的格式条款限制消费者权利。消费者如期归国后，翠园国际旅行社违反双方协议中"35 个工作日完成审核作业即可进入保证金的退款流程"的规定，采取拖延方式回应消费者索要保证金的合理要求。上海市消保委指出，翠园国际旅行社违法经营、违规收取保证金的行为，对消费者财产安全构成极大的安全隐患，应当立即整改并退还相关保证金，给消费者造成损失的，还应给予相关赔偿。

二、法理分析

[适用法条]

1. 《旅游法》第二十九条：旅行社经营出境旅游的，应当取得相应的业务经营许可。

2. 《国家旅游局关于规范出境游保证金有关事宜的通知》规定：旅行社如收取出境游保证金的，均应采取银行参与的资金托管方式，不得以现金或转账方式直接收取保证金。

3. 《旅行社条例》第四十六条：违反本条例的规定，有下列情形之一的，由旅游行政管理部门或者工商行政管理部门责令改正，没收违法所得，违法所得 10 万元以上的，并处违法所得 1 倍以上 5 倍以下的罚款；违法所得不足 10 万元或者没有违法所得的，并处 10 万元以上 50 万元以下的罚款：（一）未取得相应的旅行社业务经营许可，经营国内旅游业务、入境旅游业务、出境旅游业务的；（二）分社超出设立分社的旅行社的经营范围经营旅游业务的；（三）旅行社服务网点从事招徕、咨询以外的旅行社业务经营活动的。

---

① 根据资料改编。资料来源：陆依婷：《翠园旅行社违规经营引集体投诉涉及金额 337 万元》，中国消费网，2018 年 1 月 18 日，mini. eastday. com/mobile/180118154503624. html。

[分析]

翠园国际旅行社注册经营范围包括"国内旅游、入境旅游业务",其组织消费者出境游的行为已超出正常经营范围;在超范围经营的情况下,还违反规定以现金或转账方式直接收取保证金,其行为已经触犯了相关法律法规,应依法承担相关责任,并接受相关处罚。

三、启示

旅游经营者应在注册业务范围内进行经营,不得超范围经营;经营出境业务的旅行社应按要求收取保证金,不得违规收取,更不得以种种借口拒不退还保证金。保护游客的权益是旅游经营者应尽的义务。旅游者可通过向消费者协会投诉的方式维护自己的合法权益。

第3章 旅游政府管理部门案例

培训目标：掌握政府在旅游事业中的职责，了解我国旅游行政管理体制的沿革及国家和地方旅游行政管理部门的主要职能。

3.1 政府在旅游事业中的职责

【案例3-1】 新疆文化旅游基础设施建设项目获3.46亿元支持资金①

一、案例介绍

2019年，新疆文化旅游基础设施建设项目获得中央预算内资金的支持力度创新高，达到3.46亿元。

3月18日，记者从自治区发改委了解到，此次落实的资金主要用于支持自治区35个文化旅游项目建设。其中，国家文化和自然遗产保护利用设施建设项目3个，中央预算内投资2400万元；红色旅游项目1个，中央预算内资金1222万元；深度贫困地区旅游基础设施31个，中央预算内投资3.1亿元。

该批文化旅游项目特别是深度贫困地区旅游基础设施专项，是推动自治区由旅游资源大区向旅游经济强区转变的重要措施，更是精准支持深度贫困地区脱贫攻坚的重大举措，项目的实施将有利于充分调动当地资源优势，通过发展旅游产业，在促进当地经济发展的同时，拓宽当地居民特别是贫困群体就业途径，促进脱贫致富和民族交往交流交融。

预计该批项目的有效实施将为当地居民提供就业岗位2000余个，带动5000余贫困人口脱贫增收。

自治区正在大力实施旅游兴疆战略，推动旅游业高质量发展。自治区发改委紧紧围绕自治区党委"1+3+3+改革开放"工作部署，以加强旅游基础设施建设、提升旅游

---

① 根据资料改编。资料来源：郭玲：《新疆文化旅游基础设施建设项目获3.46亿元支持资金》，搜狐网，2019年3月20日，https://wlmq.focus.cn/zixun/54e058d40353b1b6.html。

服务能力和水平为抓手，持续加大文化旅游中央预算内投资项目争取力度。

二、法理分析

［适用法条］

《旅游法》第二十四条：国务院和县级以上地方人民政府应当根据实际情况安排资金，加强旅游基础设施建设、旅游公共服务和旅游形象推广。

［分析］

《旅游法》第二十四条：国务院和县级以上地方人民政府应当根据实际情况安排资金，加强旅游基础设施建设。2019 年，新疆文化旅游基础设施建设项目获得中央预算内资金共 3.46 亿元，主要用于支持自治区 35 个文化旅游项目建设。

三、启示

旅游基础设施建设是政府财政资金支持的重要方面，本案例中新疆筹得 3.46 亿元的资金用于文化旅游基础设施建设项目，走在全国的前列。

【案例 3 - 2】《"十三五"旅游业发展规划》由国务院发布①

一、案例介绍

2016 年 12 月 7 日，由国家旅游局牵头、多部委共同参与编制的《"十三五"旅游业发展规划》（以下简称《规划》）由国务院印发。这一规划作为我国旅游业发展史上首次被纳入国家重点专项的规划，对今后 5 年我国旅游业的方方面面都将产生深刻的影响。

《规划》从单一的部门进行调研、规划、编制到国务院多个职能部门参与，从旅游主管部门发布上升为国务院和地方政府统一发布，从旅游主管部门执行到形成跨部门、跨区域的联合执行机制，无疑将对未来 5 年我国旅游业的转型升级和提质增效产生深刻影响。

二、法理分析

［适用法条］

《旅游法》第十七条第二款：国务院和省、自治区、直辖市人民政府以及旅游资源丰富的设区的市和县级人民政府，应当按照国民经济和社会发展规划的要求，组织编制旅游发展规划。

---

① 根据资料改编。资料来源：《国务院关于印发"十三五"旅游业发展规划的通知》，中国政府网，2016 年12 月 26 日，http://www.gov.cn/zhengce/content/2016 - 12/26/content_5152993.htm。

[分析]

按照《旅游法》的要求，国务院发布"十三五旅游业发展规划"，对今后 5 年我国旅游业的方方面面都将产生深刻的影响。

三、启 示

《"十三五"旅游业发展规划》的发布单位由国家旅游局上升到国务院，体现了国家对旅游规划的高度重视。

 【案例 3 - 3】鄂尔多斯市智慧文化旅游公共服务平台
项目顺利通过验收①

一、案例介绍

2019 年 7 月 12 日，由鄂尔多斯市文化和旅游局组织的鄂尔多斯市智慧文化旅游公共服务平台项目验收会在康巴什举办。来自北京高校、自治区高校、自治区旅游智库、鄂尔多斯市评标专家库、鄂尔多斯市大数据发展局的七位专家组成的验收组，对鄂尔多斯市智慧文化旅游公共服务平台项目进行了评审验收，专家组一致认为该项目工程质量符合国家验收标准，工程质量评为合格。

为创建国家智慧城市和全域旅游示范区，加快全市文化旅游信息化建设，弥补全市文旅产业发展短板，满足文化和旅游管理部门、文旅企业、游客的旅游需求，不断增强游客的旅游体验，2018 年 2 月，鄂尔多斯市智慧文化旅游公共服务平台经鄂尔多斯市人民政府批准进行全面建设。项目依托新一代信息技术，围绕全市文旅行业发展实际，通过打造集数据分析、智慧营销、服务提升、智慧管理、品牌宣传推广、旅游集散服务等于一体的信息化平台，为游客提供"一站式"综合信息服务，最终实现决策智慧、服务智慧、管理智慧、营销智慧、办公智慧五位一体的文旅信息化全链条体系。

平台建成后，将为鄂尔多斯文化旅游公共管理和服务奠定良好基础，为游客行前、行中和行后的服务提供优质保障，为文旅企业宣传营销提供数据支持，为行业管理部门决策提供重要依据，对整合鄂尔多斯文旅资源、提升鄂尔多斯城市品牌知名度和影响力、提高全市文旅产业的整体竞争力、推进全域旅游建设具有重要意义。

二、法 理 分 析

[适用法条]

《旅游法》第二十六条：国务院旅游主管部门和县级以上地方人民政府应当根据需要建立旅游公共信息和咨询平台，无偿向旅游者提供旅游景区、线路、交通、气象、住

---

① 根据资料改编。资料来源：郝苓祺：《鄂尔多斯市智慧文化旅游公共服务平台项目顺利通过验收》，鄂尔多斯市人民政府网站，2019 年 7 月 15 日，http://xxgk.ordos.gov.cn/xxgk/information/ordos_xxw55/msg10275277311.html。

宿、安全、医疗急救等必要信息和咨询服务。设区的市和县级人民政府有关部门应当根据需要在交通枢纽、商业中心和旅游者集中场所设置旅游咨询中心，在景区和通往主要景区的道路设置旅游指示标识。

［分析］

《旅游法》第二十六条规定县级以上地方人民政府应当根据需要建立旅游公共信息和咨询平台。本案中内蒙古鄂尔多斯市根据旅游发展需要，建立智慧文化旅游公共服务平台项目，并顺利通过验收，体现了政府在旅游发展中提供旅游公共信息服务的职能。

三、启　示

无偿向旅游者提供旅游景区、线路、交通、气象、住宿、安全、医疗急救等必要信息和咨询服务，是政府的一项职能。今后各级政府须按照《旅游法》的要求积极履行该职责。

 【案例 3 – 4】 文化和旅游部人才培养项目名单公示①

一、案例介绍

2019 年 7 月，文化和旅游部人事司公示了 2019 年大学生团队实践扶持培养项目和"双师型"师资人才培养项目入选名单。

根据文化和旅游部人事司人才培养项目实施方案，文化和旅游部今年遴选资助 150 个大学生团队实践项目团队和 100 名"双师型"师资人才。项目开展以来，各地对人才培养项目的申报十分踊跃，共有来自全国各院校上千个大学生团队申报实践扶持培养项目，五百多名教师申报"双师型"师资人才培养项目，申报项目的选题大多结合了旅游业发展的实践需求和旅游教育发展的实践需求。大学生团队实践扶持培养项目的开展，将引导广大高校学生团队广泛参与文化旅游业实践以及乡村旅游扶贫、景区义务讲解和文明旅游宣传等志愿服务活动；"双师型"师资人才培养项目的开展，将为各地区高素质双师型骨干教师的培养提供较为丰富的研究方法和研究成果参考。

据悉，文化和旅游部今年中下旬还将遴选资助 150 名"金牌导游"和 100 名旅游院校相关专业的硕士和博士研究生。

二、法理分析

［适用法条］

《旅游法》第二十七条：国家鼓励和支持发展旅游职业教育和培训，提高旅游从业

---

① 根据资料改编。资料来源：《文化和旅游部人才培养项目名单公示》，中国旅游新闻网，2019 年 7 年 14 日，http：//www. cntour2. com/viewnews/2019/07/14/hpCcoXiqL5Ie4uJSHbJ80. shtml。

人员素质。

[分析]

根据《旅游法》第二十七条，国家十分重视旅游人才的培养。该案例中文化和旅游部遴选资助了 150 个大学生团队实践项目团队和 100 名"双师型"师资人才。

三、启 示

目前，我国旅游业发展急需一线的从业人员，旅游企业对人力资源的需求急剧膨胀，但是，旅游人力资源的供给和培训却相对滞后。因此，我国大力实施旅游人才战略，积极探索新时期旅游人才开发的实现形式，以服务于旅游经济建设和旅游业发展，为实现世界旅游强国提供有力的人才保证和智力支持。

【案例 3-5】 美丽中国旅游推广炫动曼谷[①]

一、案例介绍

2017 年 7 月 6 日晚，2017 美丽中国旅游之夜推广活动在泰国首都曼谷举行。该活动由国家旅游局主办，泰国旅游与体育部、中国驻泰使馆协办。中国旅游推广代表团团长张西龙、泰国旅游与体育部部长葛甘、中国驻泰国使馆参赞蓝素红、泰国旅游推广局副局长林萍、泰国出境旅游协会会长陈耀源等各界代表以及 200 余名行业协会、旅行商、航空公司代表出席了活动，并与天津、陕西、贵州、西藏等 10 个省份 30 余位行业人士进行了洽谈。

2017 年是中国东盟旅游合作年，为了吸引更多的东南亚游客访问中国，国家旅游局积极开展美丽中国丝绸之路旅游年推广活动。泰国是我国前 15 位入境市场，近年来，美丽中国的目的地形象在泰国日益得到消费者关注，访华人员持续稳定回升。

此次活动恰逢中国驻曼谷旅游办事处成立不久，办事处聘请的中国旅游营销专家以美丽中国为主线，进行了专业推介。新制作的中国旅游推广高清视频和演示文稿（PPT）充分突出了中国旅游的美好，并以其大气雅致赢得了满堂彩，许多旅行社和媒体观赏后意犹未尽，纷纷向代表团索要，兴奋之情溢于言表。

二、法理分析

[适用法条]

《旅游法》第二十五条：国家制定并实施旅游形象推广战略。国务院旅游主管部门统筹组织国家旅游形象的境外推广工作，建立旅游形象推广机构和网络，开展旅游国际合作与交流。

---

① 根据资料改编。资料来源：《美丽中国旅游推广炫动曼谷》，新浪网，2017 年 7 月 8 日，news. sina. com. cn/o/2017 - 07 - 08/doc - ifyhweua4396124. shtml#。

[分析]

我国《旅游法》的颁布，使得旅游形象推广上升到国家战略。本案例中，国家旅游局在泰国首都曼谷主办 2017 美丽中国旅游之夜推广活动，为的是吸引更多的泰国游客访问中国。

三、启示

旅游形象是公共产品，通常由国家或政府来进行。一个国家或地区拥有良好的旅游形象，会吸引大批旅游者来这个国家或地区旅游。因为旅游形象推广需要大量的、长期的资金投入，所以旅游形象必须借助国家或政府利用公共财政进行整体宣传推广。

3.2　旅游行政管理部门

【案例 3-6】文化部和国家旅游局合并[①]

一、案例介绍

2018 年 8 月，十三届全国人大一次会议在人民大会堂举行第四次全体会议，听取全国人大常委会关于监察法草案的说明、国务院关于国务院机构改革方案的说明。根据国务院总理李克强提请第十三届全国人民代表大会第一次会议审议的国务院机构改革方案的议案，改革后，国务院正部级机构减少 8 个，副部级机构减少 7 个，除国务院办公厅外，国务院设置组成部门 26 个。

其中，将文化部、国家旅游局的职责整合，组建文化和旅游部，作为国务院组成部门。不再保留文化部、国家旅游局。文化和旅游部下设办公厅、政策法规司、人事司、财务司、艺术司、公共服务司、科技教育司、非物质文化遗产司、产业发展司、资源开发司、市场管理司、文化市场综合执法监督局、国际交流与合作局（港澳台办公室）、机关党委和离退休干部局 15 个机构。文化和旅游部主要职能是统筹规划文化事业、文化产业和旅游业发展，拟订发展规划并组织实施，推进文化和旅游融合发展，推进文化和旅游体制机制改革，指导、管理文艺事业及文化和旅游市场发展，管理国家文物局，指导全国文化市场综合执法等。

---

① 根据资料改编。资料来源：伍策、林溪：《文化部和国家旅游局合并组成文化和旅游部》，中国网，2018 年 3 月 13 日，http://travel.china.com.cn/txt/2018-03/13/content_50703697.htm。

二、法理分析

[适用法条]

《第十三届全国人民代表大会第一次会议关于国务院机构改革方案的决定》。

[分析]

根据第十三届全国人民代表大会第一次会议议程，审议国务院机构改革方案，将文化部、国家旅游局的职责整合，组建文化和旅游部，作为国务院组成部门。

合并后，对旅游局而言，是合并加升格，从直属机构跃升为组成部门，从副部级升格为正部级。对文化部而言，是合并加拓宽，从纯粹文化到赋予载体，从偏向事业到事业产业并进，旅游的综合属性必然带来文化在产业培育和产业发展上的综合性。这次机构改革，不仅是给旅游"加码"，更是给文化"赋能"。

三、启示

组建文化和旅游部是旅游局的职级升格，也是文化部的职能升级，将增强和彰显文化自信，统筹文化事业、文化产业发展和旅游资源开发，提高国家文化软实力和中华文化影响力。

第4章 旅行社法律制度案例

培训目标：掌握旅行社行业管理的法律制度，掌握旅行社经营原则和经营规范，能够辨析旅行社及导游违规的行为并依据法律规定掌握处罚的额度。

4.1 旅行社概述

 【案例4-1】导游催游客"快跑"致使游客摔残，旅行社赔偿案①

一、案例介绍

2011年10月，桃源县某单位与常德市某旅行社签订了旅游合同，组织李某及同事赴外地一景点旅游。在游览该景点博物馆时，导游张和（化名）催促大家快跑，李某在随导游跑向博物馆的过程中被入口处的台阶绊倒受伤，随即被送往当地医院治疗，后回本地继续治疗。经鉴定，李某的伤情评定为八级伤残，需系统治疗，医疗终结时间为120天，需1人护理30天。随后李某将桃源县某单位和常德市某旅行社诉至法院。

被告桃源县某单位辩称：原告李某在旅游过程中受伤，本单位并没有过错，不应当承担民事责任，由于被告桃源县某单位与被告常德市某旅行社签订了旅游合同，被告旅行社对旅行者负有安全管理义务，原告因受伤造成的损失应由被告旅行社承担。

被告旅行社辩称：原告诉称是导游催促快跑导致其摔倒，不符合客观事实；原告的受伤属于自己对安全注意不够，且并无证据证明被告未尽安全管理义务。故原告的诉讼请求没有事实依据，请求驳回原告的诉讼请求。

经庭审举证、质证和当事人的庭审陈述，法院认为，被告桃源县某单位对原告受伤无过错，被告旅行社导游在游客对景点场地不熟的情况下催促游客快跑，且没有给予言语提醒，未采取防止危害发生的必要预防措施，即未尽到安全保障义务，造成原告人身

---

① 根据资料改编。资料来源：杨彩平、胡楠：《导游催游客"快跑"游客摔残旅行社赔十万》，中国法院网，2013年3月25日，https：//www.chinacourt.org/article/detail/2013/03/id/930618.shtml。

损害，故对原告的经济损失，被告旅行社应承担80%的赔偿责任，被告旅行社已垫付的鉴定费1633元，应计入原告的损失总额，一并处理。原告不注意自身安全，盲目跟随导游快跑而受伤，应承担相应责任。因此，法院判决被告常德市某旅行社赔偿原告李某经济损失10.4万元。

二、法理分析

[适用法条]

1.《旅行社条例》第三十一条：旅行社为接待旅游者委派的导游人员，应当持有国家规定的导游证。

2.《导游人员管理条例》第四条：取得导游人员资格证书的，经与一家旅行社订立劳动合同或者在导游服务公司登记，方可持所订立的劳动合同或者登记证明材料，向省、自治区、直辖市人民政府旅游行政部门申请领取导游证。

[分析]

导游人员带团必须受到旅行社的委派，旅行社聘用导游人员应当依法签订劳动合同。这表明，我国旅行社对导游人员的管理是通过订立劳动合同确定的，旅行社与导游人员之间是法人与法人工作人员的关系，相互之间存在一个内部管理的关系。因此，法人工作人员在执行职工过程中因其过错给法人造成财产损失时，有义务向法人承担赔偿责任；造成对第三人的损害则由法人承担赔偿责任。导游张和受常德市某旅行社委派带团，这是职务行为。导游人员催促游客快跑，致使游客摔伤，对游客造成的损害，须由旅行社承担赔偿责任。

三、启示

旅行社与导游人员签订劳动合同，须加强对导游人员的管理。

4.2　旅行社的设立

【案例4-2】某营业部未在规定期限内备案①

一、案例介绍

2018年3月，青岛市旅游局接一投诉件，投诉人通过微信向"某国际旅行社有限公司莱西营业部"支付团费报名参加聊城两日游旅游团，但因旅游过程中与该公司产生

---

① 根据资料改编。资料来源：《未在规定期限内备案开展旅行社业务　我市通报一起旅游行政处罚案件》，莱西新闻网，2018年5月31日，http://www.laixinews.com/lyxx/2018-05-31/34567.html。

纠纷故而投诉。经市旅游局核查，公司未备案，涉嫌未备案开展旅行社业务等违法违规问题，市旅游局立即函请市综合行政执法局做进一步调查，对涉嫌违法违规问题进行依法处理。

市综合行政执法局接案后，多次现场调查取证，并先后向该公司青岛分公司及北京总公司下达调查询问通知书，最终确认该营业部于 2016 年 8 月 19 日在市场监督管理局办理营业执照，但未依法向旅游行政管理部门备案，且持续从事旅行社业务经营，构成设立营业部未在规定期限内向所在地的旅游行政管理部门备案的违法经营行为。

鉴于案发后，该公司能够积极配合调查，主动注销了未备案的营业部，及时整改了违法行为，依法具有从轻情节，市综合行政执法局依据相关法律规定，对该公司作出责令改正、罚款人民币 3000 元的行政处罚。

二、法理分析

[适用法条]

1. 《旅行社条例》第十一条：旅行社设立专门招徕旅游者、提供旅游咨询的服务网点应当依法向工商行政管理部门办理设立登记手续，并向所在地的旅游行政管理部门备案。旅行社服务网点应当接受旅行社的统一管理，不得从事招徕、咨询以外的活动。

2. 《旅行社条例》第五十条：违反本条例的规定，旅行社有下列情形之一的，由旅游行政管理部门责令改正；拒不改正的，处 1 万元以下的罚款：（一）变更名称、经营场所、法定代表人等登记事项或者终止经营，未在规定期限内向原许可的旅游行政管理部门备案，换领或者交回旅行社业务经营许可证的；（二）设立分社未在规定期限内向分社所在地旅游行政管理部门备案的；（三）不按照国家有关规定向旅游行政管理部门报送经营和财务信息等统计资料的。

[分析]

旅行社设立服务网点（即本案中的营业部）后，应当依法向工商行政管理部门办理设立登记手续，并向所在地的旅游行政管理部门备案。服务网点不得从事招徕、咨询以外的活动。本案中，该营业部未向旅游管理部门备案，且持续从事旅游接待业务，属违法经营行为。按照《旅行社条例》第五十条，可以处 1 万元以下罚款。

三、启示

旅行社服务网点，办理营业执照后，必须向当地旅游管理部门备案，取得旅行社服务网点备案登记证明，并且不得从事招徕、咨询以外的活动。旅游者在服务网点咨询旅游事项时，首先要查看其是否由合法的资质，即营业执照和旅行社服务网点备案登记证明，否则就是无合法资质的旅行社。

【案例4-3】无旅行社业务经营许可证擅自经营案①

一、案例介绍

2018年，北京市民爆料称，自己参加了北京某国际旅游有限公司组织的免费港澳五日游活动，结果却被导游带着连续进入多家商店购物，购物花费超过10万元，其中甚至发生了导游要求游客购物的情况。随后，北京市旅游委依据属地管理原则，会同市公安局环食药旅总队、市工商局、朝阳区旅游委、通州区旅游委、三河市文广新局旅游部开展专项联合督查检查执法，分成三个检查组突查三个疑似××国际旅游（北京）有限公司经营地址。

经查，"北京某国际旅游有限公司"实际名为"××国际旅游（北京）有限公司"，于2015年7月20日注册成立但并未取得"旅行社业务经营许可证"。××国际旅游（北京）有限公司通过招募"事业合伙人"，再由"事业合伙人"招徕旅游者方式非法组织"港澳游"，"事业合伙人"通过招徕旅游者抽取提成。记者查找发现，该公司还曾在58同城上发布邀请加盟合伙人的消息，加盟费为3万元。而且，该公司还开出了十分"诱人"的回馈条件，合伙人直推一个合伙人总公司直接奖励40%返利。

根据相关规定，北京市旅游委决定对该公司作出10万元罚款的行政处罚，对有关责任人员作出2万元罚款的行政处罚。

二、法理分析

[适用法条]

1.《旅游法》第二十八条：设立旅行社，招徕、组织、接待旅游者，为其提供旅游服务，应当具备下列条件，取得旅游主管部门的许可，依法办理工商登记：（一）有固定的经营场所；（二）有必要的营业设施；（三）有符合规定的注册资本；（四）有必要的经营管理人员和导游；（五）法律、行政法规规定的其他条件。

2.《旅游法》第九十五条：违反本法规定，未经许可经营旅行社业务的，由旅游主管部门或者市场监督管理部门责令改正，没收违法所得，并处一万元以上十万元以下罚款；违法所得十万元以上的，并处违法所得一倍以上五倍以下罚款；对有关责任人员，处二千元以上二万元以下罚款。

[分析]

北京某国际旅游有限公司未取得旅行社业务经营许可证，违反《旅游法》第二十八条规定，可以根据《旅游法》第九十五条进行处罚。

---

① 根据资料改编。资料来源：蒋梦惟：《北京两旅行社非法组织"港澳游"被罚》，北京商报网，2018年8月13日，https://www.sohu.com/a/246761771_115865。

三、启示

目前旅行社行业出现了竞争过度的情况，虽然相关部门对违法违规行为的查处力度越来越大，但是随着旅行社数量不断增加，一些新兴市场主体尤其是中小型旅行社快速增加，这些企业为了在市场上生存，通过各种渠道、方式钻空子，因此，监管也容易出现一些死角。北京这家违法经营的旅行社违法情节恶劣，被处最重的处罚。

【案例 4-4】旅行社分社未与游客签订合同、私自转让案①

一、案例介绍

游客魏某参加由广西某国际旅行社桂林分社组织的"南宁—巴马—北海涠洲岛四晚五天游"。该社未与游客签订旅游合同，在未征得游客书面同意的情况下，该社将游客委托给南宁某旅行社有限公司履行旅游包价合同。

南宁市旅游发展委员会给予广西某国际旅行社责令改正、处 20 万元罚款的行政处罚；给予广西某国际旅行社桂林分社停业整顿一个月的行政处罚；分别给予广西某国际旅行社总经理俞某某、广西某国际旅行社桂林分社负责人黄某某 2 万元罚款的行政处罚。以上处罚结果列入旅游经营服务不良信息记录，并转入旅游经营服务信用档案，向社会予以公布。

二、法理分析

[适用法条]

1.《旅游法》第一百条：旅行社违反本法规定，有下列行为之一的，由旅游主管部门责令改正，处三万元以上三十万元以下罚款，并责令停业整顿；造成旅游者滞留等严重后果的，吊销旅行社业务经营许可证；对直接负责的主管人员和其他直接责任人员，处二千元以上二万元以下罚款，并暂扣或者吊销导游证：（一）在旅游行程中擅自变更旅游行程安排，严重损害旅游者权益的；（二）拒绝履行合同的；（三）未征得旅游者书面同意，委托其他旅行社履行包价旅游合同的。

2.《旅行社条例实施细则》第十八条：旅行社分社（简称分社，下同）及旅行社服务网点（简称服务网点，下同），不具有法人资格，以设立分社、服务网点的旅行社（简称设立社，下同）的名义从事《条例》规定的经营活动，其经营活动的责任和后果，由设立社承担。

[分析]

广西某国际旅行社桂林分社未与游客魏某签订旅游合同，在未征得游客书面同意的

---

① 根据资料改编。资料来源：《国家旅游局督办两起扰乱旅游市场秩序典型案件》，搜狐网，2016 年 2 月 28 日，http：//www.sohu.com/a/60942004_376259。

情况下，将游客委托给南宁某旅行社，违反《旅游法》第一百条第三款的规定。旅行社分社不具备独立法人资格，其经营活动的责任和后果，由设立社承担，故南宁市旅游发展委员会要求设立社广西某国际旅行社责令改正，处20万元罚款。

三、启示

旅行社分社不具备独立法人资格，其经营活动的责任和后果，由设立社承担。所以设立社须加强对分社的管理。

4.3　外商投资旅行社

 【案例4-5】天津自贸区降低外商投资旅游业方面的限制①

一、案例介绍

天津自贸区将取消对外商投资出境旅游业务的旅行社的限制，允许外商以独资形式投资从事出境旅游业务的旅行社（不得从事赴台湾地区旅游业务）。放宽外资投资旅行社经营范围的限制，有助于促进外资投资旅游业开展和扩大出境游业务，进一步提高中国公民出境游的服务质量，也将对境内旅行社形成竞争压力。

二、法理分析

[适用法条]

1.《旅行社条例》第二十三条：外商投资旅行社不得经营中国内地居民出国旅游业务以及赴香港特别行政区、澳门特别行政区和台湾地区旅游的业务，但是国务院决定或者我国签署的自由贸易协定和内地与香港、澳门关于建立更紧密经贸关系的安排另有规定的除外。

2.《中外合资经营旅行社试点经营出境旅游业务监管暂行办法》第六条：中外合资经营旅行社申请试点经营出境旅游业务的，应当符合《旅行社条例》第八条规定的条件，并向国务院旅游行政主管部门提出申请，并提交符合《旅行社条例》第八条规定条件的相关证明文件。

[分析]

2009年发布的行政法规《旅行社条例》规定，外商投资旅行社不得经营中国内地居民出国旅游业务以及赴香港特别行政区、澳门特别行政区和台湾地区旅游的业务。

---

① 根据资料改编。资料来源：《天津自贸区降低外商投资旅游业方面的限制体现在哪？》，新浪网，2015年4月7日，http://tj.sina.com.cn/news/zhzx/2015-04-07/detail-iavxeafs4739493-p2.shtml。

2010 年发布的《中外合资经营旅行社试点经营出境旅游业务监管暂行办法》，开始对中外合资经营旅行社试点经营出境旅游业务。天津自贸区取消对外商投资出境旅游业务的旅行社的限制，允许外商以独资形式投资从事出境旅游业务的旅行社（不得从事赴台湾地区旅游业务）。

三、启示

出境游业务是中国旅游市场最大的一块"肥肉"，是合资旅行社所擅长的。开放出境游业务，注定将给竞争激烈且市场开发并不完善的出境游市场带来新的波澜。

【案例 4-6】上海自贸区可设外商独资旅行社①

一、案例介绍

2017 年，中国（上海）自由贸易试验区正式获批开展外商独资旅行社经营出境旅游业务试点工作。其中，万程（上海）旅行社有限公司获批成为中国（上海）自由贸易试验区首家经营出境旅游业务的外商独资旅行社。

在中国（上海）自由贸易试验区内注册的外商独资旅行社需满足以下条件方可申请试点经营出境旅游业务：第一，旅行社注册需在中国（上海）自由贸易试验区内；第二，旅行社的外商资本来自香港、澳门的，同时取得旅行社业务经营许可证满两年；第三，外商独资旅行社需满足未因侵害旅游者合法权益受到行政机关罚款以上处罚，并在上海连续两年依法经营国内旅游业务、入境旅游业务，达到一定规模。

此外，在操作流程上，上海市旅游局还将对申请试点经营出境旅游业务的外商独资旅行社进行审核，审核合格后，报国家旅游局审批。北京商报记者还了解到，上海市旅游局审核外商独资旅行社试点经营出境旅游业务申请的截止日期为 2019 年 12 月 31 日，试点旅行社不超过 3 家。外商独资旅行社申请试点经营出境旅游业务，获得国家旅游局许可的，按规定换发经营出境旅游业务的新许可证后，试点期为三年。

二、法理分析

[适用法条]

1.《旅行社条例》第二十三条：外商投资旅行社不得经营中国内地居民出国旅游业务以及赴香港特别行政区、澳门特别行政区和台湾地区旅游的业务，但是国务院决定或者我国签署的自由贸易协定和内地与香港、澳门关于建立更紧密经贸关系的安排另有规定的除外。

2.《中外合资经营旅行社试点经营出境旅游业务监管暂行办法》第六条：中外合

---

① 根据资料改编。资料来源：《上海自贸区可设外商独资旅行社，试点期为三年》，搜狐网，2017 年 9 月 20 日，http://www.sohu.com/a/193405807_280657。

资经营旅行社申请试点经营出境旅游业务的，应当符合《旅行社条例》第八条规定的条件，并向国务院旅游行政主管部门提出申请，并提交符合《旅行社条例》第八条规定条件的相关证明文件。

［分析］

早在2013年，《中国（上海）自由贸易试验区总体方案》便允许在自贸区内注册的符合条件的中外合资旅行社从事除台湾地区以外的出境旅游业务。此次试点为进一步放开。

三、启示

出境游利润较高，且外资旅行社最大优势和资源都在海外，一旦开放出境游，这些国际旅行社将对国内企业形成一定冲击。试点工作旨在发挥自贸区先行先试的制度优势，通过试点工作，努力形成可复制、可推广的外商独资旅行社经营出境旅游业务的经验，深化旅游业改革开放。

4.4　旅行社行业管理法律制度

 【案例4-7】旅行社未经许可　经营出境旅游业务案①

一、案例介绍

2017年9月26日，合肥市旅游局与合肥市物价局执法人员到安徽某国际旅行社有限公司办公场所进行"不合理低价招徕"专项整治突击检查时，发现该公司网站有"新泰度"曼谷芭堤雅沙美岛6日游旅游线路产品。经查实，该公司不具备经营出境旅游业务资质。

合肥市旅游局依据《旅游法》第九十五条，作出罚款10000元并责令停业整顿1个月的行政处罚；对直接负责的主管人员作出罚款2000元的行政处罚。

二、法理分析

［适用法条］

1. 《旅游法》第二十九条：旅行社可以经营下列业务：（一）境内旅游；（二）出境旅游；（三）边境旅游；（四）入境旅游；（五）其他旅游业务。旅行社经营前款第二项和第三项业务，应当取得相应的业务经营许可，具体条件由国务院规定。

---

① 根据资料改编。资料来源：《安徽省旅发委发布典型案例　五家旅行社违规被罚》，中国网，2018年3月14日，http：//travel.china.com.cn/txt/2018－03/14/content_50706993.htm。

2.《旅游法》第九十五条：旅行社违反本法规定，未经许可经营本法第二十九条第一款第二项、第三项业务，或者出租、出借旅行社业务经营许可证，或者以其他方式非法转让旅行社业务经营许可的，除依照前款规定处罚外，并责令停业整顿；情节严重的，吊销旅行社业务经营许可证；对直接负责的主管人员，处二千元以上二万元以下罚款。

[分析]

出境旅游必须获得旅游管理部门的出境旅游许可。旅游者到异国他乡，人生地不熟，语言不通，旅游者权益更容易受到侵害。所以，国家旅游主管部门为保障旅游者的合法权益，对旅行社从事出境旅游采取许可制度，以便加强对出境旅游的管理。该旅行社未经许可，擅自经营出境旅游业务，可以根据《旅游法》第九十五条进行相应的处罚。

三、启　示

旅行社必须获得旅游主管部门的许可后，才能经营出境旅游业务，否则属于超范围经营。

【案例4-8】非旅行社从事旅游业务案[①]

一、案例介绍

安徽省蚌埠市旅游局从蚌埠某俱乐部微信朋友圈发现案件线索，在市场检查中，确认了邵某以蚌埠某俱乐部名义，擅自招徕 29 名游客，并以蚌埠某俱乐部名义与安徽某国际旅行社有限责任公司签订"韩国邮轮 7 日游"团队出境旅游合同。执法人员在调查中，还发现了蚌埠某俱乐部发布的宣传单页、邵某书写的《"韩国东明明珠 8 号邮轮 7 日游"费用明细》等证据，邵某从中获利 290 元。

邵某违反了《旅游法》第二十八条之规定，蚌埠市旅游局依据《旅游法》第九十五条，作出没收违法所得 290 元、罚款 10000 元的行政处罚。

二、法理分析

[适用法条]

1.《旅游法》第二十八条：设立旅行社，招徕、组织、接待旅游者，为其提供旅游服务，应当具备下列条件，取得旅游主管部门的许可，依法办理工商登记：（一）有固定的经营场所；（二）有必要的营业设施；（三）有符合规定的注册资本；（四）有必要的经营管理人员和导游；（五）法律、行政法规规定的其他条件。

---

① 根据资料改编。资料来源：杨兵：《安徽省旅发委发布典型案例　五家旅行社违规被罚》，中国网，2018年 3 月 14 日，http：//travel.china.com.cn/txt/2018-03/14/content_50706993.htm。

2. 《旅游法》第九十五条：违反本法规定，未经许可经营旅行社业务的，由旅游主管部门或者市场监督管理部门责令改正，没收违法所得，并处一万元以上十万元以下罚款；违法所得十万元以上的，并处违法所得一倍以上五倍以下罚款；对有关责任人员，处二千元以上二万元以下罚款。

[**分析**]

旅行社是从事旅游业务的主体，其他任何个人和组织从事旅游业务都是非法的。俱乐部不是旅行社，不具有从事旅游业务的资格，不能进行旅游宣传，不能从事招徕旅游者的业务，故旅游管理作出没收违法所得 290 元、罚款 10000 元的行政处罚。

三、启示

旅游业务是特许业务，要按规定交纳旅游服务质量保证金和旅行社责任保险的旅行社，具备必要的条件，才从能从事旅游业务。这样才能保障旅游者的合法权益。其他任何个人和组织不能从事旅游业务。

【案例 4-9】旅游服务质量保证金不能划拨案①

一、案例介绍

2011 年 4 月 1 日，海南某国际旅行社有限公司（以下简称某旅行社）与中国银行股份有限公司海口某支行（以下简称中行某支行）就旅行社质量保证金管理事项签订《旅行社质量保证金存款协议书》，约定该旅行社在中行某支行开设质量保证金账户；银行对旅行社存入的质量保证金，按照 1 年定期、到期自动结息转存方式管理，中途提取的部分按活期结息，全部利息收入归旅行社所有；质量保证金支取按照约定方式执行等。同日，该旅行社在中行某支行存入 20 万元质量保证金。

2014 年 9 月 1 日，海口市龙华区人民法院（以下简称龙华法院）在执行申请执行人翁某与被执行人某旅行社股权转让纠纷一案过程中作出执行裁定书，裁定冻结、扣划某旅行社在银行的存款 132878 元及利息或者查封、扣押其相等价值的财产。同年 9 月 3 日，中行某支行协助龙华法院扣划某旅行社在该行开立的质量保证金账户内的 132878 元至法院账户。其后，某旅行社向龙华法院提出执行异议，请求法院退还扣划的上述款项。

某旅行社称，根据《旅行社条例》第十五条规定，有下列情形之一的，旅游行政管理部门可以使用旅行社的质量保证金：（一）旅行社违反旅游合同约定，侵害旅游者合法权益，经旅游行政管理部门查证属实的；（二）旅行社因解散、破产或者其他原因造成旅游者预交旅游费用损失的。又依据《旅游法》第三十一条规定，旅行社应当按

---

① 根据资料改编。资料来源：《万万没想到 旅行社质量保证金不能动》，百度，2018 年 4 月 11 日，https://baijiahao.baidu.com/s? id=1597368556557580756。

照规定交纳旅游服务质量保证金，用于旅游者权益损害赔偿和垫付旅游者人身安全遇有危险时紧急救助的费用。按照上述规定，旅行社质量保证金属于依法缴存并主要用于保障旅游者权益的专用资金，质量保证金应当专款专用，不能作为一般合同纠纷的执行标的。综上，请求法院退还从某旅行社旅游服务质量保证金账号扣划的 132878 元款项。

龙华法院根据《旅游法》《旅行社条例》的规定判定：本案扣划某旅行社在中行某支行账号内的 132878 元属于旅行社质量保证金。本案据以执行的已决债权不属于旅行社损害旅游者合法权益情形所形成的债权，故法院不应直接扣划上述质量保证金用于本案执行。某旅行社提出的异议请求成立，法院予以支持。最终，龙华法院裁定撤销本院"扣划被执行人海南某国际旅行社有限公司在中国银行股份有限公司海口某支行账号内的存款 132878 元至本院账户"的执行行为，将上述 132878 元退至某旅行社中行某支行账号内。

二、法理分析

[适用法条]

1.《旅游法》第三十一条：旅行社应当按照规定交纳旅游服务质量保证金，用于旅游者权益损害赔偿和垫付旅游者人身安全遇有危险时紧急救助的费用。

2.《旅行社条例》第十五条：有下列情形之一的，旅游行政管理部门可以使用旅行社的质量保证金：（一）旅行社违反旅游合同约定，侵害旅游者合法权益，经旅游行政管理部门查证属实的；（二）旅行社因解散、破产或者其他原因造成旅游者预交旅游费用损失的。

3.《旅行社条例》第十六条：人民法院判决、裁定及其他生效法律文书认定旅行社损害旅游者合法权益，旅行社拒绝或者无力赔偿的，人民法院可以从旅行社的质量保证金账户上划拨赔偿款。

[分析]

旅游服务质量保证金属于保障旅游者权益的专用存款，用于旅游者权益损害赔偿和垫付旅游者人身安全遇有危险时紧急救助的费用，法院不得违法执行。结合《旅游法》和《旅行社条例》之规定，当出现以下情形时，可以支取保证金：

（1）旅行社违反旅游合同约定，侵害旅游者合法权益，经旅游行政管理部门查证属实的，旅游行政管理部门可以使用保证金；（2）旅行社因解散、破产或者其他原因造成旅游者预交旅游费用损失的，旅游行政管理部门可以使用保证金；（3）人民法院判决、裁定及其他生效法律文书认定旅行社损害旅游者合法权益，旅行社拒绝或者无力赔偿的，人民法院可以从保证金账户上划拨赔偿款；（4）旅游者人身安全遇有危险需要垫付紧急救助费用时，经旅行社提出申请并由旅游行政管理部门审核后或直接由旅游行政管理部门决定垫付的，银行按照相关规定将保证金以现金或转账方式直接向确定的单位或账户提供；（5）旅行社自交纳或者补足保证金之日起三年内未因侵害旅游者合法权益受到行政机关罚款以上处罚的，旅游行政管理部门应当将保证金的交存数额降低

50%，银行按照相关规定将相应数额的保证金退还给旅行社；（6）旅行社因业务变更、撤减分社申请减交保证金，经旅游行政管理部门审核后，银行按照相关规定将相应数额的保证金退还给旅行社；（7）旅行社不再从事旅游业务的，凭旅游行政管理部门出具的凭证，向银行取回保证金。

同时，依据《最高人民法院关于执行旅行社质量保证金问题的通知》之规定，人民法院在执行涉及旅行社的案件时，遇有下列情形而旅行社不承担或无力承担赔偿责任的，可以执行保证金：（1）旅行社因自身过错未达到合同约定的服务质量标准而造成旅游者的经济权益损失；（2）旅行社的服务未达到国家或行业规定的标准而造成旅游者的经济权益损失；（3）旅行社破产后造成旅游者预交旅行费损失；（4）人民法院判决、裁定及其他生效法律文书认定的旅行社损害旅游者合法权益的情形。

除上述情形之外，法院不得执行旅行社质量保证金。

因此，某旅行社与申请执行人翁某的股权转让纠纷一案，不属于法院划拨旅游服务质量保证金的情形。最终，法院裁定撤销其执行行为，将上述保证金退至某旅行社账号内。

三、启示

旅游服务质量保证金是专用款项，只用于旅游者权益损害赔偿和垫付旅游者人身安全遇有危险时紧急救助的费用，不能用于旅行社的经济纠纷。

 【案例 4–10】 西安市新城区人民法院划拨旅游服务质量保证金账户内资金案①

一、案例介绍

刘某某与陕西某国际旅行社有限公司（以下简称某旅行社）股权转让纠纷一案中，西安市新城区人民法院（以下简称新城法院）在执行程序中强制扣划了某旅行社在中国光大银行西安某支行（以下简称某支行）140 万元（不含结存利息）账户中的223238.58 元至新城法院。某旅行社认为该账户上的存款属于旅游服务质量保证金，执行法院强制扣划该账户款项缺乏法律依据，尽管以与案例 4–9 同样的理由要求撤销执行裁定，但在该案中法院却驳回了某旅行社的复议申请。

受理复议申请的西安市中级人民法院（以下简称西安中院）经审理查明，在新城法院强制扣划某旅行社保证金账户上的存款之前，西安市旅游局就给新城法院回函写明：（一）某旅行社原旅游服务质量保证金存款总额为 140 万元人民币；（二）已按相关法规审批通过该社质量保证金降低交存比例 50% 的请求，降低数额为 70 万元人民币，降低后保证金数额为 70 万元人民币；（三）我局已向省旅游局提出降低申请，省旅游局

---

① 根据资料改编。资料来源：《万万没想到 旅行社质量保证金不能动》，百度，2018 年 4 月 11 日，https://baijiahao.baidu.com/s? id = 1597368556557580756。

已审批通过，并开出了取款通知书。

西安中院认为，新城法院对其中的 223238.58 元依法扣划符合法律规定，执行措施并无不当，因此驳回了某旅行社的复议申请。

二、法 理 分 析

[适用法条]

1.《旅游法》第三十一条：旅行社应当按照规定交纳旅游服务质量保证金，用于旅游者权益损害赔偿和垫付旅游者人身安全遇有危险时紧急救助的费用。

2.《旅行社条例》第十五条：有下列情形之一的，旅游行政管理部门可以使用旅行社的质量保证金：（一）旅行社违反旅游合同约定，侵害旅游者合法权益，经旅游行政管理部门查证属实的；（二）旅行社因解散、破产或者其他原因造成旅游者预交旅游费用损失的。

3.《旅行社条例》第十六条：人民法院判决、裁定及其他生效法律文书认定旅行社损害旅游者合法权益，旅行社拒绝或者无力赔偿的，人民法院可以从旅行社的质量保证金账户上划拨赔偿款。

[分析]

某旅行社交存的保证金总额为 140 万元，旅游行政管理部门已按相关法律审批通过了该社降低交存比例 50% 的请求，并向社会公告。故该社降低后保证金金数额为 70 万元，账户中超出部分款项已不具备旅游服务质量保证金的性质，应属于可供执行的公司财产。

由此可见，虽然法院扣划的 223238.58 元在旅行社的保证金账户内，但其性质却发生了变化。因为满足了《旅行社条例》规定的质保金交存数额降低的要求，旅行社 140 万质保金降低 50% 变成了 70 万元，其审批程序也符合相关规定。所以，法院强制扣划的并非质保金，而是旅行社的普通财产（银行存款）。

三、启　示

旅游服务质量保证金是专用款项，只用于旅游者权益损害赔偿和垫付旅游者人身安全遇有危险时紧急救助的费用。保证金账户的其余款向，不适用旅游服务质量保证金的支取规定。

【案例 4－11】 旅行社擅自降低旅游服务质量案[①]

一、案 例 介 绍

杜先生参加潍坊某国旅行社组织的"北京四日游"。按旅游协议所定的游览行程、

①　根据资料改编。资料来源：《擅自降低旅游服务质量案》，搜狐网，2019 年 3 月 4 日，http：//www. so-hu. com/a/299036220_120067461。

交通、住宿等标准，杜先生交纳费用900元。在旅游协议的履行过程中，该旅行社原承诺的四家连锁商务酒店实际为一般商务酒店；行程计划中北京老胡同、798艺术区等景点也并未安排游览。杜先生等以旅行社擅自降低旅游服务质量为由，向潍坊市旅游监察支队投诉，要求旅行社退赔全部旅游费用，以维护其合法权益。

市旅游监察支队接到投诉后，立即展开调查。经调查核实，十一旅游旺季，北京地区游客爆满，导游临时接到通知，无法落实原承诺的四家连锁商务酒店住宿，故临时安排一般商务酒店。同时，为了节省时间，导游征得游客口头同意，未游览北京老胡同、798艺术区等景点。旅行社对以上事实无异议。

市旅游监察支队根据以上事实作出以下处理意见：旅行社赔偿杜先生住宿费用240元；赔偿不能游览的景点门票费260元。

二、法理分析

[适用法条]

1. 《旅行社质量保证金赔偿试行标准》第十一条：旅行社安排的饭店，因饭店原因低于合同约定的等级档次，旅行社退还旅游者所付房费与实际费用的差额，并赔偿差额20%的违约金。

2. 《旅行社质量保证金赔偿试行标准》第十三条：旅行社安排的观光景点，因景点原因不能游览，旅行社应退景点门票、导游费并赔偿退还费用20%的违约金。

[分析]

1. 旅游协议中，旅行社原承诺的四家连锁商务酒店，实际为一般商务酒店，被投诉旅行社属于因自身过错未达到合同约定的服务质量标准，根据《旅行社质量保证金赔偿试行标准》第十一条，旅行社应退还旅游者所付房费与实际费用的差额，并赔偿差额20%的违约金。

2. 未游览北京老胡同、798艺术区等景点，根据《旅行社质量保证金赔偿试行标准》第十三条，旅行社应退景点门票、导游费并赔偿退还费用20%的违约金。

三、启示

在旅游过程中，因为各种原因，往往会出现不能完全按旅游协议执行的情况。遇到这种情况，旅游者有时会狮子大开口，向旅行社提出无理赔偿要求。我国的《旅行社质量保证金赔偿试行标准》对旅游团不能成行、旅游服务等级下降、导游及领队服务不达标等行为赔偿标准进行规定，既保障了旅游者利益，同时也在某种程度上保障了旅行社的利益。

【案例 4 - 12】游客出国旅游滞留不归，旅行社受罚案①

一、案例介绍

2019 年，重庆游客黄某在重庆某旅行社报名参加赴澳大利亚旅游，因为当时赴澳旅游人数少，该社将黄某与北京的一家旅行社拼团出游。7 月 2 日，黄某从北京某旅行社领队手中骗取了本人护照，在该团 7 月 3 日离澳时，黄某脱团滞留澳大利亚未归。直至重庆市旅游局对此事进行调查前，重庆某旅行社未向旅游行政管理部门或相关部门报告此事。

二、法理分析

[适用法条]

1.《旅行社条例》第四十条：旅游者在境外滞留不归的，旅行社委派的领队人员应当及时向旅行社和中华人民共和国驻该国使领馆、相关驻外机构报告。旅行社接到报告后应当及时向旅游行政管理部门和公安机关报告，并协助提供非法滞留者的信息。

2.《旅行社条例》第六十三条：违反本条例的规定，旅行社及其委派的导游人员、领队人员有下列情形之一的，由旅游行政管理部门责令改正，对旅行社处 2 万元以上 10 万元以下的罚款；对导游人员、领队人员处 4000 元以上 2 万元以下的罚款；情节严重的，责令旅行社停业整顿 1 个月至 3 个月，或者吊销旅行社业务经营许可证、导游证：（一）发生危及旅游者人身安全的情形，未采取必要的处置措施并及时报告的；（二）旅行社组织出境旅游的旅游者非法滞留境外，旅行社未及时报告并协助提供非法滞留者信息的。

[分析]

旅游者黄某在澳大利亚滞留不归，领队应当及时向旅行社和我国驻该国使领馆、相关驻外机构报告，否则可以按《旅行社条例》第六十三条进行处罚。

三、启示

为了避免游客出境后滞留不归问题，组团社应该把好两道关：一是在办理护照时一定要核实参团者本人、家庭等方面情况；二是在上交到相关国家使领馆办理签证的材料一定要真实。例如欧洲的一些国家就需要游客的单位、家人的详细情况以及本人的资产证明等。此外，对出境游的客人要面试、多询问，摸清客人出游的真实意图。

---

① 根据资料改编。资料来源：《游客出国旅游滞留不归旅行社受处罚》，快资讯网，2019 年 6 月 17 日，http：//www.360kuai.com/pc/9dcefd40ca46ae5f3？cota = 4&kuai_so = 1&tj_url = so_rec&sign = 360_57c3bbd1&refer_scene = so_1。

【案例 4 – 13】 旅行社未投责任险被通报案[①]

一、案例介绍

山东淄博市于 2018 年 12 月启动 2019 年度旅行社责任险投（续）保工作，截至目前，该项工作已基本完成，但仍有 5 家旅行社未按时投（续）保。这 5 家未投保责任险的旅行社分别是：淄博 A 旅行社有限公司、淄博 B 旅行社有限公司、淄博 C 旅行社有限公司、淄博 D 旅行社有限公司、沂源 E 旅行社有限公司。淄博市文化和旅游局将对未投保责任险的旅行社进行处罚。

二、法理分析

[适用法条]

1. 《旅行社条例》第三十八条：旅行社应当投保旅行社责任险。旅行社责任险的具体方案由国务院旅游行政主管部门会同国务院保险监督管理机构另行制定。

2. 《旅游法》第九十七条：旅行社违反本法规定，有下列行为之一的，由旅游主管部门或者有关部门责令改正，没收违法所得，并处五千元以上五万元以下罚款；违法所得五万元以上的，并处违法所得一倍以上五倍以下罚款；情节严重的，责令停业整顿或者吊销旅行社业务经营许可证；对直接负责的主管人员和其他直接责任人员，处二千元以上二万元以下罚款：（一）进行虚假宣传，误导旅游者的；（二）向不合格的供应商订购产品和服务的；（三）未按照规定投保旅行社责任保险的。

[分析]

旅行社未投保旅行社责任险，可以根据《旅游法》第九十七条对旅行社及责任人进行处罚。

三、启示

旅行社责任保险是国家强制性保险。它是承保旅行社在组织旅游活动过程中因疏忽、过失造成事故所应承担的法律赔偿责任的险种，该险种的投保人为旅行社。投保后，一旦发生责任事故，将由保险公司在第一时间对无辜的受害旅客进行赔偿，有助于维护游客权益并解除旅行社的后顾之忧。旅行社必须按时投保旅行社责任险。

---

① 根据资料改编。资料来源：张益嘉：《淄博这 5 家旅行社因未投责任险被通报将受处罚》，鲁网，2019 年 1 月 4 日，http：//t. sdnews. com. cn/lyjj/201901/t20190104_2498919. htm。

4.5　旅行社经营

【案例 4 – 14】旅行社选择不合格的供应商对游客受伤承担赔偿案①

一、案例介绍

2012 年 6 月，沈女士参加了南京某旅行社组织的"内蒙古双卧 6 日游"，不料旅游第三天的时候出了意外。这一天，呼和浩特某旅行社作为地接社，带领沈女士等人参加一个草原骑马自费项目。在介绍该项目的时候，导游提醒六十岁以上的老年人最好不要参加。沈女士虽然已年过六十，但出于新鲜感仍报名参加，并向马倌交纳了 305 元费用。骑马过程中，沈女士所骑的马匹受惊，突然窜了出去，沈女士吓得魂飞魄散，在马上大叫起来。马倌见状迅速骑摩托车追赶，虽然很快就追上了，但受惊的马匹非常难控制，马倌花了约 20 分钟才将马匹控制住，在此过程中，毫无经验的沈女士一直在马匹上颠簸，人虽然侥幸没有坠马，但腰部却疼痛难忍。导游遂雇请了一辆小客车将沈女士送往当地医院就诊。在当地医院大致检查后，沈女士向导游出具了一份"证明"，内容是由于骑马不慎受到颠簸，但经马队队长认真负责带领游客到县医院检查无大碍，退骑马费 305 元，此事了结，与旅游景点与旅行社及导游没有关系。

之后，沈女士带伤完成了剩余旅程，并随旅行团回到南京。6 月 21 日，沈女士因腰疼再次到南京的医院就诊，被诊断为脊椎部分椎体压缩性骨折。经鉴定，沈女士构成十级伤残。沈女士认为，南京某旅行社安排的马匹不当，事发时未及时采取合理措施，导致自己受伤，应承担违约责任，遂将南京某旅行社告上法庭，请求判令南京某旅行社赔偿 11 万余元。之后，呼和浩特某旅行社被追加为第三人参与诉讼。

庭审中，南京某旅行社辩称，沈女士参与"骑马"项目前，旅行社已经明确提醒注意安全，并在沈女士受伤后及时救护，旅行社并无违约行为，请求法院驳回沈女士的诉讼请求。第三人呼和浩特某旅行社称，事发后，沈女士已经出具证明，表示收到退回的骑马费 305 元，此事了结，与旅游景点、旅行社及导游没有关系，说明双方已经达成了协议，沈女士再行起诉没有依据。

秦淮法院审理查明，骑马项目经营者李某某的许可经营项目为"餐饮"，并无骑马项目的经营资质。法院因此认为，原被告双方在合同中明确约定，旅行社为接待旅游者所选择的服务提供者及委派的导游应当具有合法资质。但南京某旅行社没有对该经营者

---

① 根据资料改编。资料来源：《马受惊狂窜颠伤骑马游客　状告旅行社索赔 11 余万元》，中国新闻网，2014 年 7 月 16 日，www.chinanews.com/fz/2014/07 – 16/6390473.shtml。

进行资质审查。

法院还认为，无证经营势必无法保证提供温驯、训练有素的马匹，无法规范马倌操作行为。因此，沈女士的受伤与经营者无经营资质具有因果关系，南京某旅行社应当对此承担违约责任。而沈女士出具的"证明"，系她在不知晓构成伤残的情况下作出的意思表示，存在重大误解，应予撤销。最终，法院判决南京某旅行社赔偿沈女士损失合计106984.43元。

二、法理分析

[适用法条]

1.《旅游法》第三十四条：旅行社组织旅游活动应当向合格的供应商订购产品和服务。

2.《旅行社条例》第三十七条第二款规定：接受委托的旅行社违约，造成旅游者合法权益受到损害的，作出委托的旅行社应当承担相应的赔偿责任。作出委托的旅行社赔偿后，可以向接受委托的旅行社追偿。

[分析]

旅游者沈女士与南京某组团社（作出委托的旅行社）有直接的合同关系，故地接社呼和浩特某旅行社（接受委托的旅行社）违约使沈女士受伤后，南京某组团社作为委托的旅行社应当承担相应的赔偿责任，事后可以向呼和浩特某旅行社追偿。

骑马项目经营者李某某的许可经营项目为"餐饮"，并无骑马项目的经营资质，为不合格的供应商，沈女士的受伤与经营者无经营资质具有因果关系。所以，呼和浩特某旅行社违反了"旅行社组织旅游活动应当向合格的供应商订购产品和服务"的义务，应该承担违约责任。

三、启示

旅行社组织旅游活动，应当向合格的、有资质的供应商订购产品和服务，否则给旅游者造成损失的，应该承担赔偿责任。

【案例4-15】旅行社对游客意外死亡应否承担赔偿责任①

一、案例介绍

2005年8月1日郭某（1930年8月30日生）的儿子郭某某代表郭某等6位亲属与被告常州某旅行社签订旅游合同，约定郭某、蒋某等6人参加被告旅行社组织的青岛、蓬莱、烟台、威海五日游，旅游费用为每人798元，另保险费10元，保险类别是旅行

---

① 根据资料改编。资料来源：《旅行社对游客意外死亡应否承担赔偿责任》，律师365网，2018年10月22日，http://www.64365.com/zs/631754.aspx。

社责任险、个人意外险，双方对违约责任等其他事项做了约定。合同签订后，郭某等人支付了旅游费用，并于8月4日随旅行社组织的团队外出旅游。8月6日旅游团到达威海某国际海水浴场参观，郭某自愿参加了海滨浴场下海游泳活动，其间，郭某因突发昏迷等症状被送至威海某医院救治，诊断结论为：脑出血。被告在郭某出现意外后要求下海游客在"下海自愿书"上签名，以此证明游泳活动是游客自选的自愿参加项目，被告已履行了向游客告知安全自负的义务。该"下海自愿书上"郭某的签名是其未成年的亲属陶某某在郭某出现意外送医院后代签的字。郭某经医院抢救无效于2005年8月14日死亡。郭某的三子女放弃相关的索赔权利，由郭某的妻子蒋某向××财产保险股份有限公司常州中心支公司及旅行社提起保险合同纠纷之诉。2006年3月法院判决××财产保险股份有限公司常州中心支公司赔付给蒋某意外伤害保险金65000元、意外医疗赔偿金5000元、丧葬费赔偿金10000元。2006年6月蒋某再次提起诉讼，要求常州某旅行社依照《合同法》、《消费者权益保护法》及《江苏省消费者权益保护法实施细则》的规定承担旅游合同违约赔偿责任，要求判令被告退还旅游费1596元；支付医疗费12669.60元、死亡赔偿金173240元。

被告辩称，其已经全面履行了合同约定的义务，组织旅游活动不存在任何过错。游客下海游泳属于游客自选项目，不是旅游的项目范围，同时被告对下海的危险性多次进行了告知，尽到了合同中约定的风险提示义务。原告之夫明知自己的年龄和身体状况而从事不适当的户外活动，本身存在重大过错。原告之夫旅游后反映了身体不适，被告及时处置，及时送往医院，尽到了相应的救助义务。原告之夫死亡的后果是由于其自身疾病引起，属于被告无法预料及控制的情形，故其死亡的后果与被告无关。而且原告已经因在被告处投保的意外险获得了医疗费、丧葬费、死亡赔偿金共计80000余元。双方订立合同中约定原告同意被告违约的赔偿责任按国家旅游局制订的旅行社旅游质量保证金赔偿试行标准执行，原告诉请不符合相应的规定。合同履行过程中发生的意外并非被告过错，被告在上次诉讼中已经表示同意退还部分旅游费，但原告不来办理，故诉讼费不应由被告承担。综上，请求法院依法驳回原告的诉讼请求。法院最后判决：（1）常州某旅行社向蒋某退还旅游费1596元。（2）常州某旅行社向蒋某赔偿郭某医疗费、死亡赔偿金合计人民币15000元。

二、法理分析

[适用法条]

《中华人民共和国民法通则》第一百零六条：公民、法人违反合同或者不履行其他义务的，应当承担民事责任。

[分析]

郭某等6人与被告之间的旅游合同成立。被告作为提供旅游服务的单位，应当对旅游项目的安全事项尽到相应的告知义务。在本案中，下海游客自愿书上郭某的签名是由其未成年的亲属代签的，被告关于在游客下海游泳前已向游客告知安全注意义务的陈述依据不足。郭某作为一位七十多岁的老年人，应当具备一定的知识和生活经验，在决定下海游泳时，对有可能发生的风险应有一定的预见性。由于郭某对自己的身体条件过于自信造成本案意外的发生，所以游客郭某本人应负主要责任。被告在履行安全告知手续中有瑕疵，被告对郭某的意外死亡应承担一定的赔偿责任。

三、启示

保险公司对游客家属作出的意外伤害赔偿，是基于游客与保险公司双方的保险合同关系而作出的赔偿。本案旅行社在对游客履行告知义务上有瑕疵，没有在游客下海前履行提醒和告知注意安全和考虑、注意自身健康状况的义务，因此，旅行社对游客的意外死亡负有一定的责任。保险公司的意外险赔偿不能抵销旅行社的责任，旅行社还应当承担相应的赔偿责任。

【案例 4 - 16】 旅行社拒退导游 5000 元垫资费纠纷案①

一、案例介绍

胡某是一名女导游，从业多年，经验丰富。某年 12 月份，她被海南某旅行社有限公司借调过去，为该公司带旅行团。

进入新的旅行社后，胡某接连带了好几个团。当月的 20 日、21 日，以及 28 日，她分别带了 3 个不同类型的旅行团在海南旅游。根据行业的惯例，胡某带这 3 个旅行团，自己累计垫付了 5000 元的现金。如果不出意外的话，在带团结束之后，旅行社会根据导游出团的业绩，予以分成结账。

然而，胡某带完这 3 个旅行团之后，却未能如愿拿到自己的报酬。而且，旅行社还将她垫付的 5000 元进行抵扣，没有退还给她。胡某几次索要，旅行社都以她带的团遭到游客投诉为由而予以拒绝。

据海南某旅行社有关负责人称，胡某为他们旅行社带了 3 个团是事实。但是，胡某在当月 20 日带团过程中遭到了游客的投诉，游客要求每人赔偿 200 元。在这种情况下，该公司的合作方，另一家北京的旅行社，已经从该公司扣除每名游客 200 元的团费退还给游客。

该旅行社还称，不仅如此，在当月 28 日的带团过程中，胡某作为导游，擅自更改行程、旅游景点和酒店，服务态度恶劣。鉴于此情况，北京方合作旅行社再次按照每名游客 150 元的标准，从海南公司方面扣除团费。

海南某旅行社有限公司认为，抵扣以上被扣除的团费之后，该公司已不欠胡某所垫付的团费 5000 元。因此，该公司拒绝退给胡某 5000 元。

---

① 根据资料改编。资料来源：张天翔：《旅行社拒退导游 5000 元引纠纷》，110 法律咨询网，2011 年 8 月 3 日，http://www.110.com/ziliao/article - 229764.html。

此后，旅行社和女导游多次交涉，但一直未果。双方互相指责，认为被北京方面合作旅行社扣团费的事情，责任是在对方。

无奈之下，胡某只能求助法律手段，将海南某旅行社有限公司告上法庭。××年4月29日，海口市美兰区人民法院公开开庭审理。

根据旅行社提供的相关账务凭据、行程表，以及三亚市旅游质量监督管理所的处理意见等证据，美兰区法院认为，经查胡某确实为旅行社垫付团费5000元，因此导游胡某要求返还5000元垫付款的要求应予以支持。

对于旅行社所称导游被游客投诉、擅改线路服务态度恶劣等，美兰区法院认为，旅行社应当和女导游协商，划分各自应承担的责任，协商不成可另案起诉。因此，在责任尚未分清、金额尚未明确的情况下，旅行社抵扣女导游垫付5000元的辩解，法院不予采纳。最终，海口市美兰区人民法院判令海南某旅行社有限公司限期10日内，返还女导游垫付的5000元现金。

二、法理分析

[适用法条]

1.《旅游法》第三十八条第三款：旅行社安排导游为团队旅游提供服务的，不得要求导游垫付或者向导游收取任何费用。

2.《旅行社条例》第三十四条：旅行社不得要求导游人员和领队人员接待不支付接待和服务费用或者支付的费用低于接待和服务成本的旅游团队，不得要求导游人员和领队人员承担接待旅游团队的相关费用。

3.《旅游法》第九十六条：旅行社违反本法规定，要求导游垫付或者向导游收取费用行为的，由旅游主管部门责令改正，没收违法所得，并处五千元以上五万元以下罚款；情节严重的，责令停业整顿或者吊销旅行社业务经营许可证；对直接负责的主管人员和其他直接责任人员，处二千元以上二万元以下罚款。

[分析]

本案属于旅行社让导游员垫付旅游团费的典型案例。《旅游法》和《旅行社条例》明确规定，旅行社不得要求导游垫付或者向导游收取任何费用。

三、启示

当前我国旅游市场秩序正走上健康发展的道路，但侵犯旅游者权益的事件时有发生。旅行社削价竞争，将经营成本转嫁给导游员，导致导游员带团时发生增加购物景点、强迫购物等侵犯旅游者权益的现象。因此，我国相关法律规定旅行社不得要求导游垫付或者向导游收取任何费用。导游员遇到此类旅行社要求其垫付接待费用的情况，可以向旅游部门举报，旅游部门对旅行社可以并处五千元以上五万元以下罚款；情节严重的，责令停业整顿或者吊销旅行社业务经营许可证。

【案例 4 – 17】 出国旅游意外摔伤　起诉旅行社被驳回①

一、案例介绍

2013 年 9 月，退休后的陈女士与老同事一起报团参加了上海某旅行社提供的俄罗斯、北欧四国 10 晚 12 日游，并一次性支付了旅游费、小费、自费项目共计 2 万余元。9 月 13 日，陈女士等人顺利到达俄罗斯首都莫斯科，大家兴致勃勃地参观了当地的风景名胜。

次日下午，旅行社安排游客乘坐火车前往圣彼得堡，由于距离开车还有几个小时，导游介绍大家去当地的金店游玩。陈女士等人在导游的陪同下逛完金店赶到火车站时，发现距离火车出发的时间已经很近了，在导游的催促下，游客们纷纷一路小跑，赶到站台后一拥而上。由于火车上下楼梯和站台之间缝隙较大，仓促间，陈女士在登临火车时踏空摔倒，经过就医治疗确定为右肋软组织挫伤，为治疗花费 380 元。

回国后，陈女士将旅行社诉至法院，认为旅行社的导游临时安排购物，且没有提醒游客火车与站台之间的缝隙，导致其仓促登上火车时踩空摔伤，旅行社的过错行为与受伤之间存在因果关系，请求法院判令旅行社赔偿旅游费、小费、自费项目、医疗费及精神损失费等共计 2.5 万余元。

旅行社辩称，作为旅游经营者，对游客的警示应仅指在特定的旅游环境中应该注意的事项，不包括生活常识，上下楼梯和进出火车车厢时应注意缝隙是日常生活常识。陈女士摔伤是由于自己没有尽到注意义务，这是一起意外事件，旅行社不构成侵权。事发后，旅行社导游主动将陈女士送入医院救治，未发生严重伤情，陈女士随后也继续跟团旅行。

案件的争议焦点在于陈女士的受伤与旅行社导游临时安排购物导致登车时间仓促以及未就火车上下楼梯与站台之间较大空隙进行提示或警告的侵权行为是否存在因果关系。法院认为，导游临时安排购物与陈女士受伤之间并不存在必然因果关系。陈女士作为一名具有完全民事行为能力的成年人，应当知道上下火车时注意相关事项，以确保自身的安全，对此导游无须作出特别的提示和警告。因此，陈女士要求赔偿旅游费、自付小费、自费项目、精神损失费、律师费的诉请不予支持，但旅行社自愿赔偿陈女士医疗费 380 元予以准许。

二、法理分析

[**适用法条**]

《旅游法》第七十条第二款：由于旅游者自身原因导致包价旅游合同不能履行或者

---

① 根据资料改编。资料来源：彭莉娟：《出国旅游意外摔伤，起诉旅行社被驳回》，110 法律咨询网，2014 年 8 月 21 日，http://www.110.com/ziliao/article – 506892.html。

不能按照约定履行，或者造成旅游者人身损害、财产损失的，旅行社不承担责任。

［分析］

陈女士的受伤与旅行社导游临时安排购物致登车时间仓促以及未就火车上下楼梯与站台之间较大空隙进行提示或警告的侵权行为是否存在因果关系？我们认为导游临时安排购物与陈女士受伤之间并不存在必然因果关系。陈女士作为一名具有完全民事行为能力的成年人，应当知道上下火车时注意相关事项，以确保自身的安全，对此导游无须作出特别的提示和警告。根据《旅游法》第七十条第二款的规定，由于旅游者自身原因导致包价旅游合同不能履行或者不能按照约定履行，或者造成旅游者人身损害、财产损失的，旅行社不承担责任。

三、启　示

旅游者在旅游过程中，作为完全民事行为能力的成年人，应该自己注意旅行安全，不能事事追究旅行社的责任。

 【案例 4 - 18】游客不听劝阻，出现损失自己承担责任案①

一、案例介绍

宋女士一行 3 人在烟台某旅行社报名参加"长白山 5 日游"。第一天旅行社安排了漂流项目。漂流前，导游在车上讲解安全事项，并要求参加漂流项目时，不要随身携带电子产品。到达后发现景区内无储物柜，导游称可以先帮旅游者保管物品。宋女士认为漂流很安全且交给导游保管不放心，将手机等物品放在自己的背包内，未交由导游保管。后由于水势较猛，宋女士乘坐的漂流筏侧翻，旅行社和景区及时施救未造成人员伤亡，但宋女士包内的手机、钱包等物品进水，后经机构检测，三部手机无法使用。宋女士认为，旅行社未尽到安全保障义务，要求旅行社对自己的财产损失负责。

二、法理分析

［适用法条］

《旅游法》第八十条：旅游经营者应当就旅游活动中的下列事项，以明示的方式事先向旅游者作出说明或者警示：（一）正确使用相关设施、设备的方法；（二）必要的安全防范和应急措施；（三）未向旅游者开放的经营、服务场所和设施、设备；（四）不适宜参加相关活动的群体；（五）可能危及旅游者人身、财产安全的其他情形。

［分析］

漂流前，导游在车上讲解安全事项，并要求参加漂流项目时，不要随身携带电子产

---

① 根据资料改编。资料来源：曲妍妮：《十大旅游投诉案例出炉》，烟台日报网，2016 年 3 月 1 日，http：// www. shm. cn/ytrb/html/2016 - 03/01/content_3160770. htm。

品，导游称可以先帮旅游者保管。因此旅行社导游已经尽到事先对可能危及旅游者人身、财产安全情形的安全提醒义务。游客宋女士未听从导游的提醒，将手机放在自己背包内，出现问题导致手机进水不能使用，不应该要求旅行社承担责任。

三、启示

旅游经营者就旅游活动中可能危及旅游者人身、财产安全的情形，以明示的方式事先向旅游者作出说明或者警示，旅游者应该听从旅游经营者的安全警示，否则，出现问题应该自己承担责任。

 【案例 4 – 19】 租用不具备旅游营运资质车辆案①

一、案例介绍

黄山某国际旅游有限公司组织的"西递、宏村一日游"旅游团，11 名游客为散客拼团，计调员朱某汇总了散客团的人员名单后，具体行程安排交由程某负责。6 月 10 日早，因为程某计划调用的旅游车辆临时出现故障，所以就使用了其朋友洪某的皖 J8××× 车辆，从福满楼酒店和鼎徽精品酒店接到游客后，送至宏村、西递游览。该公司实际收取游客车费每人 28 元，共计 308 元。经查验皖 J8××× 车辆的机动车行驶证，发现该车辆的使用性质为非营运，不具有旅游营运资质。

黄山市旅游委员会对其作出罚款 5000 元的行政处罚。对直接负责的主管人员作出罚款 2000 元的行政处罚。

二、法理分析

[适用法条]

1.《旅游法》第三十四条：旅行社组织旅游活动应当向合格的供应商订购产品和服务。

2.《旅游法》第九十七条：旅行社违反本法规定，有下列行为之一的，由旅游主管部门或者有关部门责令改正，没收违法所得，并处五千元以上五万元以下罚款；违法所得五万元以上的，并处违法所得一倍以上五倍以下罚款；情节严重的，责令停业整顿或者吊销旅行社业务经营许可证；对直接负责的主管人员和其他直接责任人员，处二千元以上二万元以下罚款：（一）进行虚假宣传，误导旅游者的；（二）向不合格的供应商订购产品和服务的；（三）未按照规定投保旅行社责任保险的。

[分析]

旅行社程某租用其朋友洪某的汽车，该车辆的使用性质为非营运，不具有旅游营运

---

① 根据资料改编。资料来源：《安徽省旅发委发布典型案例 五家旅行社违规被罚》，中国网，2018 年 3 月 14 日，http://travel.china.com.cn/txt/2018 – 03/14/content_50706993.htm。

资质，违反了《旅游法》第三十四条的规定——旅行社组织旅游活动应当向合格的供应商订购产品和服务，可以根据《旅游法》第九十七条进行处罚。

三、启示

旅行社组织旅游活动应当向合格的供应商订购产品和服务。旅行社租用的旅游汽车必须具备运营资质，否则就是不合格的供应商。不合格的供应商提供的车辆及司机，不能保证产品和服务质量，容易出现安全事故，侵犯旅游者的人身、财产安全。

【案例4-20】云南某旅行社低价游案①

一、案例介绍

云南某国际旅行社有限责任公司以明显低于成本的每人600元团费，组织"昆明—大理—丽江—西双版纳七晚八天游"。昆明市旅发委依据《中华人民共和国旅游法》的相关规定，给予云南某国际旅行社责令停业整顿一个月并处20万元罚款的行政处罚。

二、法理分析

[适用法条]

1. 《旅游法》第三十五条：旅行社不得以不合理的低价组织旅游活动，诱骗旅游者，并通过安排购物或者另行付费旅游项目获取回扣等不正当利益。

2. 《旅游法》第九十八条：旅行社违反本法第三十五条规定的，由旅游主管部门责令改正，没收违法所得，责令停业整顿，并处三万元以上三十万元以下罚款；违法所得三十万元以上的，并处违法所得一倍以上五倍以下罚款；情节严重的，吊销旅行社业务经营许可证；对直接负责的主管人员和其他直接责任人员，没收违法所得，处二千元以上二万以下罚款，并暂扣或者吊销导游证。

[分析]

本案中云南某旅行社组织"昆明—大理—丽江—西双版纳七晚八天游"，团费每人600元团费，明显低于成本，属于低价旅游，违反《旅游法》第三十五条旅行社不得以不合理的低价组织旅游活动的规定。昆明市旅发委根据《旅游法》第九十八条的规定对其进行处罚。

三、启示

低价旅游背离价值规律，低于经营成本，以不实价格招揽游客，以不实宣传诱导消费，以不正当竞争手段扰乱市场秩序。游客参加低价旅游，旅行社必然通过安排购物或

---

① 根据资料改编。资料来源：《国家旅游局：李思凡，6家云南旅行社受处罚》，搜狐网，2017年4月28日，http://www.sohu.com/a/136946821_114731。

者另行付费旅游项目获取回扣的方式进行诱骗旅游者，甚至发生强迫购物、殴打旅游者等严重侵犯旅游者合法权益的事件。为此，国家严厉打击旅行社低价旅游。

 【案例 4 – 21】旅行社擅自转团案①

一、案例介绍

王先生一家计划在暑期赴印度尼西亚巴厘岛旅行，经过几番比对，选择了省内经营出境旅游业务多年的一家旅行社，认为该社有着良好的信誉。在确定行程等事项后，王先生与该旅行社签订了赴巴厘岛 6 日旅游合同。按照短信通知，王先生一家在约定时间赶赴机场国际出发大厅，在与领队碰面后，领队交给王先生一份行程单，王先生看到行程单上的旅行社并非与自己签订合同的旅行社，而是另外一家旅行社，于是找到领队核实情况，领队在核实王先生一家信息后告知旅行社信息无误，与王先生签订合同的旅行社把团委托给自己所在的旅行社。王先生感到十分气愤，旅行社竟然背着自己作出这样的决定，但想到出来游玩玩得开心更重要，便决定随团出行。在飞机到达巴厘岛后，领队把王先生一家交给当地的地接导游后，便带着其他游客离开，王先生无法联系到领队，直到完成行程，准备回国时，在机场的候机大厅里才见到领队。回国后，王先生将自己的遭遇投诉至旅游质监执法机构。

二、法理分析

[适用法条]

1.《旅游法》第六十三条第二款：因未达到约定人数不能出团的，组团社经征得旅游者书面同意，可以委托其他旅行社履行合同。组团社对旅游者承担责任，受委托的旅行社对组团社承担责任。旅游者不同意的，可以解除合同。

2.《旅游法》第一百条：旅行社违反本法规定，有下列行为之一的，由旅游主管部门责令改正，处三万元以上三十万元以下罚款，并责令停业整顿；造成旅游者滞留等严重后果的，吊销旅行社业务经营许可证；对直接负责的主管人员和其他直接责任人员，处二千元以上二万元以下罚款，并暂扣或者吊销导游证：（一）在旅游行程中擅自变更旅游行程安排，严重损害旅游者权益的；（二）拒绝履行合同的；（三）未征得旅游者书面同意，委托其他旅行社履行包价旅游合同的。

3.《旅游法》第三十六条：旅行社组织团队出境旅游或者组织、接待团队入境旅游，应当按照规定安排领队或者导游全程陪同。

4.《旅游法》第九十六条：旅行社违反本法规定，有下列行为之一的，由旅游主管部门责令改正，没收违法所得，并处五千元以上五万元以下罚款；情节严重的，责令

---

① 根据资料改编。资料来源：《国家旅游局通报三季度四大投诉案例》，人民网，2014 年 11 月 4 日，http：// gd. people. com. cn/n/2014/1104/c123932 – 22806501. html。

停业整顿或者吊销旅行社业务经营许可证；对直接负责的主管人员和其他直接责任人员，处二千元以上二万元以下罚款：（一）未按照规定为出境或者入境团队旅游安排领队或者导游全程陪同的。

［分析］

此件投诉涉及两个问题。一是旅行社擅自转团。经旅游质监执法机构调查了解，与王先生签订合同的旅行社由于没有达到约定成团人数，在没有征得王先生书面同意情况下，委托其他旅行社履行旅游合同。其行为违反《旅游法》第六十三条的规定，应该按照《旅游法》第一百条予以处罚。二是受委托旅行社在出境旅游期间，未安排领队全程陪同旅游者，其行为违反《旅游法》第三十六条的有关规定，应当按照《旅游法》第九十六条处罚。

三、启 示

没有达到约定成团人数，旅行社将已经签约的旅游者转给其他旅行社，必须征得旅游者书面同意；旅行社组织团队出境旅游，应当按照规定安排领队全程陪同。

游客报团旅游时，应首先确认是否为同一旅行社行程单，若未征求同意被旅行社擅自转团，可将旅游合同妥善保存，要求旅行社严格按旅游合同履行其应尽责任；若与旅行社及导游人员未能协商解决，可携具体合同、收据等向旅游质监执法机构投诉。

【案例 4 - 22】"豪华团"缩水案①

一、案例介绍

赵先生报名参加某旅行社的英国、葡萄牙、西班牙深度 13 日旅游团，旅行社方面称此团为豪华团，可是赵先生的经历让他觉得该旅游团连基本的履行合同义务都做不到。行程开始第一天，合同约定在唐人街自由活动一个小时，结果从下车到上车不足 10 分钟，而在比斯特名品购物村的时间却从约定的 100 分钟延长至 180 分钟。行程第三天，从英国飞往葡萄牙，领队擅自取消晚餐安排，一位糖尿病老人严重低血糖，导致休克。行程第六天，行程中约定的参观古罗马大道、天主教堂、阿拉伯人城门的时间被缩短了一个小时。行程第八天在马德里，领队发给每人一张打折卡，安排了 150 分钟购物，而此次购物合同上并没有约定，也未事先征得游客同意，购物的安排直接导致参观西班牙皇宫项目被删除。行程第九天，合同约定参观瓦伦西亚火祭博物馆、国立陶艺博物馆、瓦伦西亚美术馆等，结果因未安排好门票又被取消。赵先生回国后，对"豪华团"行程非常不满意，投诉到旅游质监执法机构。

---

① 根据资料改编。资料来源：《国家旅游局通报三季度四大投诉案例【4】》，人民网，2014 年 11 月 4 日，http：//gd. people. com. cn/n/2014/1104/c123932 - 22806501 - 4. html。

二、法理分析

[适用法条]

1. 《旅游法》第六十九条：旅行社应当按照包价旅游合同的约定履行义务，不得擅自变更旅游行程安排。

2. 《旅游法》第一百条：旅行社违反本法规定，有下列行为之一的，由旅游主管部门责令改正，处三万元以上三十万元以下罚款，并责令停业整顿；造成旅游者滞留等严重后果的，吊销旅行社业务经营许可证；对直接负责的主管人员和其他直接责任人员，处二千元以上二万元以下罚款，并暂扣或者吊销导游证：（一）在旅游行程中擅自变更旅游行程安排，严重损害旅游者权益的。

3. 《旅游法》第三十五条第二款：旅行社组织、接待旅游者，不得指定具体购物场所，不得安排另行付费旅游项目。但是，经双方协商一致或者旅游者要求，且不影响其他旅游者行程安排的除外。

4. 《旅游法》第九十八条：旅行社违反本法第三十五条规定的，由旅游主管部门责令改正，没收违法所得，责令停业整顿，并处三万元以上三十万元以下罚款；违法所得三十万元以上的，并处违法所得一倍以上五倍以下罚款；情节严重的，吊销旅行社业务经营许可证；对直接负责的主管人员和其他直接责任人员，没收违法所得，处二千元以上二万以下罚款，并暂扣或者吊销导游证。

[分析]

本案中，旅行社的违法行为涉及两个方面。一是旅行社在没有征得旅游者同意的情况下，缩短游览项目时间、增加购物安排时间、取消游览项目、取消餐饮安排，以上行为属于擅自变更旅游行程的行为，严重侵害了旅游者合法权益，违反《旅游法》第六十九条第一款规定，应当按照《旅游法》第一百条予以处罚。二是旅行社在马德里安排的购物活动，既未在合同中约定，也未征求旅游者意见，且因购物活动取消了合同约定行程"西班牙皇宫"项目，此行为违反《旅游法》第三十五条第二款规定，应该按照《旅游法》第九十八条予以处罚。

三、启示

"擅改合同约定内容"是游客在履行过程中经常碰到的问题，游客若在行程中遭遇上述情况，应及时记录、保存相关图片、视频、音频等证据，以便行程结束时进行投诉。

第5章 导游人员法律制度案例

培训目标：掌握我国导游人员管理的制度，掌握导游人员的权利、义务及违反导游员义务的法律责任。

5.1 概　述

【案例5-1】使用假导游证，张家界多人被拘①

一、案例介绍

2019年4月22日10时许，覃某、瞿某超、向某群三人在张家界大峡谷景区游客中心检票口使用假导游证带客，被正在景区检票口的执法人员当场抓获。随后，民警将3名使用假导游证的违法人员带回慈利县公安局执法办案区进行询问，3人对使用假导游证带客行为供认不讳。最后，对使用假导游证的覃某、瞿某超、向某群各处行政拘留五日，并收缴假导游证三本。

二、法理分析

[适用法条]

1.《旅游法》第三十七条：参加导游资格考试成绩合格，与旅行社订立劳动合同或者在相关旅游行业组织注册的人员，可以申请取得导游证。

2.《治安管理处罚法》第五十二条第二款：有下列行为之一的，处十日以上十五日以下拘留，可以并处一千元以下罚款；情节较轻的，处五日以上十日以下拘留，可以并处五百元以下罚款：（二）买卖或者使用伪造、变造的国家机关、人民团体、企业、事业单位或者其他组织的公文、证件、证明文件的。

---

① 根据资料改编。资料来源：《铁腕治旅！张家界慈利3人使用假导游证带客被查》，腾讯网，2019年4月28日，https://hn.qq.com/a/20190428/006156.htm。

［分析］

导游员带团必须依法按照《旅游法》第三十七条的规定取得导游证。该案例中的覃某、瞿某超、向某群使用假导游证，违反了《治安管理处罚法》第五十二条第二款的规定，依法被行政拘留五日。

三、启　示

很多人并不知道买假证也犯法，比如为了进入旅游景点而购买假的学生证、记者证、军官证等证件，这些假证盖有国家机关或事业单位的印章，哪怕购买之后没有实际使用，只要买了就是犯法，可能被追究刑事责任。

5.2　导游人员管理法律制度

【案例 5 - 2】黑龙江省旅游局涉嫌违规颁发导游证案[①]

一、案例介绍

2016 年 1 月 25 日，网友"一名导游 97"在百度"哈尔滨吧"上发帖举报李某某 12 岁时违规获颁导游证，并将李某某的身份证号、导游证号以及导游卡号一一列出。2 月 1 日，人民网黑龙江频道曾对此进行过报道，其报道称，经当时查询，除部分细节外，"该网友反映的其他情况与国家旅游局导游员个人信息查询系统显示的数据相符"。该报道呈现的当时查询结果显示为：该名 1992 年 7 月出生的"神童"，以"大本"学历于 2004 年 6 月 23 日获发编号为"D - 2312 - 0000××"的导游证，服务于"某导游中心"。也就是说，时年 12 岁的少年，不但具有大学本科学历，而且找到了工作，与旅行社签订劳动合同或在导游服务公司进行了登记。经黑龙江省旅游局确认，李某某 12 岁时的导游证确为该局 2004 年颁发。

二、法理分析

［适用法条］

1. 《导游人员管理条例》第三条：国家实行全国统一的导游人员资格考试制度。具有高级中学、中等专业学校或者以上学历，身体健康，具有适应导游需要的基本知识和语言表达能力的中华人民共和国公民，可以参加导游人员资格考试；经考试合格的，由国务院旅游行政部门或者国务院旅游行政部门委托省、自治区、直辖市人民政府旅游

---

① 根据资料改编。资料来源：《黑龙江省旅游局涉嫌违规颁发导游证回应：纪检组在调查》，中国经济网，2016 年 2 月 19 日，http：//www. ce. cn/culture/gd/201602/19/t20160219_8946015. shtml？keyword = layr0。

行政部门颁发导游人员资格证书。

2.《导游人员管理条例》第五条：有下列情形之一的，不得颁发导游证：（一）无民事行为能力或者限制民事行为能力的；（二）患有传染性疾病的；（三）受过刑事处罚的，过失犯罪的除外；（四）被吊销导游证的。

［分析］

按照《导游人员管理条例》规定，导游资格证考试需要考试人员具有高级中学、中等专业学校或者以上学历。有关人员获取导游资格证后，与旅行社订立劳务合同或在导游公司登记，并向管理部门申请后才能获取导游证。无民事行为能力或者限制民事行为能力的不得颁发导游证。该案例中，12 岁少年显然属于 10 周岁以上不满 18 周岁的限制民事行为能力人，不具备获颁导游证的资格，涉嫌违规颁发导游证。

三、启示

导游人员需带领旅游团完成旅游活动，处理旅游中遇到的各种问题，因此必须具备完全民事行为能力。旅游管理部门在颁发导游证时，必须严格执行年满 18 周岁才予颁发导游证的规定。

5.3　导游人员的权利和义务

【案例 5 - 3】江苏游客殴打导游案[①]

一、案例介绍

2016 年 7 月 24 日，江苏游客蓝某某在福建武夷山景区等候缆车，因另一旅游团队导游王某某劝阻其插队，双方发生争执，后蓝某某殴打该导游，造成王某某多处受伤并入院治疗。事件发生后造成严重的社会不良影响，武夷山市公安局依据《中华人民共和国治安管理处罚法》第四十三条第一款的规定，对蓝某某处以行政拘留九日并处罚款500 元。根据《国家旅游局关于旅游不文明行为记录管理暂行办法》第二条、第九条的规定，经旅游不文明行为记录评审委员会审定，将蓝某某列入旅游不文明行为记录，信息保存期限自 2016 年 9 月 18 日至 2020 年 9 月 17 日。

二、法理分析

［适用法条］

《导游人员管理条例》第十条：导游人员进行导游活动时，其人格尊严应当受到尊

①　根据资料改编。资料来源：冯亚涛：《“任性”游客一言不合就动手　插队不成将导游打伤入院》，中研网，2016 年 9 月 19 日，http：//www.chinairn.com/hyzx/20160919/08595586.shtml.

重，其人身安全不受侵犯。

[分析]

游客蓝某某等候缆车插队，殴打对其进行劝阻导游王某某，造成王某某多处受伤并入院治疗，侵犯了导游人格尊严应当受到尊重，其人身安全不受侵犯的权利。

三、启 示

导游带团时，遇到侮辱其人格尊严、侵犯其人身安全的游客，可以报警，以维护自己的权利。

 【案例5-4】记者捏造虚假消息，云南导游维权案①

一、案例介绍

2015年，××电视台的某记者参加云南零负团费旅游团去大理丽江旅游暗访，在旅游车上故意言语激怒带团导游，偷摄视频，后又断章取义剪辑视频，事后向当事旅行社勒索赔偿，因旅行社无法满足该记者过分的赔偿要求，记者将处理过的视频公开播放。云南旅发委并未调查事实真相，为给社会一个交代，吊销了该导游的导游证。涉事导游聘请律师状告旅发委，以当事记者捏造虚假消息，侵犯他人肖像权、知识产权，向当事记者提出法律诉讼，向旅发委吊销导游证提出行政复议。经过法院审理审判，撤销了旅发委的错误处罚。此案成为第一起云南导游维权胜利的案例。

二、法理分析

[适用法条]

《宪法》第四十一条：中华人民共和国公民对于任何国家机关和国家工作人员，有提出批评和建议的权利；对于任何国家机关和国家工作人员的违法失职行为，有向有关国家机关提出申诉、控告或者检举的权利，但是不得捏造或者歪曲事实进行诬告陷害。

[分析]

××电视台的某记者偷拍视频，断章取义，向当事旅行社索赔，后来云南旅发委吊销该导游的导游证。涉事导游运用法律武器，提起行政复议，最终经法院审判撤销了旅发委的错误处罚，维护了自己的权益。

三、启 示

在导游活动中，导游人员合法权益受到损害可以向有关部门请求保护，其拥有的权利包括申请复议权和起诉权。

----

① 根据资料改编。资料来源：《导游以当事记者捏造虚假消息、旅发委吊销导游证提出行政复议，最终维权胜利!!》，2016年12月15日，搜狐网，http://www.sohu.com/a/121703698_376259。

【案例 5 -5】 导游强迫、诱导购物案①

一、案例介绍

2015 年 3 月 14 日，谈女士一行 4 人在湖北黄石一家旅行社报了团，准备参加 25 日至 30 日的云南 5 晚 6 日游。在签订旅游合同前，旅行社向谈女士等人说明，该旅行团并不是购物团。然而四人到达云南后，情况瞬间产生了变化。

"到达昆明后，一位当地导游接待了我们。"谈女士说，旅行途中，导游带他们去了许多购物店。每去一站前，导游都会苦口婆心地游说游客们进行消费。"导游一边说当地的产品品质好，一边告诉我们他没有工资，全靠游客消费才有收入。除此之外，游客消费后，导游还要登记消费金额。对于不愿购物的消费者，他表示不愿接待。"

在导游压力下，谈女士等人在腾冲一家玉器店购买了 5 只玉手镯，共计 31826 元。然而，等 4 人回到黄石后，专家的鉴定给他们当头泼了一盆凉水。"我们拿着这些镯子到黄石一些商场和珠宝店进行鉴定，内行人说我们购买的玉器和市价不符，在黄石的珠宝店以一折的价格就能买到。"对于这次购物，谈女士等人感到心痛万分。

后来在黄石市旅游局旅游质监所的督促下，组团旅行社帮助谈女士等人拿回了大部分购买玉器费用，共计 30961 元。

二、法理分析

[适用法条]

《旅游法》第三十五条：旅行社不得以不合理的低价组织旅游活动，诱骗旅游者，并通过安排购物或者另行付费旅游项目获取回扣等不正当利益。旅行社组织、接待旅游者，不得指定具体购物场所，不得安排另行付费旅游项目。但是，经双方协商一致或者旅游者要求，且不影响其他旅游者行程安排的除外。发生违反前两款规定情形的，旅游者有权在旅游行程结束后三十日内，要求旅行社为其办理退货并先行垫付退货货款，或者退还另行付费旅游项目的费用。

[分析]

游客谈女生与旅行社签订旅游合同时，约定不是购物团。然而，在云南实际旅游时，当地地陪带他们去了许多购物店，而且诱导甚至强迫谈女士在玉器店购买了共计 31826 元的玉手镯，后经专家鉴定，与市值不符。根据《旅游法》第三十五条规定，旅行社不得诱骗旅游者，旅游者有权在旅游行程结束后三十日内，要求旅行社为其办理退货并先行垫付退货货款，或者退还另行付费旅游项目的费用。

---

① 根据资料改编。资料来源：《揭秘：旅游行业投诉 8 大代表性案例》，搜狐网，2016 年 3 月 17 日，https://www.sohu.com/a/63894217_347855。

三、启 示

消费者要到旅游购物点购物时，特别是在购买金银、珠宝首饰等贵重商品时一定要慎之又慎。即使要购买，也不要忘记要求商家在发票上注明材质、规格、款式、重量、产地和价格，别忘了索要商品的合格证和保质单等。外出旅游若要带一些土特产，最好到当地大型超市或农贸市场购买，那里的东西不仅便宜而且货真价实。在购物时应保持理性，尽量购买平日了解价格的商品，并索要购物正规发票。

 【案例 5-6】 导游推销自费项目，占用团队旅行时间案①

一、案例介绍

2013 年 11 月 1 日至 6 日，赵先生参加由青岛某旅行社接待的青岛、威海等地精品六日旅游团。

行程首日，在通往景区的旅游车上，导游陈某开始推销自费项目"帆船出海"，迫于无奈有部分旅游团的团员交了 200 元。下午四点导游带领交钱的游客参加"帆船出海"，其他游客在车上等待，他们回来时天色已晚。导游说："今天太晚了，万平口广场我们就不参观了，去了也看不到什么。"就这样合同行程中约定的参观万平口广场被取消了。

次日早晨，旅游行程刚开始，导游陈某又向游客推销自费项目"参观青岛海云庵民俗博物馆"。在导游的一再推销一再劝说下，部分团员购买了青岛海云庵民俗博物馆的门票。导游带领部分团员参观博物馆回来时已近下午五点，导游又以天色已晚不适合出海为由把行程中约定的乘船游览取消了。

赵先生认为导游带领部分团员参加自费项目占用大家时间，导致部分合同约定项目无法实现，侵害了旅游者的权益，遂向旅游主管部门投诉。

二、法理分析

[适用法条]

1.《旅游法》第三十五条第二款：旅行社组织、接待旅游者，不得指定具体购物场所。不得安排另行付费旅游项目。但是，双方协商一致或者旅游者要求，且不影响其他旅游者行程安排的除外。

2.《旅游法》第九十八条：旅行社违反本法第三十五条规定的，由旅游主管部门责令改正，没收违法所得，责令停业整顿，并处三万元以上三十万元以下罚款；违法所得三十万元以上的，并处违法所得一倍以上五倍以下罚款；情节严重的，吊销旅行社业

---

① 根据资料改编。资料来源：《2014 年第一季度国家旅游局旅游投诉举报案例季度通报》，宁波旅游网，2014 年 4 月 24 日，http://www.nbtravel.gov.cn/cx/tb/201404/t20140424_88981.htm。

务经营许可证；对直接负责的主管人员和其他直接责任人员，没收违法所得，处二千元以上二万以下罚款，并暂扣或者吊销导游证。

[分析]

导游陈某在旅游中连续二天推销自费项目"帆船出海"和"参观青岛海云庵民俗博物馆"，导致计划内的万平口广场、乘船游览被取消，违反了《旅游法》第三十五条第二款不得指定具体购物场所、不得安排另行付费旅游项目的规定，可以按照《旅游法》第九十八条对旅行社和导游员进行处罚。

三、启　示

当前，关于旅游活动中的购物和自费项目，导游员必须严格按照旅游合同履行。合同以外安排的购物和自费项目都属于违约。

【案例 5 - 7】游客高价报团，导游低质服务案①

一、案例介绍

李先生报名参加内蒙古 4 日旅游团，报名时，旅行社提示，由于住宿标准不同，团费也不同，入住三星级酒店团费为 2200 元，入住二星级酒店团费为 1720 元。李先生选择了价格较高品质更好的旅游团。行程开始后的第一天，在旅游车上，李先生发现该团导游并没有佩戴导游证，导游全部讲解不过 5 分钟，随后便在车上播放电视剧。在晚上安排入住后，李先生发现入住酒店卫生状况较差，便到前台询问，才知该酒店并非三星级酒店，而是没有评星的酒店。在第一天行程结束后，李先生不想再继续参加旅行团，向旅行社提出解除合同，要求旅行社退还有关费用并承担违约责任。旅行社告知只有签订放弃投诉的确认书才能解除合同退还有关费用，并且退还费用后便不承担违约责任。由于李先生与旅行社争执不下，达不成一致意见，回程后，李先生向旅游质监执法机构投诉。

二、法理分析

[适用法条]

1. 《旅游法》第四十一条：导游和领队从事业务活动，应当佩戴导游证。

2. 《旅游法》第七十条：旅行社不履行包价旅游合同义务或者履行合同义务不符合约定的，应当依法承担继续履行、采取补救措施或者赔偿损失等违约责任；造成旅游者人身损害、财产损失的，应当依法承担赔偿责任。旅行社具备履行条件，经旅游者要求仍拒绝履行合同，造成旅游者人身损害、滞留等严重后果的，旅游者还可以要求旅行

---

① 根据资料改编。资料来源：《国家旅游局通报三季度四大投诉案例【2】》，人民网，2014 年 11 月 4 日，gd. people. com. cn/n/2014/1104/c123932 - 22806501 - 2. html。

社支付旅游费用一倍以上三倍以下的赔偿金。

3. 《导游人员管理条例》第八条：导游人员进行导游活动时，应当佩戴导游证。

4. 《导游人员管理条例》第二十一条：导游人员进行导游活动时未佩戴导游证的，由旅游行政部门责令改正；拒不改正的，处 500 元以下的罚款。

5. 《旅游法》第六十五条：旅游行程结束前，旅游者解除合同的，组团社应当在扣除必要的费用后，将余款退还旅游者。

[分析]

根据《旅游法》和《导游人员管理条例》的规定，导游人员进行导游活动时，应当佩戴导游证。该团导游在从事业务活动过程中未佩戴导游证的行为违反了以上规定。此外，旅行社没有按照约定提供三星级酒店住宿的行为，属于违约行为，应该按照《旅游法》第七十条处理，承担一定的违约责任。旅行社私自设定合同解除条件的行为不符合《旅游法》第六十五条的规定，组团社应当在扣除必要的费用后，将余款退还旅游者。同时，旅行社并不能因为旅游者解除合同，而不承担在合同履行期间其自身因为违约而产生的民事责任。

三、启 示

导游必须严格执行旅游者和旅行社签订的合同，不履行包价旅游合同义务或者履行合同义务不符合约定的，须承担违约责任。游客在出行过程中若遇类似情况，首先应查明实际入住标准，其次应向旅行社申诉要求按合同内容更换酒店。若协商无果，应及时记录、保存相关图片、视频、音频等证据，以便行程结束时进行投诉。

 【案例 5-8】 张家界导游杨某威胁游客购物案①

一、案例介绍

2015 年 4 月 28 日，导游杨某受湘西某旅行社委派担任 50 人散客团的导游服务工作。在去往张家界的途中，杨某向游客推销自费项目，旅游团中邱某某等 16 人表示不愿意参加自费项目。于是杨某宣布："凡是不交钱的吃午饭时不准进去，合同自行作废，也不要跟我走。"随后，团队在阳和高速路口下行至阳和乡湘域酒店用午餐时，导游杨某只为参加了自费项目的其他游客安排午餐，导致邱某某等 16 人的不满而发生冲突，杨某随即到餐馆厨房拿了一把菜刀与游客对峙。其间游客报警，公安出警赶到现场处理时，杨某已离开现场。经过公安人员现场协调，旅行社按照游客意见更换了导游，行程继续按原计划完成。

经查证，导游杨某承认增加自费项目是其个人行为，事先并未报告旅行社，其确有

---

① 根据资料改编。资料来源：《张家界导游持刀胁迫游客：将被吊销导游证》，中国新闻网，2015 年 5 月 13 日，https://news.china.com/domestic/945/20150513/19681179.html? c_0o1fh。

持刀胁迫游客强制消费的行为。根据《旅游法》的有关解释，导游的行为视同为旅行社的行为，湘西某旅行社应该对导游擅自安排并强制购买另行付费项目的问题承担责任，且调查中发现湘西某旅行社还存在合同不规范、团队资料保留不齐等问题。

依据《旅游法》《导游人员管理条例》的有关规定，作出如下处罚：（1）吊销杨某导游证，今后不得从事导游业务。（2）对湘西某旅行社责令改正，没收违法所得，并处 5 万元罚款，停业整顿 6 个月。（3）对旅行社法人代表处 2 万元罚款。

二、法理分析

[适用法条]

1. 《旅游法》第三十五条：旅行社不得以不合理的低价组织旅游活动，诱骗旅游者，并通过安排购物或者另行付费旅游项目获取回扣等不正当利益。旅行社组织、接待旅游者，不得指定具体购物场所，不得安排另行付费旅游项目。但是，经双方协商一致或者旅游者要求，且不影响其他旅游者行程安排的除外。

2. 《旅游法》第九十八条：旅行社违反本法第三十五条规定的，由旅游主管部门责令改正，没收违法所得，责令停业整顿，并处三万元以上三十万元以下罚款；违法所得三十万元以上的，并处违法所得一倍以上五倍以下罚款；情节严重的，吊销旅行社业务经营许可证；对直接负责的主管人员和其他直接责任人员，没收违法所得，处二千元以上二万以下罚款，并暂扣或者吊销导游证。

3. 《导游人员管理条例》第十六条：导游人员进行导游活动，不得欺骗、胁迫旅游者消费或者与经营者串通欺骗、胁迫旅游者消费。

4. 《导游人员管理条例》第二十四条：导游人员进行导游活动，欺骗、胁迫旅游者消费或者与经营者串通欺骗、胁迫旅游者消费的，由旅游行政部门责令改正，处 1000 元以上 3 万元以下的罚款；有违法所得的，并处没收违法所得；情节严重的，由省、自治区、直辖市人民政府旅游行政部门吊销导游证并予以公告；对委派该导游人员的旅行社给予警告直至责令停业整顿；构成犯罪的，依法追究刑事责任。

[分析]

导游杨某向游客推销自费项目，游客邱某某等 16 人表示不愿意参加，杨某对不参加自费项目的游客不安排中餐，导致游客不满发生冲突，杨某随即到餐馆厨房拿了一把菜刀与游客对峙。以上导游的行为违反了《旅游法》第三十五条不得安排另行付费旅游项目和《导游人员管理条例》第十六条不得欺骗、胁迫旅游者消费的规定。为此，根据《旅游法》第九十八条、《导游人员管理条例》第二十四条分别对旅行社和导游进行处罚。

三、启示

增加自费项目，欺骗、胁迫旅游者消费属于严重侵犯旅游者权益的恶劣行为，旅游者遇到此种情形，可以向旅游管理部门举报，情节严重可以报警。

【案例 5 – 9】 绍兴一女导游涉嫌走私烟草被抓①

一、案例介绍

今年 30 岁的杨某为北京一家旅游公司的导游，平常大多带团到韩国、日本，其所带团的游客们喜欢在各大免税店"扫货"。2017 年 5 月，杨某听说现在国内电子烟很流行，许多人特意到国外购买。杨某觉得"商机"来了，一开始她自己买，每次带两条回国卖给他人获利。后来随着需求增加，而一个人能带回的烟又很有限，她就想了个法子，让团里的游客每人帮她买两条烟带回国，她给游客一定的回扣。从 2017 年 5 月到 2018 年 5 月，杨某利用带团的机会，一共从韩国、日本的免税店里带回了几百条电子烟售卖。为了扩大销量，杨某还通过微信朋友圈、淘宝等平台发布广告，销售金额累计达到 60 余万元，获利 6 万元左右。由于杨某没有烟草专卖许可证，代购烟草并私自出售的行为已涉嫌走私。

二、法理分析

[适用法条]

《导游人员管理条例》第二条：本条例所称导游人员，是指依照本条例的规定取得导游证，接受旅行社委派，为旅游者提供向导、讲解及相关旅游服务的人员。

[分析]

从事代购是我国很多领队在做导游之余从事的一个行为。我国海关规定：个人携带进出境的行李物品、邮寄进出境的物品，应当以自用、合理数量为限。一般来说居民旅客在境外获取的自用物品，只要不超过 5000 元人民币，海关就予以免税放行。海外代购最大的问题在于，明明是贸易的行为，却一直按照"个人自用物品"的形式入境。本案中的导游代购烟草，数量较大，涉嫌走私。

三、启示

导游人员是为旅游者提供向导、讲解及相关旅游服务的人员，本职工作是提供向导、讲解及相关旅游服务。从事代购非导游人员的本职工作，做导游，应该主要做好本职工作。

【案例 5 – 10】 敦煌导游不文明旅游案②

一、案例介绍

2017 年 8 月 12 日 14 时许，导游梁某某带领敦煌某国际旅行社 DH × × – 320 团队

---

① 根据资料改编。资料来源：杜静静、陈永青：《携电子烟回国销售 绍兴一女导游涉嫌走私烟草被抓》，腾讯网，2018 年 5 月 24 日，https://zj.qq.com/a/20180524/015936.htm。

② 根据资料改编。资料来源：《敦煌市旅游局 关于给予导游梁玉梅通报批评的决定》，搜狐网，2017 年 8 月 18 日，https://www.sohu.com/a/165699266_679367。

一行 30 人在莫高窟排队等候参观实体洞窟时，趁管理人员不备，带领该团 6 名游客从九层楼应急入口排队等候参观游客队伍前端插队，引起附近游客不满，引发两拨游客发生争执，其中梁某某所带领团队中的一名男性游客与正常排队等候参观的一名北京籍男性游客发生肢体冲突，致两人颈部受伤。事件发生后，莫高窟管理人员及时制止了冲突，避免了事件进一步升级，后敦煌研究院保卫处配合敦煌公安局莫高窟派出所协调双方解决，事情得以妥善处理。为进一步规范导游员服务行为，教育本人警示他人，经敦煌旅游局研究，决定给予导游梁某某全行业通报批评。

二、法理分析

［适用法条］

《导游管理办法》第二十二条：导游在执业过程中应当履行下列职责：（五）向旅游者告知和解释文明行为规范、不文明行为可能产生的后果，引导旅游者健康、文明旅游，劝阻旅游者违反法律法规、社会公德、文明礼仪规范的行为。

［分析］

导游在执业过程中应当履行的职责包括向旅游者告知和解释文明行为规范、不文明行为可能产生的后果。然而敦煌导游梁某某自己带头实施不文明的行为，在带团过程中带领客人插队，引发两拨游客发生争执。

三、启示

导游梁某某不遵守职业规范和社会公德，不遵守敦煌市文明旅游公约，带领游客插队，引发游客冲突，严重扰乱了莫高窟参观秩序，造成了不良的社会影响。导游员应该自觉遵守职业规范，约束自己的言行举止，自觉维护好全市旅游市场秩序，为旅游业的健康有序发展贡献自己的力量。

 【案例 5 - 11】敦煌导游擅自终止导游活动案[①]

一、案例介绍

2017 年 7 月 11 日下午，甘肃某国际旅行社有限公司敦煌分社龚某和导游员王某（D - 6209—00××）已就接待 7 月 12 日自驾游一行 15 人旅游团队的导服、行程等进行了约定，王某也对导服、行程等情况进行了确认，并领取了该团队 7 月 12 日早 8：15 的莫高窟预约订单号和团款 1500 元。而后王某和客人进行联系，商量了次日行程。因客人当天抵达酒店时间较晚，王某和客人约定将其一行 15 人身份证放在入住的酒店前台，由王某在 7 月 12 日早拿取为其办理莫高窟预约参观门票。但 7 月 12 日早，当游客

---

① 根据资料改编。资料来源：《敦煌一导游擅自终止导游活动被敦煌市旅游局通报批评》，搜狐网，2017 年 8 月 4 日，http://www.sohu.com/a/162387499_679367。

拨打导游王某的电话时王某的电话处于关机状态，游客在无法联系到导游的情况下，因头一天约定第二日由导游王某为其代取莫高窟预约参观门票，游客便自行前往敦煌莫高窟数字展示中心，到达后仍不见导游王某并无法取得联系，遂向组团社反映了无法联系到导游的情况。直至7月12日早8：06甘肃某国际旅行社有限公司敦煌分社龚某才从组团社那里了解到王某没有上团，龚某拨打导游王某的电话，还是处于关机状态。为了安排好团队，龚某打车去客人入住的酒店取回了客人的身份证，又立即赶往莫高窟数字中心，但赶到时已经是8：50，游客原定于7月12日早8：15的莫高窟数字展示中心观影场次已经错过，只能放弃观影直接参观实体洞窟。直到中午11：36导游王某才通过微信联系了龚某，说了自己未上团和手机关机的原因，并把她预支的1500元团款退还给了龚某。

经查甘肃某国际旅行社有限公司敦煌分社龚某反映情况属实，提供证据确凿，案件事实清楚。敦煌市旅游局执法大队决定给予导游王某暂扣导游证3个月（2017年8月1日至11月1号）的行政处罚，并在全行业通报批评。在其导游证暂扣期间，导游王某不可从事任何导游活动，若经发现将按无导游证进行导游活动给予严厉处罚，并对委派其从事导游活动的旅行社按委派无资质导游严格惩处。

二、法理分析

[适用法条]

1.《导游人员管理条例》第十三条：导游人员应当严格按照旅行社确定的接待计划，安排旅游者的旅行、游览活动，不得擅自增加、减少旅游项目或者中止导游活动。

2.《导游人员管理条例》第二十二条：导游人员有下列情形之一的，由旅游行政部门责令改正，暂扣导游证3至6个月；情节严重的，由省、自治区、直辖市人民政府旅游行政部门吊销导游证并予以公告：（一）擅自增加或者减少旅游项目的；（二）擅自变更接待计划的；（三）擅自中止导游活动的。

[分析]

导游员王某确认行程、领取莫高窟预约订单号和团款后，因自己的原因未到达约定地点，未领取莫高窟预约参观门票，致使游客错过莫高窟数字展示中心观影场次，且手机处于关机状态，直到中午才联系上。导游员王某的行为属于擅自终止导游活动，违反了《导游人员管理条例》第十三条的规定，应按照《导游人员管理条例》第二十二条的规定进行处罚。

三、启示

导游员必须严格按旅游服务合同约定的时间和内容向旅游者提供各项服务，这是导游员的基本职责。擅自中止导游活动的行为更是严重侵犯旅游者权益的行为，必须依法进行严厉处罚。

5.4　领队人员法律制度

 【案例 5－12】游客大闹亚航　领队无导游证①

一、案例介绍

2014 年 12 月 11 日晚，由南京某国旅组织的"泰国曼谷芭堤雅 6 日游"团队，在由泰国曼谷返回南京的泰国亚航航班的飞行途中，因个别游客侮辱亚航空服人员，造成飞机中途返航，四名相关游客（张某某、王某某二人为涉事人员，高某某、吴某某二人为需要协助调查人员）被泰国警方带走，后经泰国警方调查处理，张某某向涉事空服人员口头赔礼道歉，涉事四人共缴纳罚金 50500 泰铢，已于 12 月 12 日晚返回南京。

该事件在网络上引起轩然大波，受到国内外媒体关注，不少网友认为四名涉事人的不文明行为严重影响了中国游客的形象。

事发后不到 48 小时，于 13 日晚，中国国家旅游局以罕见严肃态度责成江苏省旅游局调查核实相关情况，对涉嫌违法违规行为给予严厉处罚。14 日，江苏省、南京市旅游部门立刻就此事进行了调查、回应。

14 日南京旅游委迅速给出三点处理意见：对该事件做全行业通报；对该旅游团领队熊某作出暂扣一年领队证的处罚，对南京某旅行社作出全行业通报批评并责令整改。

3 天后的 17 日，南京市旅游委再次给出最新调查结果。据南京市旅游协会旅游质量管理处处长唐某介绍：旅行社的熊某在调查中反复强调自己作为该旅游团领队，一直在事发现场。但在旅游委仔细调查相关视频和图片资料后发现，熊某并无任何在事发现场的影像和声音资料。

经过长达 5 个小时的询问和调查后，熊某承认：由于在出行前自己感觉身体不适，在未向旅行社请示报告的情况下，擅自联系徐州游客马某作为该团领队，代为履行领队职责；在事发后，熊某感到自己责任重大，向马某了解了现场信息后，借此欺骗隐瞒了旅游委的调查人员。

经过初步调查，马某为徐州某旅行社工作人员，既无领队证，又无导游证。

二、法理分析

[适用法条]

1. 《旅游法》第三十九条：从事领队业务，应当取得导游证，具有相应的学历、语言能力和旅游从业经历，并与委派其从事领队业务的取得出境旅游业务经营许可的旅

①　根据资料改编。资料来源：《12 月 11 日曼谷飞南京航班处理的通报》，2014 年 12 月 16 日，腾讯网，https：// mp. weixin. qq. com/s? __biz＝MjM5MDIxNDM4Ng%3D%3D&idx＝1&mid＝203127751&sn＝ecdac2dc133620bc6a9c3ef6658ecff6。

行社订立劳动合同。

2.《旅游法》第一百零二条：违反本法规定，未取得导游证或者不具备领队条件而从事导游、领队活动的，由旅游主管部门责令改正，没收违法所得，并处一千元以上一万元以下罚款，予以公告。

［分析］

个别中国游客侮辱亚航空服人员，造成飞机中途返航，在国际上造成很恶劣的影响。在此事件中，领队没有发挥该有的事前警示和事中协调作用，任由事件的发展。在调查中，发现该团领队并未在场，实际带团的是无领队证也无导游证的旅行社工作人员马某，违反了《旅游法》第三十九条的规定，可以按照《旅游法》第一百零二条处一千元以上一万元以下罚款。正因为马某无导游资质、不具备导游协调处理问题的能力，导致了该事件的发生。

三、启示

领队必须在获得导游证且有丰富带团经验的基础上，取得领队证，方可从事领队工作。否则，其无法应付带团中遇到的复杂事件，有时会导致极严重的后果。领队及旅行社必须充分认识到导游资质的重要性，避免此类事故的发生。

第6章 旅游住宿管理法律制度案例

培训目标：熟悉饭店住宿合同的基本内容，掌握饭店与旅客之间的权利义务关系，了解旅游住宿业治安管理的法律规定。

6.1 旅游住宿业及其法律制度概述

 【案例6-1】 酒店入住收费时间争议案[①]

一、案例介绍

"酒店的做法太过分，白白多收我一天的住宿费！" 24日，从广东前来宜宾出差的陈先生很是气愤。

陈先生说，22日早上5时左右，他来到宜宾入住宜宾城区江北某宾馆。24日中午，陈先生来到宾馆前台结账，工作人员告诉他入住了3天，费用是300元。这让陈先生很是气愤："我22日早上5时多入住，当天就不能算完整的一天。截至24日结账，我只住了两天。酒店的做法是乱收费！"

记者在陈先生出示的一张酒店住宿结账单上看到，入住时间为2012年2月22日早上5点11分7秒，离店时间为2012年2月24日中午12点7分18秒，收费金额为300元。陈先生表示，酒店侵犯了消费者的权益，他会向工商部门反映情况。

二、法理分析

[适用法条]

《中国旅游饭店行业规范》第十条：饭店客房收费以"间/夜"为计算单位（钟点房除外）。按客人住一"间/夜"，计收一天房费；次日12时以后、18时以前办理退房手续者，饭店可以加收半天房费；次日18时以后退房者，饭店可以加收一天房费。

[分析]

目前酒店行业的收费时间标准并没有一个明文的规定和规范操作，都是行业约定俗

---

① 根据资料改编。资料来源：《酒店入住收费时间再起争议 你怎么看？》，慧聪酒店网，2012年2月27日，http：//info. hotel. hc360. com/2012/02/270927427791. shtml。

成。按照《中国旅游饭店行业规范》第十条的规定，饭店客房收费以"间/夜"为计算单位（钟点房除外）。案例中入住时间为 2012 年 2 月 22 日早上 5 点 11 分 7 秒，离店时间为 2012 年 2 月 24 日中午 12 点 7 分 18 秒。上述时间算两夜，还是三夜？目前，酒店行业并没有明文规定。显然，客人凌晨 5 点入住算一夜的话，有些显失公平。

三、启 示

酒店在客人入住前（尤其是在一些特殊时间段入住），应该告知收费办法，这样才可以避免产生纠纷。

6.2 饭店与旅客之间的权利义务关系

 【案例 6 – 2】 旅舍拒绝接待内宾案①

一、案例介绍

在旅馆订好床位，却因是中国人而被拒绝入住？五一期间，一段名为《北京一旅馆：中国人不得入住》的视频在网络上疯传，引发热议。这段视频成为五一期间的网络热点，在优酷网上点击超过 40 万次，随后又被改成各种充满情绪的标题，转载到各大网站。到昨天，这段视频吸引的总点击数已近百万次，"崇洋媚外"等愤怒指责不绝于耳。

4 月 29 日，网友小顺在 A 青年旅舍被拒绝入住。视频中，小顺和朋友在前台与工作人员发生争吵，并多次质问："为什么不让中国人入住？"工作人员则辩解称有相关规定，但并没有拿出具体文件。A 青年旅舍的另一位工作人员称，该旅舍并未规定"只接待外国人"，也没有规定"中国人不能和外国人混住"。而记者在订票网站上看到，多家北京旅舍都写明"目前我们不提供内宾的床位"。

中国××青年旅舍表示，青年旅舍是不分种族、性别、国籍、宗教信仰等的住宿场所，其旗下 192 家旅舍绝不允许以国籍来区别对待住客。但昨天其旗下的 B 青年旅舍明确向记者表示，中国游客不能与外国游客混住同一房间，而另一家加盟旅舍则表示无此规定。有网友质疑部分旅舍认为外国游客花钱更大方。小顺对记者说，国内青年旅舍长期存在歧视本国人问题，希望这段视频能引起社会对此的重视。

二、法理分析

[适用法条]

1.《旅游法》第四十九条：为旅游者提供交通、住宿、餐饮、娱乐等服务的经营

---

① 根据资料改编。资料来源：《北京一旅馆门口挂牌："中国人一律不得入住"》，优酷网，2012 年 5 月 3 日，https://v.youku.com/v_show/id_XMzkwMzY5MDYw.html? refer = seo_operation. liuxiao. liux_00003308_3000_YvmIba_19042900。

者，应当符合法律、法规规定的要求，按照合同约定履行义务。

2.《中国旅游饭店行业规范》第八条：以下情况饭店可以不予接待：（一）携带危害饭店安全的物品入店者；（二）从事违法活动者；（三）影响饭店形象者；（四）无支付能力或曾有过逃账记录者；（五）饭店客满；（六）法律、法规规定的其他情况。

［分析］

客人在网上已经办理了入住手续，并交付了押金，即与酒店订立住宿合同，按照《旅游法》第四十九条规定，酒店必须按照合同约定提供客房，否则就是违约行为。按照《中国旅游饭店行业规范》第八条规定：以下情况饭店可以不予接待：（一）携带危害饭店安全的物品入店者；（二）从事违法活动者；（三）影响饭店形象者；（四）无支付能力或曾有过逃账记录者；（五）饭店客满；（六）法律、法规规定的其他情况。本案中，没有证据显示网友小顺存在上述法律法规所限定的不予接待的情形，且国籍因素亦不是法律法规所限定的不予接待的情形，故酒店不能因客人国籍拒绝客人入住。

三、启示

除非法定原因，否则酒店不能因为入住旅客的国籍、种族、性别、宗教信仰等原因而拒绝接待旅客。

【案例 6 - 3】酒店不能提供住宿发票案[①]

一、案例介绍

消费者 A 在 7 月 2 日向黑猫投诉平台反映："本人出差到佛山，在某网公司预订了 6 月 23 ~ 29 日 6 天时间的酒店住宿，酒店为×××精选酒店（佛山某店），入住结束后，酒店说不提供任何发票，需要自己向某网申请发票。但某网提供的发票不是正式的酒店住宿发票，实则为旅游发票，无法报销。目前已多方面进行投诉，故现在要求某网迅速处理，提供正式的×××精选酒店（佛山某店）酒店住宿类发票或者全额退款人民币 1206 元。"商家"某网客服"7 月 2 日在黑猫投诉平台回复："经核实订单，我司已按照消费者诉求为消费者开具发票，消费者认可，协商成功。"

二、法理分析

［适用法条］

《消费者权益保护法》第二十二条：经营者提供商品或者服务，应当按照国家有关规定或者商业惯例向消费者出具购货凭证或者服务单据；消费者索要购货凭证或者服务

---

① 根据资料改编。资料来源：《黑猫投诉：不能提供酒店的住宿发票，无法报销》，新浪网，2019 年 7 月 2 日，http：//news. sina. com. cn/ts/2019 - 07 - 02/doc - ihytcitk9200710. shtml。

单据的，经营者必须出具。

[分析]

现实中存在网站和商家对消费者索要发票"踢皮球"的现象。不少团购网站是先收钱，消费者消费后再与商家整体结账，因此商家大多不愿开具发票。加上团购商品打折幅度很大，商家一般不再愿意承担"开发票"产生的成本，而网站作为组织方也无法开具消费发票，所以便出现此种情况。根据《消费者权益保护法》第二十二条规定，商家不提供发票是违法行为。

三、启 示

提供发票是商家的法定义务，销售者必须严格履行这一义务，以维护消费者的权利。

【案例 6 – 4】 入住酒店被虫咬伤获 3 倍房费赔偿①

一、案例介绍

2019 年 7 月 31 日凌晨，因为停电，徐女士与女儿、儿子 3 人入住瑞昌市某酒店，不到 15 分钟，徐女士女儿的腿部就被虫子咬伤，出现红肿、瘙痒、疼痛症状，并迅速蔓延。酒店工作人员立即安排车辆将患者送到医院就诊。病情缓解后，酒店为徐女士重新安排房间入住。

当天 10 时许，徐女士办理退房手续时，工作人员提出给徐女士房费 7.8 折优惠，徐女士不满意，于是向瑞昌市市场监督管理局投诉。

接到投诉后，瑞昌市市场监督管理局工作人员立即进行调解。经调解，酒店方诚恳道歉，同意承担因此产生的所有医疗费用，对房费免单，并赔偿 3 倍房费共 534 元。

二、法理分析

[适用法条]

《民法通则》第一百零六条：公民、法人违反合同或者不履行其他义务的，应当承担民事责任。公民、法人由于过错侵害国家的、集体的财产，侵害他人财产、人身的，应当承担民事责任。

[分析]

提供安全的住宿环境，保证旅客住店期间的人身安全，是饭店的基本职责。徐女士入住该酒店，其女儿腿部就被虫子咬伤，出现红肿、瘙痒、疼痛症状，说明酒店卫生不合格，与客人被虫子咬伤存在因果关系。按照《民法通则》第一百零六条的规定，酒店应该承担一定的民事责任。

---

① 根据资料改编。资料来源：《瑞昌一市民入住酒店被虫咬伤获 3 倍房费赔偿》，新浪网，2019 年 8 月 23 日，http：//jx. sina. com. cn/news/s/2019 – 08 – 23/detail – ihytcern2899137. shtml。

三、启 示

因为酒店的过错而使住店客人遭受人身伤害，酒店应当承担民事责任。酒店必须在卫生、设备设施、安全防卫等方面加强管理，保障客人的人身和财产安全。

 【案例 6 – 5】客人豪车在酒店停车场内深夜被砸案[①]

一、案例介绍

热爱旅游的杨先生是承德人，平日里非常喜欢和朋友开车自驾游。7 月 16 日，在结束了大连的旅程后，杨先生与朋友驱车来到沈阳。可令他万万没有没想到的是，自己的爱车居然在下榻酒店的停车场内遭了"黑手"……

杨先生告诉记者，他对酒店还有个要求就是得有停车场，因为他的爱车是价格超过 150 万元的路虎览胜吉普车。在办理了入住手续之后，杨先生就与朋友们去欣赏沈阳的夜景了，直到今天凌晨两点才返回酒店。可令杨先生万万没有想到的是，早上 9 点当他准备提车离开时，竟然发现左后车窗的玻璃被人砸碎。经过检查，杨先生发现自己刚买了不到两个月、价值 1.2 万元的"苹果"笔记本电脑和"中华牌"香烟被窃贼偷走。"我这一下子损失得有两万元，而且就这车玻璃在 4S 店配一块不算工时费就得 4000 多……"杨先生郁闷地说，"但因为一些个人原因，我的车目前只有交强险，商业险处于空档"。因此，杨先生的爱车被砸只能自己"买单"。

随后，记者了解到杨先生入住的沈阳某大酒店车位都是白天有人值守但是晚上无人看管。酒店方面只是在停车场的位置贴上了"免费停车车损自负"的告示。酒店方面认为停车场属于免费停车，没人看管，这件事导致的损失不应该由酒店负责，酒店能做的是给顾客退还房费进行补偿。对于酒店方面给出的赔偿方案，杨先生表示不能接受。杨先生说："毕竟我是消费者，而且停车场是酒店的，我的车是放在停车场的，应该给予起码的保护，而对于我损失的赔偿实在是太微不足道了，虽然把电脑放在车里我们有一定的责任，但是酒店方面至少要给予我 60% 的赔偿。"

二、法理分析

[**适用法条**]

1. 《消费者权益保护法》第七条：消费者在购买、使用商品和接受服务时享有人身、财产安全不受损害的权利。

2. 《中国旅游饭店行业规范》第二十七条：饭店应当保护停车场内饭店客人的车辆安全。由于保管不善，造成车辆灭失或者毁损的，饭店承担相应责任，但因为客人自

---

① 根据资料改编。资料来源：《河北游客路虎车在沈被砸盗　酒店说"车损自负"》，中国网，2012 年 7 月 18 日，http：//www. china. com. cn/travel/txt/2012 – 07/18/content_25939151. htm。

身的原因造成车辆灭失或者毁损的除外。双方均有过错的，应当各自承担相应的责任。

3.《中国旅游饭店行业规范》第二十八条：饭店应当提示客人保管好放置在汽车内的物品。对汽车内放置的物品的灭失，饭店不承担责任。

［分析］

商家所特定的服务性质，决定了他们为客户保管财物是一种法定的义务，他们提供的免费停车场是服务的一个内容，免费不等于免责，既然是一项服务，因服务不到位、不周全而导致丢车，就理应赔偿。另外，"车损自负"的免责声明应是双方共同认定才可生效，由商家或停车场经营者单方面告之是无效的，属变相推诿责任。

本案中尽管商家与消费者之间没有形成车辆保管合同关系，但因双方已经存在的消费合同（就餐、购物、住店合同等）而产生的合同附随义务，是《合同法》所确立保护的合同权利义务之一。根据附随义务的过错责任特征，商家应该对因自己未能尽到管理责任而使消费者免费停放的车辆遭受损失承担相应的过错责任。商家对车辆的管理责任，也应包括必要的提示和引导；常规的看管、巡查；发现异常情况时，必要的询问、核查、拦阻和报警等。此外，《中国旅游饭店行业规范》也规定："饭店应当保护停车场内饭店旅客的车辆安全。由于保管不善，造成车辆灭失或者毁损的，饭店承担相应责任"，"饭店应当提示旅客保管好放置在汽车内的物品。对汽车内放置的物品的灭失，饭店不承担责任"。所以本案中车辆的被砸应该由饭店承担责任，但是对于旅客在车内放置物品的灭失，其责任不应由饭店承担。

三、启示

酒店应该制定严格的管理规定，配备停车场管理人员，对客人停在其停车场的车辆安全负责。

6.3 旅游住宿业治安管理规定

【案例 6-6】男子没带身份证强行住酒店 涉嫌强迫交易遭拘[①]

一、案例介绍

2010 年 6 月 5 日，男子王某从綦江到南坪参加朋友的生日聚会，玩到次日凌晨 2 点多，4 人结伴来到南岸区青龙路一家酒店投宿，4 人中王某没带身份证及其他有效证件。虽然酒店门口竖有一块写着"入住酒店实行一人一证，实名登记"的提示牌，但 4 人还

---

① 根据资料改编。资料来源：《男子没带证件强行住酒店与民警对峙 被拘留 10 天》，搜狐网，2010 年 6 月 10 日，http://news.sohu.com/20100610/n272684548.shtml。

是来到前台找服务员登记开房。

见王某没带身份证，服务员表示只有另外 3 人能开房。"啷个不能住？我偏要住！"王某的吵闹声引来了值班经理。经理再三解释后，王某不再闹了，他的 3 名同伴顺利开了两间房。

当 3 名同伴乘电梯上楼时，王某也跟着准备一起上楼，经理和保安立即上前制止。"我上去看电视不行啊？"王某辩解说。经理和保安解释说，按规定，酒店晚上 11 点后就谢绝访客了。

王某继续吵闹，经理和保安猜测王某上楼的目的就是留宿睡觉，因此坚持将王某挡在电梯外。同时，保安提出，他可以带王某到辖区派出所开证明。"再不让开我弄你！"王某一把推开保安，被朋友拉进电梯后进入了房间。

该酒店在一周前才因违反实名登记规定被处理过，在劝阻未果的情况下，酒店工作人员报警求助。南坪镇派出所民警接警后迅速赶到现场，隔着门向王某及同伴宣传相关规定，在敲门无人应答的情况下，民警只好让经理打开房门。但由于门闩反锁，民警仍无法进屋。不久，南岸区公安分局治安支队民警也赶到了现场。凌晨 4 点左右，王某在房内与 5 位民警僵持 1 个多小时后，最终打开了房门。随后，王某被带回南坪镇派出所接受调查。

记者从南坪镇派出所获悉，王某因无证强行住进酒店，其行为构成强迫交易，目前已被处以行政拘留 10 天、罚款 500 元。

二、法理分析

［适用法条］

《旅馆业治安管理办法》第六条：旅馆接待旅客住宿必须登记。登记时，应当查验旅客的身份证件，按规定的项目如实登记。

［分析］

酒店是容易发生违法犯罪活动的场所，也是犯罪分子常去藏匿的场所。因此，公安部规定，旅馆接待旅客住宿必须登记，应当查验旅客的身份证件。本案例中王某未携带身份证，强行入住酒店，违反了《旅馆业治安管理办法》第六条的规定，理应受到处罚。

三、启示

《旅馆治安管理办法》对入住宾馆进行身份证登记有规定。不过，随着技术手段的进步，现在警察执法越来越人性化：有些酒店通过视频网上验证可以为旅客办理入住手续；有些酒店通过"人脸识别自证系统"，直接和客人的身份证信息对应上就可以办理入住。

【案例 6 -7】女老板容留他人卖淫抽取提成案①

一、案例介绍

2015 年 3 月以来，女老板李某某在其承租并且经营的徽县县城一街道旅社容留女子周某某、凡某某等卖淫，李某某按比例逐次抽头，嫖资 100 元人民币抽头 30 元，80 元抽头 20 元，共抽头 530 元人民币。3 月 15 日 20 时许，徽县公安局城关派出所民警将正在实施卖淫嫖娟的周某某、凡某某、杜某某、卯某抓获并依法治安处罚。在卖淫嫖娟者被抓后，李某某自首。9 月 28 日，徽县法院以犯容留卖淫罪，判处李某某有期徒刑 1 年，缓刑 2 年，并处罚金 5000 元；其犯罪所得 530 元上缴国库。

二、法理分析

[适用法条]

《旅馆业治安管理办法》第十二条：旅馆内，严禁卖淫、嫖宿、赌博、吸毒、传播淫秽物品等违法犯罪活动。

[分析]

女老板李某某容留女子周某某、凡某某等在其经营的旅社里从事卖淫活动，违反《旅馆业治安管理办法》第十二条"旅馆内，严禁卖淫、嫖宿"的规定。

三、启示

卖淫、嫖宿、赌博、吸毒、传播淫秽物品等违法犯罪活动是我国坚决打击的违法行为，旅游者及住宿业从业人员应合法经营，不得从事违法活动。

6.4 旅游饭店星级评定制度

 【案例 6 -8】7 家五星级饭店被摘牌②

一、案例介绍

2019 年 2 月 22 日，全国旅游星级饭店评定委员会发布公告，对近期暗访检查中发

---

① 根据资料改编。资料来源：《旅社女老板容留他人卖淫后抽头 自首获缓刑》，中国新闻网，2015 年 9 月 29 日，http：//www. chinanews. com/sh/2015/09 - 29/7550012. shtml。

② 根据资料改编。资料来源：《文旅部：7 家五星级饭店被摘牌，10 家酒店期限整改》，环球旅讯网，2019 年 2 月 23 日，https：//www. traveldaily. cn/article/127629。

现卫生和消防安全问题严重、服务不规范问题突出的 7 家饭店予以取消五星级旅游饭店资格的处理，对另外 10 家饭店予以限期整改 12 个月的处理。

这些被处理的饭店存在的问题主要是：客房及过道地面污渍明显，餐厅天花板渗水发霉，洗手间面盆内有毛发和絮状物，公共卫生间污渍严重，客用毛巾发黑发硬，客房电热水壶锈迹严重；灭火器过期，消防栓长期未进行检查，消防检查记录缺失；指示标识不全，安保管理松散，无礼宾、送餐、开夜床服务，游泳池无救生员在岗值守等。

二、法理分析

[适用法条]

《〈旅游饭店星级的划分与评定〉实施办法》第四条第四款：饭店星级评定职责和权限：(4) 实施或组织实施对五星级饭店的星级评定和复核工作。

[分析]

饭店星级不是终身制。星级标志使用有效期为三年，三年期满后应进行重新评定。全国旅游星级饭店评定委员会负责实施或组织实施对五星级饭店的星级评定和复核工作，对达不到五星级标准的饭店可以进行包括摘牌在内的处罚。

三、启示

对问题严重的五星级饭店予以取消星级资格和限期整改的处理，目的是切实加强住宿业行业管理，维护《旅游饭店星级的划分与评定》(GB/T 14308 – 2010) 的权威性和严肃性，促进星级饭店行业提升服务质量和管理水平。

第7章　旅游服务合同法律制度案例

培训目标：掌握旅游服务合同订立程序、旅游服务合同变更的相关法律规定，掌握旅游服务合同解除的条件及法定义务及掌握违约责任的承担方式。

7.1　概　　述

【案例7-1】 旅行社违约要求游客自购机票①

一、案例介绍

某年10月，Y先生、L女士两位游客与北京某国际旅行社签订了《北京市出境旅游合同》，参加由该旅行社组织的巴西、阿根廷、智利、秘鲁四国游，共计缴纳旅游费用165600元，行程为北京—圣保罗—玛瑙斯—理约翰—北京，合同内容明确标明该旅行社承担旅游者四国游的所有行程的全部交通费用。出行期间，北京某国际旅行社公司要求Y先生、L女士自行出钱购买了从圣保罗至玛瑙斯的机票。事后，两位游客认为该行程是旅游合同规定的旅游行程路线，该国际旅行社应依据合同承担上述行程的交通费用，故起诉至法院要求该国际旅行社支付Y先生、L女士自行支付的机票费用共计17844.82元。

二、法理分析

[适用法条]

1. 《旅游法》第七十条第一款规定：旅行社不履行包价旅游合同义务或者履行合同义务不符合约定的，应当依法承担继续履行、采取补救措施或者赔偿损失等违约责任；造成旅游者人身损害、财产损失的，应当依法承担赔偿责任。旅行社具备履行条件，经旅游者要求仍拒绝履行合同，造成旅游者人身损害、滞留等严重后果的，旅游者还可以要求旅行社支付旅游费用一倍以上三倍以下的赔偿金。

---

① 根据资料改编。资料来源：傅成伟：《最高人民法院2015年12月4日发布合同纠纷典型案例》，中国国际贸易促进委员会官网，2015年12月8日，http://www.ccpit.org/Contents/Channel_3528/2015/1208/510671/content_510671.htm。

2.《合同法》第六条：当事人行使权利、履行义务应当遵循诚实信用原则。

3.《合同法》第八条：依法成立的合同，对当事人具有法律约束力。当事人应当按照约定履行自己的义务，不得擅自变更或解除合同。

《合同法》第一百一十三条：当事人一方不履行合同义务或者履行合同义务不符合约定，给对方造成损失的，损失赔偿额应当相当于因违约造成的损失，包括合同履行后可以获得的利益，但不得超过违反合同一方订立合同时预见到或者应当预见的因违反合同可能造成的损失。

[分析]

首先，Y、L 两位游客与北京某国际旅行社在平等自愿基础上订立了旅游合同，系双方当事人真实意思表示，不违反法律法规规定，合法有效。

其次，双方之间已经形成合同法律关系，各方均应按照合同的约定全面而恰当地享有权利，履行义务。依据《合同法》第一百一十三条、《旅游法》第七十条之规定，一方当事人违约，给另一方当事人造成了人身损害、财产损失的，则应予以赔偿。

再次，双方所签合同内容对交通标准、旅游费用等做了明确的约定，特别注明游客所缴旅游费用包含所有行程的交通费用。根据上述约定，游客另行支付机票费用后，要求北京某国际旅行社来承担费用，此诉求既有合同依据，亦于法有据。

最后，Y、L 两位游客重新购买机票的损失与北京某国际旅行社的不当行为有直接的关系，也有悖于双方旅游服务合同的约定内容。因此，北京某国际旅行社应对两位游客支出的机票费用承担赔偿责任。

三、启　示

旅行社和游客在平等自愿基础上所订旅游合同，依法应对旅游行程、交通标准、旅游费用等作出明确约定，并严格履行合同义务。若当事人一方不履行合同义务或者履行合同义务不符合约定，给对方造成损失的，即须赔偿，且损失赔偿额应当相当于因违约造成的损失。

7.2　旅游服务合同的订立与效力

【案例 7-2】旅游广告是否为要约?[①]

一、案例介绍

某旅行社于某市晚报上刊登了"海南、云南、北海、厦门、重庆双飞五日游"广

---

① 根据资料改编。资料来源：杨富斌、王天星：《旅游法学案例》，中国旅游出版社 2006 年版，第 170~172 页。

告，定为每周二、周六发团，报名方式为：第一，电话咨询线路；第二，传真签订旅游合同；第三，指定银行账户存款；第四，10 人以上可以上门服务等。报社排版时错将每人旅游费用人民币 2400 元排成 240 元。外地游客李某电话咨询，问道："一切都按报纸上刊登的广告内容办吗？"旅行社接待人员给予了肯定回答，并告之开户银行账号和出发时间。随后，李某将 240 元人民币汇至指定账号，请年假在旅游团出发前抵达旅行社。当李某得知旅游费用为 2400 元而非 240 元时，立即提出退团，并要求旅行社退还 240 元且双倍赔偿，同时承担其路费、误工费。因协商不成，遂以旅行社涉嫌欺诈为由诉至人民法院。

二、法理分析

[适用法条]

1. 《合同法》第十四条：要约是希望和他人订立合同的意思表示，该意思表示应当符合下列规定：（一）内容具体确定；（二）表明经受要约人承诺，要约人即受该意思表示约束。

2. 《合同法》第十五条：要约邀请是希望他人向自己发出要约的意思表示。寄送的价目表、拍卖公告、招标公告、招股说明书、商业广告等为要约邀请。商业广告的内容符合要约规定的，视为要约。

[分析]

本案中，依据上述法条分析，旅行社所刊登的旅游产品广告的内容与意思表示应属一般商业广告。游客欲参加组团旅游，还需就参游人员的身体条件、住宿要求与游玩项目路线等与旅行社深入洽谈，经过要约、承诺阶段签订旅游合同后，方可与旅行社建立旅游服务合同的法律关系。据此认定旅行社所刊登广告应为"要约邀请"。

另因广告中所刊登的旅游费用属报社误排，旅行社本身无主观过错，且按常识，240 元人民币也无法完成"海南、云南、北海、厦门、重庆双飞五日游"，因此旅行社涉嫌欺诈的诉讼理由不成立。但旅行社未能将报社排版错误及时通知旅游者，存在过错，应承担一定赔偿责任。游客李某未经仔细核对，贸然出行，其自身也有一定责任。所以，旅行社在退还李某 240 元旅游费及路费、误工费后，无须承担其他赔偿责任。

三、启示

旅行社发布商业广告应谨慎确定内容要件，明确商业广告的要约与要约邀请的性质区分，以厘清法律责任。游客浏览旅行社商业广告亦须仔细辨别其是否为要约，以更好维护自身合法权益。

【案例 7 - 3】旅游合同格式条款约定不明[①]

一、案例介绍

某组团社组织游客赴华东四晚五日游。其中，双方所签旅游合同对于住宿的约定为"全程三星"。因市中心饭店的客房紧俏，且房价高，各地的地接社均把饭店安排在了郊区，致使旅游团每到一地，几乎都要乘坐 1 个多小时的旅游车才能到达饭店。旅游者对此已经向组团社和地接社表达了强烈的不满，要求在行程的最后一站在市中心住宿，但仍被安排在郊区住宿。有游客因此拒绝上车，地接社以安排在郊区并未违约为由，不接受旅游者的要求。经长时间交涉，部分旅游者忍无可忍，拒绝入住饭店，自己在市中心一家三星级饭店开房入住，要求地接社支付房费，且因地接社没有满足旅游者提出的要求，旅游者拒绝按时返程。

二、法理分析

[适用法条]

《旅游法》第五十八条：包价旅游合同应当包括对于交通、住宿、餐饮等旅游服务安排和标准的书面约定。

《合同法》第四十一条：对格式条款的理解发生争议的，应当按照通常理解予以解释。对格式条款有两种以上解释的，应当作出不利于提供格式条款一方的解释。格式条款和非格式条款不一致的，应当采用非格式条款。

[分析]

所谓格式条款，是指当事人为了重复使用而预先拟定并在订立合同时未与对方协商的条款。旅游服务合同中同样存在格式条款。通常情况下，旅游行程均由旅行社自己制作，属于格式条款范畴，而且旅行社和游客之间权利义务的约定主要体现在旅游行程中，如游客的吃、住、行、游等服务要素的标准和档次都在旅游行程中得到最为直接的反映。

《旅游法》第五十八条规定：包价旅游合同应当包括对于交通、住宿、餐饮等旅游服务安排和标准的书面约定。依照法律规定，秉承诚实信用原则，旅行社不仅应当告知游客住宿饭店的标准，而且还必须告知该饭店名称及位置，即合同约定的饭店既要有标准，更要有名称、地址。本案中，旅行社在合同中将住宿条件笼统陈述为"全程三星"，虽已说明游客在旅游服务过程中住宿的饭店为三星级标准，但没有具体标明三星级饭店所在的地理位置，旅行社无论提供市区还是郊区的饭店，只要该饭店是三星级，似乎旅行社的服务就是按约提供的。但就游客权益而言，即使是同一星级，住宿在市区或者郊区的舒适度和便捷度却相差甚远。因此，即使是约定"全程三星"，游客权益的

---

① 根据资料改编。资料来源：黄恢月：《合同格式条款约定不明后果分析》，新浪博客：黄恢月旅游法与纠纷处理，2014 年 8 月 22 日，http://blog.sina.com.cn/huangtiedan。

实现尚存很大变数，仍然属于权利义务约定不明的范畴。

《合同法》第四十一条规定："对格式条款的理解发生争议的，应当按照通常理解予以解释。对格式条款有两种以上解释的，应当作出不利于提供格式条款一方的解释。格式条款和非格式条款不一致的，应当采用非格式条款。"本案中，旅行社和游客对于住宿饭店的看法均有其合理性，但当旅行社和游客就三星级饭店的地理位置发生争议时，由于有关住宿标准的格式条款提供者为旅行社，应当作出有利于游客的解读，即旅行社和游客为应当在郊区还是在市区三星级饭店住宿发生争议时，游客提出要求在市区任何一家三星级饭店住宿都不过分。因此，游客要求旅行社承担市区三星级饭店的住宿费用合理。

但是，旅行社的违约与游客拒绝返程之间不存在因果关系。游客拒绝返程的行为属于人为扩大了其自身损失。因此，扩大的损失部分应当由游客自己承担。

三、启示

为使旅游活动能顺利达成最初所设定的愉悦身心的目的，旅游者在与旅行社签订旅游服务合同之时，应认真审视了解合同的内容。对合同中的格式条款内容有不同意见或补充说明时，旅游者需与旅行社协商签订补充条款，以此明确规范旅行社与旅游者的权利义务。同时，旅游者在出游遇到旅游纠纷时，也应依法理性维权。

7.3　旅游服务合同的履行与变更

 【案例 7-4】因不可抗力变更旅游合同，经营者应退还减少的费用[①]

一、案例介绍

郭女士兴致盎然地选择了可以尽情享受拍岸惊涛、成群海鸥、迷人小岛"邮轮游"。谁知出游后却突然遭遇长时间强台风，原定行程被迫取消。郭女士要求旅游公司退回相关费用，但却被拒绝。旅游公司给出的理由是："未能完成行程是由于台风这一不能预见、不能避免、不能克服的客观原因，即系不可抗力所致，故不能认为旅游公司违约，郭女士也就不能要求退费。"

二、法理分析

[适用法条]

《旅游法》第六十七条：因不可抗力或者旅行社、履行辅助人已尽合理注意义务仍

---

① 根据资料改编。资料来源：颜梅生：《"邮轮游"遇纠纷该如何维权》，浙江在线旅游频道，2018年9月12日，http://gotrip.zjol.com.cn/xw14873/lyjsb/201809/t20180912_8253344.shtml。

不能避免的事件，影响旅游行程的，按照下列情形处理：（一）合同不能继续履行的，旅行社和旅游者均可以解除合同。合同不能完全履行的，旅行社经向旅游者作出说明，可以在合理范围内变更合同；旅游者不同意变更的，可以解除合同。（二）合同解除的，组团社应当在扣除已向地接社或者履行辅助人支付且不可退还的费用后，将余款退还旅游者；合同变更的，因此增加的费用由旅游者承担，减少的费用退还旅游者。（三）危及旅游者人身、财产安全的，旅行社应当采取相应的安全措施，因此支出的费用，由旅行社与旅游者分担。（四）造成旅游者滞留的，旅行社应当采取相应的安置措施。因此增加的食宿费用，由旅游者承担；增加的返程费用，由旅行社与旅游者分担。

［分析］

本案例中，因不可抗力导致原定行程无法继续进行，原合同内容发生变更。此结果并非旅游公司主观故意所致，旅游公司无须为此承担违约责任，但其也无权截留郭女士未发生的旅游费用。依据《旅游法》第六十七条第二款的规定，"合同变更的，因此增加的费用由旅游者承担，减少的费用退还旅游者"。据此，旅游公司应当退还郭女士在本次旅游中减少的行程所预交的旅游费用。

三、启示

旅游合同因不可抗力因素无法继续履行会对旅行社及旅游者的权益及责任厘定产生双方面的影响。旅行社及旅游者均须依法履责及维权。

【案例7-5】未经旅游者同意旅行社擅自转团[①]

一、案例介绍

游客 W 与昆明 Y 国际旅行社签订《出境旅游合同》，交纳5800元团费，参加由该旅行社组团的赴泰国、新加坡、马来西亚三国7日游活动。昆明 Y 国际旅行社未征得游客 W 同意，即将游客 W 转团给第三人昆明 X 旅行社。旅游行程中，游客 W 因乘坐的旅游车发生交通事故而受伤。经鉴定，游客 W 构成十级伤残。游客 W 起诉至法院，请求昆明 Y 国际旅行社与昆明 X 旅行社连带赔偿各项经济损失合计52万余元。

二、法理分析

［适用法条］

1.《合同法》第八十四条：债务人将合同义务全部或部分转移给第三人的，应当经债权人同意。

2.《旅游法》第三十四条：旅行社组织旅游活动应当向合格的供应商订购产品和服务。

---

① 根据资料改编。资料来源：《旅游纠纷典型案例（5）》，四川省都江堰市人民法院官网，2019年3月14日，http://djysfy.chinacourt.gov.cn/article/detail/2019/03/id/3787536.shtml。

3.《旅游法》第七十条第一款：旅行社不履行包价旅游合同义务或者履行合同义务不符合约定的，应当依法承担继续履行、采取补救措施或者赔偿损失等违约责任；造成旅游者人身损害、财产损失的，应当依法承担赔偿责任。旅行社具备履行条件，经旅游者要求仍拒绝履行合同，造成旅游者人身损害、滞留等严重后果的，旅游者还可以要求旅行社支付旅游费用一倍以上三倍以下的赔偿金。

4.《旅游法》第七十一条：由于地接社、履行辅助人的原因导致违约的，由组团社承担责任；组团社承担责任后可以向地接社、履行辅助人追偿。由于地接社、履行辅助人的原因造成旅游者人身损害、财产损失的，旅游者可以要求地接社、履行辅助人承担赔偿责任，也可以要求组团社承担赔偿责任；组团社承担责任后可以向地接社、履行辅助人追偿。但是，由于公共交通经营者的原因造成旅游者人身损害、财产损失的，由公共交通经营者依法承担赔偿责任，旅行社应当协助旅游者向公共交通经营者索赔。

5.《旅行社服务质量赔偿标准》第五条：旅行社未经旅游者同意，擅自将旅游者转团、拼团的，旅行社应向旅游者支付旅游费用总额25%的违约金。解除合同的，还应向未随团出行的旅游者全额退还预付旅游费用，向已随团出行的旅游者退还未实际发生的旅游费用。

6.《最高人民法院关于审理旅游纠纷案件适用法律若干问题的规定》第七条：旅游经营者、旅游辅助服务者未尽到安全保障义务，造成旅游者人身损害、财产损失，旅游者请求旅游经营者、旅游辅助服务者承担责任的，人民法院应予支持。

7.《最高人民法院关于审理旅游纠纷案件适用法律若干问题的规定》第十条：旅游经营者将旅游业务转让给其他旅游经营者，旅游者不同意转让，请求解除旅游合同、追究旅游经营者违约责任的，人民法院应予支持。

［分析］

本案例中，相关违约事实如下：（1）昆明Y国际旅行社与旅游者W签订出境旅游合同，其所提供的服务应当符合保障旅游者人身、财产安全的要求，但其未经旅游者同意擅自将旅游业务转让给他人系违约行为；（2）昆明Y国际旅行社将旅游团转让给不具有出境游经营资质的第三方昆明X旅行社，资质审核不严，属于违约行为；（3）昆明Y国际旅行社作为旅游服务合同的相对方，昆明X旅行社作为实际提供旅游服务的旅游经营者，履行合同义务不符合规定，均未合理保障旅游者人身安全，对旅游者W在旅游期间因交通事故造成的人身损害应承担连带赔偿责任。

综合考量昆明Y国际旅行社与昆明X旅行社的违约事实，依据《合同法》第八十四条，《旅游法》第三十四、第七十及第七十一条，《旅行社服务质量赔偿标准》第五条，《最高人民法院关于审理旅游纠纷案件适用法律若干问题的规定》第七条、第十条等相关法律条文的规定，法院最终审理判决由昆明Y国际旅行社与昆明X旅行社连带赔偿旅游者W经济损失32.7万元。

三、启示

旅行社擅自将其旅游业务转让给其他旅行社，导致旅游者在旅游过程中遭受损害的，转让旅行社和实际提供旅游服务的旅行社应当承担连带责任。

 【案例7-6】台风耽误行程，游客损失谁担责？[①]

一、案例介绍

Y 先生报名参加广州某旅行社组织的日本五日游旅游团。出发时，因天气问题，航班延误了十几个小时，导致本次旅游前两天的行程受到影响。Y 先生投诉称天气问题应当可以预知，旅行社应承担 Y 先生前两天行程受到影响的损失。

经了解，对于本次天气原因可能导致的航班延误，航空公司并无提前通知；旅行社获知航班会延误后，已与旅游团内游客协商，在合理范围内调整旅游行程。

二、法理分析

[适用法条]

1.《旅游法》第六十七条：因不可抗力或者旅行社、履行辅助人已尽合理注意义务仍不能避免的事件，影响旅游行程的，按照下列情形处理：（一）合同不能继续履行的，旅行社和旅游者均可以解除合同。合同不能完全履行的，旅行社经向旅游者作出说明，可以在合理范围内变更合同；旅游者不同意变更的，可以解除合同。（二）合同解除的，组团社应当在扣除已向地接社或者履行辅助人支付且不可退还的费用后，将余款退还旅游者；合同变更的，因此增加的费用由旅游者承担，减少的费用退还旅游者。（三）危及旅游者人身、财产安全的，旅行社应当采取相应的安全措施，因此支出的费用，由旅行社与旅游者分担。（四）造成旅游者滞留的，旅行社应当采取相应的安置措施。因此增加的食宿费用，由旅游者承担；增加的返程费用，由旅行社与旅游者分担。

[分析]

由于天气等自然原因引起的航班延误，属于不可抗力。本案例中，航空公司并无通知，旅行社已尽注意义务。依据《旅游法》第六十七条，在发生不可抗力影响旅游行程的情况下，合同不能完全履行的，旅行社经向旅游者作出说明，可以在合理范围内变更合同，因此增加的费用由旅游者承担，减少的费用退还旅游者。本案例中未产生增加或者减少的费用，最终经调解，旅行社未作出赔偿，双方达成和解。

三、启示

旅行社出团前，应该就不可抗力等因素造成的行程变更，提前向游客阐明法律明确的免责情境及处理原则，为游客做好心理建设，方便后续可能发生的纠纷事件的理性解决。

---

① 根据资料改编。资料来源：《揭秘：旅游行业投诉 8 大代表性案例》，搜狐·旅游传媒网，2016 年 3 月 17 日，http://www.sohu.com/a/63894217_347855。

7.4 旅游服务合同的解除与终止

 【案例7-7】游客突发意外，旅游合同解除[①]

一、案例介绍

2018年8月初，山东潍坊市C女士报名参加该市某旅行社组织的欧洲四国游，约定行程日期为9月中旬，并支付了4000元押金。启程前，C女士因突发情况不能前往，遂告知该旅行社解除旅游服务合同，并要求旅行社退还相应费用，但遭旅行社拒绝。协商无果后，C女士将该旅行社投诉至潍坊市旅游服务质监机构。

二、法理分析

[适用法条]

1.《旅游法》第六十五条：旅游行程结束前，旅游者解除合同的，组团社应当在扣除必要的费用后，将余款退还旅游者。

2.《旅游法》第六十七条第一、第二项：因不可抗力或者旅行社、履行辅助人已尽合理注意义务仍不能避免的事件，影响旅游行程的，按照下列情形处理：（一）合同不能继续履行的，旅行社和旅游者均可以解除合同。合同不能完全履行的，旅行社经向旅游者作出说明，可以在合理范围内变更合同；旅游者不同意变更的，可以解除合同。（二）合同解除的，组团社应当在扣除已向地接社或者履行辅助人支付且不可退还的费用后，将余款退还旅游者；合同变更的，因此增加的费用由旅游者承担，减少的费用退还旅游者。

3.《合同法》第一百一十八条：当事人一方因不可抗力不能履行合同的，应当及时通知对方，以减轻可能给对方造成的损失，并应当在合理期限内提供证明。

[分析]

首先，依据《旅游法》第六十五条与第六十七条第一、第二项之规定及相关条款指导精神，游客有权在行程前要求解除旅游合同，旅行社有权利扣除已经发生的费用，但应将未发生的费用退还给游客。本案例中，C女士因突发情况无法如约参加旅行社组织的欧洲四国游，其有权要求解除与该旅行社所签旅游服务合同。旅行社在扣除为C女士代办签证等合理的、已发生且不可退回的费用后，应将余款退还给C女士。

其次，违约情况在实践中有两种：一是因为单方发生了比较大的情势变更，如本案

[①] 根据资料改编。资料来源：孙瑞荣：《注意！我市发布2018旅游投诉十大典型案例》，潍坊新闻网，2019年3月15日，http://www.wfnews.com.cn/index/2019-03/15/content_2097181.htm。

例中，旅游者因突发紧急状况无法出游；二是因为单方原因，如旅游者之前选择一个地方后来不愿意去了，完全是其个人意愿所致的违约。前一种是受到一些外界不能预测和自己不能克服的困难所导致的违约；后一种是合同上的自我调整。这两种违约从《合同法》来讲，具体的判定是不同的。至于具体的违约责任也要看合同约定。一旦发生违约，违约金包括损害赔偿金在《合同法》上有几种情况。双方明确约定了违约金，这个违约金可以约定一个具体的数额，也可以约定一定的比例；当一方认为约定的违约金不足以赔偿所造成的损失时，还需要额外进行赔偿损失。

最后，针对旅游者是否要出具相关的证据来证明自己解除合同而不存在违约的问题，依据《旅游法》第六十五条及相关条款指导精神，旅游者不用向旅行社出具任何相关的证据，也不用给出任何理由就可以在法律规定的条件下，提出解除这个合同。这类似于《消费者权益保护法》当中的"七天无理由退货"的规定，旅行社没有理由拒绝。

三、启　示

依据《旅游法》，在类似案件中，旅游者在旅游行程结束前拥有任意解除合同权，履行告知义务后，可以不向旅行社出具任何证据，单方解除旅游服务合同。并且，旅行社在扣除旅游行程中实际产生的费用后，应将余额退还给旅游者。

【案例 7-8】旅游合同解除，应履行告知义务①

一、案例介绍

2017 年，W 女士参加烟台市 D 旅行社组织的 8 月 18 日至 23 日的"张家界凤凰双飞六日游"，原定 18 日下午 16：00 乘飞机到张家界，但当日突然出现大雾天气，所有飞机停航，直到第二天上午 9 点才通航。旅行社与全团游客协商后将原定 6 天的行程压缩为 5 天。旅游第三天晚上，在团队入住某酒店时，又遇当地的电业部门临时抢修线路，所有沿街路段酒店全部断电，导游临时调整酒店入住后已是深夜。此时，W 女士身体比较疲惫，对此次旅途的诸多不顺意见较大，随后没有听从导游的劝导参加完全部行程，在未通知旅行社和导游的前提下，自行购买机票返回家中。之后 W 女士向旅游部门投诉 D 旅行社，要求赔偿经济损失 2000 元。

二、法理分析

[适用法条]

1. 《旅游法》第六十二条：订立包价旅游合同时，旅行社应当向旅游者告知下列

---

① 资料来源：郑懿文：《2017 烟台典型旅游质监案例及消费提示》，水母网·烟台新闻网，2018 年 1 月 17 日，http：//travel. shm. com. cn/2018 - 01/17/content_4688902. htm。

事项：（一）旅游者不适合参加旅游活动的情形；（二）旅游活动中的安全注意事项；（三）旅行社依法可以减免责任的信息；（四）旅游者应当注意的旅游目的地相关法律、法规和风俗习惯、宗教禁忌，依照中国法律不宜参加的活动等；（五）法律、法规规定的其他应当告知的事项。在包价旅游合同履行中，遇有前款规定事项的，旅行社也应当告知旅游者。

2.《旅游法》第六十五条：旅游行程结束前，旅游者解除合同的，组团社应当在扣除必要的费用后，将余款退还给旅游者。

《旅游法》第六十七条第一、二项：因不可抗力或者旅行社、履行辅助人已尽合理注意义务仍不能避免的事件，影响旅游行程的，按照下列情形处理：（一）合同不能继续履行的，旅行社和旅游者均可以解除合同。合同不能完全履行的，旅行社经向旅游者作出说明，可以在合理范围内变更合同；旅游者不同意变更的，可以解除合同。（二）合同解除的，组团社应当在扣除已向地接社或者履行辅助人支付且不可退还的费用后，将余款退还旅游者；合同变更的，因此增加的费用由旅游者承担，减少的费用退还旅游者。

3.《合同法》第九十六条：当事人一方依照本法第九十三条第二款、第九十四条的规定主张解除合同的，应当通知对方。合同自通知到达对方时解除。

［分析］

案例中的这次旅游活动遭遇了多次变故（如因大雾导致飞机延误、酒店停电），确实影响了 W 女士的旅游体验，但因属于不可抗力因素，且旅行社为维护旅游者的合法权益，经与旅游者协商已经尽力采取了补救措施，依法可以免责。依据《旅游法》第六十七条第一项之规定，遭遇不可抗力，致使旅游行程无法如约履行，旅游者 W 女士若不同意变更合同，则可以选择解除合同，旅行社须依据《旅游法》第六十五条、第六十七条第二项之规定，扣除 W 女士已经发生或已向履行辅助人支付且不可退还的费用，退还其未发生的旅游余款。同时，依据《合同法》第九十六条规定，W 女士须以书面或口头方式通知旅行社或导游解除旅游合同，自通知到达对方时旅游合同宣告解除，而不应自行脱团离开。W 女士提出的其他赔偿请求，无法律支持，不予赔偿。

三、启示

旅游者以追求身心愉悦为出游目的，以其人身作为接受旅游经营者服务的受体。无论出于何种理由，旅游者不愿继续接受旅游服务，并不违反强制性的法规，即旅游者的人身自由不受强制性法律规范之外的限制，不受其他民事主体的限制。基于此，《旅游法》赋予了旅游者任意解除合同权。但是，旅游者解除合同时也应履行合同附随义务，即告知合同另一方当事人旅行社解除合同，依法、理性、正当维权。

【案例 7 - 9】 突然患病行程取消，游客能否获全额退还旅游费用？①

一、案例介绍

H 先生和某旅行社签订了赴某地的旅游合同。出团前 1 天，H 先生突然生病，希望旅行社取消旅游行程，全额退还交纳的旅游团款。旅行社表示，机票已经购买了，如果 H 先生临时取消行程必须承担机票损失，并承担相应的违约责任。经测算，H 先生将损失 80% 的旅游团款。

二、法理分析

[适用法条]

1. 《旅游法》第十四条：旅游者在旅游活动中或者在解决纠纷时，不得损害当地居民的合法权益，不得干扰他人的旅游活动，不得损害旅游经营者和旅游从业人员的合法权益。

2. 《旅游法》第六十五条：旅游行程结束前，旅游者解除合同的，组团社应当在扣除必要的费用后，将余款退还旅游者。

[分析]

由于旅行社购买的机票为团体机票，虽能获得较为优惠的折扣，但团体机票不得退票，也不得转签。所以，当旅行社购买了团体机票而旅游者又临时取消行程时，机票损失不可避免地产生。临行前，H 先生突患疾病，不得已取消行程。旅游者单方原因解除合同，须提前知会旅行社。违约责任由旅行社与 H 先生双方事先在合同中约定。旅行社可以向 H 先生收取实际损失的费用和违约金。

三、启示

旅游合同签订后，双方当事人应当严格遵守约定，任何一方需要解除合同，都必须和对方协商并达成一致，否则就必须承担违约责任。

【案例 7 - 10】 旅游者签证被拒导致旅游合同解除，还需缴费？②

一、案例介绍

T 女士母女 2 人在某旅行社处报名参加当年 5 月 26 日出发的英法欧洲 12 天旅游团，

---

① 根据资料改编。资料来源：《旅游维权案例｜四大旅游投诉案例分析　帮游客出行排难解"游"》，搜狐·乌尔盖旅游，2019 年 1 月 8 日，http://www.sohu.com/a/287560024_195050。

② 根据资料改编。资料来源：《十大旅游投诉案例分析》，肇庆市旅游局，转引自：舟山市职高旅游名师虞燕芬工作室网站，2018 年 10 月 17 日，http://msgl.zsjyxy.cn/Item/60677.aspx。

签订出境旅游合同时交团款 34598 元和担保金 15000 元，及参团所需的个人资料，并表明须母女同行。合同约定："如出现被拒签或拒绝入境等情况，游客需承担机票及签证损失费。"经过面试后，5 月 23 日旅行社告知签证已办。5 月 25 日下午 5 点 30 分，旅行社工作人员突然电话告知赵女士，因其女儿赴法国签证被拒，不能随团出游，并要求其承担签证费 2000 元/人、机票及综合业务损失费 5500 元/人，T 女士认为扣除费用过高。因就合同解除的退款事宜无法与旅行社达成一致，T 女士将该旅行社投诉至旅游质监部门。

二、法理分析

[适用法条]

《旅游法》第六十七条：因不可抗力或者旅行社、履行辅助人已尽合理注意义务仍不能避免的事件，影响旅游行程的，按照下列情形处理：（一）合同不能继续履行的，旅行社和旅游者均可以解除合同。合同不能完全履行的，旅行社经向旅游者作出说明，可以在合理范围内变更合同；旅游者不同意变更的，可以解除合同。（二）合同解除的，组团社应当在扣除已向地接社或者履行辅助人支付且不可退还的费用后，将余款退还旅游者；合同变更的，因此增加的费用由旅游者承担，减少的费用退还旅游者。（三）危及旅游者人身、财产安全的，旅行社应当采取相应的安全措施，因此支出的费用，由旅行社与旅游者分担。（四）造成旅游者滞留的，旅行社应当采取相应的安置措施。因此增加的食宿费用，由旅游者承担；增加的返程费用，由旅行社与旅游者分担。

[分析]

本案争议有二。

第一，T 女士母女是否有权主张全额退还团款和担保金？依据《旅游法》相关规定，不能全额退。因为尽管并非 T 女士母女主动提出解除合同，但是签证被拒并非旅行社原因造成，无论签证是否成功，签证费用均应当由客人承担，其他费用视具体案情做处理。

第二，旅行社所提出的扣除费用是否过高？就本案的实际情况来看，旅行社提出扣除的费用为三项：（1）签证费，可以扣除，因为签证被拒旅行社不存在过错；（2）机票费，应当根据机票的预订以及退订可能性等实际情况进行综合判断；（3）综合业务损失费。旅行社只能扣除必要的费用，应当列举具体项目的支出或者根据合同约定扣除，而综合业务损失费往往是旅行社在没有损失凭据的情况下用以扣除团费的名目，不应当得到支持。

三、启示

签证被拒是出境游实务中常见的情形，签证被拒往往导致合同无法履行而解除。那么，因签证被拒导致合同解除，责任由谁承担呢？简而言之，组团社有过错，组团社承担；组团社无过错，旅游者承担。

7.5　旅游服务合同的违约责任

【案例 7 - 11】预订房间不合约定①

一、案例介绍

某保险公司计划组织本单位 30 余人参加漂流 2 日游。保险公司经理的朋友推荐其到某旅行社报名。保险公司经理通过微信将 7000 元钱定金支付给旅行社，旅行社也按照要求着手准备。旅行社在操作团队过程中发现，预订不到客人要求的标准间，只能改订 3 ~ 4 人间。旅行社第一时间联系保险公司经理说明情况。经理称，已经通知同事旅游日期，大家也已购买了相关用品，但是，旅行社客房预订没有达到预期，因而要求旅行社赔偿损失，并且双倍返还定金。最终，旅行社全额退还旅游费用，保险公司也不再追究旅行社的责任。纠纷虽然得到处理，但彼此之间已经失去信任。

二、法理分析

[适用法条]

1. 《合同法》第三十六条：法律、行政法规规定或者当事人约定采用书面形式订立合同，当事人未采用书面形式但一方已经履行主要义务，对方接受的，该合同成立。

2. 《合同法》第一百一十三条：当事人一方不履行合同义务或者履行合同义务不符合约定，给对方造成损失的，损失赔偿额应当相当于因违约所造成的损失，包括合同履行后可以获得的利益，但不得超过违反合同一方订立合同时预见到或者应当预见到的因违反合同可能造成的损失。

3. 《担保法》第九十一条：定金的数额由当事人约定，但不得超过主合同标的额的百分之二十。

[分析]

1. 从理论上说，旅行社组团后，就会向游客收取旅游费用，旅行社出具相应的收费凭证，并和游客签订书面的包价旅游合同，旅行社和游客之间就建立了旅游合同关系。旅行社按照约定为游客提供服务，游客按照约定向旅行社支付旅游团款。这样的操作模式是规范和合乎法律要求的。但在实务操作中，尤其是网络时代，游客往往通过支付宝、微信等方式将旅游费用支付给旅行社，旅行社既没有立刻向游客提供收费凭证，也没有和游客签订书面的包价旅游合同，仅仅收取了全部或者部分旅游费用。因此，对

---

① 根据资料改编。资料来源：黄恢月：《通过微信组团预订客房不符合约定纠纷的处理》，搜狐·泰州旅游·恢月说法，2018 年 8 月 15 日，https：//www. sogou. com/link? url = DSOYnZeCC_oFmTickJ_wj5l63Fg0f06wx7y - rEXv-Cls_xdjK1Q9b3g。

于如何界定旅行社和游客之间的法律关系，按照《合同法》的相关规定，只要游客向旅行社支付了旅游费用，不论是全款还是部分团款，旅行社也接受了游客支付的旅游费用，虽然旅行社和游客之间没有签订书面的包价旅游合同，但两者已经建立了合同关系，这就是人们通常所说的事实合同关系。尽管《旅游法》和《旅行社条例》都明确要求旅行社和游客应当签订书面的包价旅游合同，但旅行社和游客之间的合同关系并不因为没有签订书面形式的合同而受到丝毫影响。

2. 按照旅游行业法律法规的规定，其组团参加包价旅游，其必须和游客签订书面的包价旅游合同。这是绝大多数旅行社从业人员已经具备的基本常识，也是旅行社的法定义务。如果旅行社组织包价旅游没有签订书面的包价旅游合同，旅行社就会被主管部门实施行政处罚。除非旅行社能够提供确凿的证据证明，没有签订包价旅游合同的原因是游客拒绝签订。从目前的法律规定来看，书面的包价旅游合同形式主要包括纸质的包价旅游合同和电子版的包价旅游合同。纸质的包价旅游合同是大多数传统旅行社乐于采纳的，旅行社提供纸质的合同，由旅行社的业务员和游客签订；电子版的包价旅游合同包括通过旅行社提供的电子版本的合同，由游客电子签名来完成，或者通过旅行社和游客之间的微信、微博、QQ等电子互动方式来完成。在电子版的包价旅游合同签订过程中，旅行社需要特别注意的是，确保电子版的合同内容的完整性，其内容必须符合《旅游法》和《旅行社条例》的规定，不能缺项，否则仍然属于违规。

3. 旅行社在向游客直接收取旅游费用时，名目繁多，大致包括旅游团款、旅游费、预付款、签证费、订金、定金等。虽然叫法不同，但可按照不同的法律后果将其归类：第一类，除了定金之外的所有收费。第二类，定金。如果旅行社收取的费用属于第一类，一旦旅行社违约，旅行社应当遵循补偿性原则给予游客赔偿，游客损失多少，旅行社赔偿多少。游客报名参团后，旅行社取消了行程，旅行社退还已经收取的旅游费用，并承担游客的实际损失，比如旅行社应当赔偿游客往返旅行社门市所支出的合理的交通费用等。案例中旅行社没有预订到标间，旅行社违约无疑，但不能简单地归类为欺诈，因为违约和欺诈的法律构成要件不同，其法律后果也有天壤之别。上述案例中，旅行社就不需要承担双倍赔偿。

4. 定金是一种带有惩罚性的特别约定。和旅游团款等性质不同，定金具有惩罚性的特点，违约方不仅要承担直接损失，还需要支付额外的赔偿，只要被定性为定金，法律要求违约方给予守约方高于实际损失的赔偿，达到给违约方足够教训的目的。按照《担保法》第八十九条的规定，当事人可以约定一方向对方给付定金作为债权的担保。债务人履行债务后，定金应当抵作价款或者收回。给付定金的一方不履行约定债务的，无权要求返还定金；收受定金的一方不履行约定债务的，应当双倍返还定金。单从此规定看，只要双方约定了定金，违约方支付的定金就会被守约方全额没收，不论定金数额为多少。但是，《担保法》第九十一条同时还规定，定金的数额由当事人约定，但不得超过主合同标的额的20%。也就是说，违约方被守约方没收的定金数额，不得超过标的额的20%。比如游客交纳了1万元定金，而总团款为2万元，一旦旅行社取消行程，旅行社应当退还给游客定金 1 万元，并赔偿给游客 4000 元。

5. 包价旅游合同中旅行社应当承担的赔偿责任。在包价旅游合同纠纷中，旅行社及其履行辅助人没有按照约定提供服务，旅行社需要承担的责任大致可以分为几种方式：第一，按照合同约定支付违约金。支付违约金的前提是事先约定，如果合同当事人事先有约定，就按照约定赔偿；如果没有事先约定违约金，该规则就不适用。第二，如果没有事先约定，旅行社就按照游客的实际损失赔偿。这里需要注意的有两点：一是游客的实际损失，是指直接损失，是由于旅行社没有按照约定履行包价旅游合同给游客造成的损失。显然，游客为了参加漂流旅游购买的相关用品，不属于直接损失，而且行程取消并不导致这些用品价值的灭失。二是游客的实际损失，应当由游客自己举证。即使游客有损失，但是无法举证，即所谓的客观事实无法转换为法律事实，旅行社仍然无须赔偿。第三，实际损失超过了约定的违约金，就以实际损失为准，旅行社要向游客支付违约金和实际损失的差额部分。

三、启示

旅行社组织旅游活动，应当依法应和游客签订书面的包价旅游合同，但旅行社和游客之间的合同关系并不因为没有签订书面形式的合同而受到丝毫影响。在包价旅游合同纠纷中，旅行社及其履行辅助人没有按照约定提供服务，旅行社需要依法承担相应责任。

 【案例 7 - 12】旅行社合同违约，游客过激维权[①]

一、案例介绍

某年"十一"黄金周期间，万某等 30 人参加了昆明 S 旅行社组织的华东地区旅游。合同约定，万某等人于 10 月 6 日由旅行社安排乘 T381 次火车硬卧从上海返回昆明。由于 10 月 6 日返程票异常紧张，S 旅行社难以买到 T381 次车票，遂购买了 K79 次返程车票。该次列车到站时间与 T381 次相比将延迟 3 个多小时。S 旅行社答应只要旅游者按时返回，将按照有关规定予以赔偿。对此，万某等人表示无法接受，要求旅行社必须先给予每人 2000 元的赔偿，否则就拒绝登车。由于双方分歧过大，未能达成协议，结果万某等 30 人当晚滞留上海火车站。后万某诉至法院，要求昆明某旅行社赔偿经济损失 1 万元。

二、法理分析

[**适用法条**]

1. 《旅游法》第七十条：旅行社不履行包价旅游合同义务或者履行合同义务不符合约定的，应当依法承担继续履行，采取补救措施或者赔偿损失等违约责任。

2. 《旅游法》第七十四条：旅行社接受旅游者的委托，为其代订交通、住宿、餐

---

① 根据资料改编。资料来源：《假期出行多，旅游纠纷怎么破？——旅游合同纠纷案例简析》，微信公众号"华政法援"，2018 年 4 月 25 日。

饮、游览、娱乐等旅游服务，收取代办费用的，应当亲自处理委托事务。因旅行社的过错给旅游者造成损失的，旅行社应当承担赔偿责任。

3.《合同法》第一百零七条：当事人一方不履行合同义务或者履行合同义务不符合约定的，应当承担继续履行、采取补救措施或者赔偿损失等违约责任。

4.《合同法》第一百一十九条：当事人一方违约后，对方应当采取适当措施防止损失的扩大；没有采取适当措施致使损失扩大的，不得就扩大的损失要求赔偿。当事人因防止损失扩大而支出的合理费用，由违约方承担。

[分析]

《旅游法》规定，旅游合同的履行应遵循适当履行、协作履行及经济合理原则，即合同当事人应当按照旅游服务合同的约定或者法律的规定，全面、适当地履行合同；一方当事人履行合同义务，另一方当事人应为其履行进行必要的协作；在旅游服务合同的履行过程中，合同的双方当事人应讲求经济效益，在合理维护各方合法权益的基础上，付出最小的成本，取得最佳的合同利益。

本案中，昆明 S 旅行社没有购买到合同约定的车次，属违约行为，应当依法赔偿旅游者的损失。案中，为了防止损失的扩大，旅行社采取了适当的措施（如变更车次），并表明会承担相应的赔偿。依据《旅游法》第七十条、七十四条及《合同法》第一百零七条之规定，旅行社的处理方式较为合理合法。

同时，依据《合同法》第一百一十九条之规定，当事人一方违反合同的，另一方不能无动于衷，任凭损失的扩大，而应当采取积极措施，减少损失。当事人一方因另一方违反合同受到损失的，即使没有接到违反合同一方的通知，也应当及时采取措施防止损失的扩大；没有及时采取措施致使损失扩大的，无权就扩大的损失请求赔偿。本案中，当事人万某等 30 名游客在 S 旅行社积极采取补救措施、返程车次已经变更的情况下，不能理性维权，执意滞留在火车站，人为地造成损失扩大。据此，万某等人不能就滞留当晚的住宿费、餐饮费等人为扩大的损失要求旅行社赔偿。

三、启 示

针对旅游经营者的旅游服务合同违约行为，旅游者应当理性维权，通过法律途径实现诉求。如采用拒绝返程等过激方式并导致损失扩大的，该扩大损失将不能要求赔偿。

 【案例 7-13】合同纠纷和合同欺诈难辨清[①]

一、案例介绍

M 母女二人参加烟台市某旅行社组织的"新疆双飞 8 日游"，但母女二人的游览体

---

① 根据资料改编。资料来源：赖皓阳、郑懿文：《合同纠纷仍为旅游投诉热点》，水母网·快传号，2018 年 1 月 21 日，http://m. look. 360. cn/transcoding? sign = 360_e39369d1&url = 2s21s9n9skb。

验十分不快。首先，因当地临时修路，造成五彩城景点无法正常游览，导游在征得该团游客同意后与 36 名游客签订变更行程协议，但 M 母女不同意变更行程；其次，新疆当地导游向团队游客兜售当地特产且服务态度较差，组团社得知地接导游态度不好后及时联系了当地旅行社并采取了补救措施，但 M 母女对此意见仍较大；最后，在新疆所游览的景区相互距离较远，长时间坐车且路状较差，M 母女感觉身心疲惫，情绪十分激动。

旅游结束后 M 母女便向旅游部门投诉，称旅行社违反合同约定且有欺诈行为，要求旅行社退还全部团款并支付三倍赔偿。

旅游投诉部门受理并调解。起初，M 母女以"欺诈"为由要求旅行社支付三倍赔偿，且情绪激动、毫不让步，但并无充足的证据支持自己的全部说法；旅行社方面承认地接导游确实存在一定问题，但表示最多向王女士母女赔偿 500 元。双方对赔偿数额争议较大。

二、法理分析

[适用法条]

1. 《合同法》第六十条：当事人应当按照约定全面履行自己的义务。

2. 《旅游法》第六十九条第一款：旅行社应当按照包价旅游合同的约定履行义务，不得擅自变更旅游行程安排。

3. 《旅游法》第六十七条第一项：因不可抗力或者旅行社、履行辅助人已尽合理注意义务仍不能避免的事件，影响旅游行程的，按照下列情形处理：（一）合同不能继续履行的，旅行社和旅游者均可以解除合同。合同不能完全履行的，旅行社经向旅游者作出说明，可以在合理范围内变更合同；旅游者不同意变更的，可以解除合同。

4. 《导游人员管理条例》第十五条：导游人员进行导游活动，不得向旅游者兜售物品或者购买旅游者的物品，不得以明示或者暗示的方式向旅游者索要小费。

5. 《导游人员管理条例》第二十三条：导游人员进行导游活动，向旅游者兜售物品或者购买旅游者的物品的，或者以明示或者暗示的方式向旅游者索要小费的，由旅游行政部门责令改正，处 1000 元以上 3 万元以下的罚款；有违法所得的，并处没收违法所得；情节严重的，由省、自治区、直辖市人民政府旅游行政部门吊销导游证并予以公告；对委派该导游人员的旅行社给予警告直至责令停业整顿。

[分析]

合同纠纷与合同欺诈是两种不同性质的现象，但二者的客观表现却有着相同或相似之处。

合同欺诈是以非法占有为目的，在签订、履行合同过程中，以虚构事实或隐瞒真相的方法，骗取当事人财物，数额较大的行为。合同中的一方当事人没有履行或者没有完全履行合同，使对方受到损失，并且一方在签订合同时可能有某些欺骗性的因素，则属合同欺诈，否则为合同纠纷（违约），二者有着本质的不同。合同纠纷（违约）与合同欺诈的根本不同点在于行为人有没有履行合同的诚意，也就是说是否具有非法占有对方当事人财物的目的。如果没有这一非法占有的目的，只是在履行合同过程中，因遇天灾人祸或市场变化等不可抗力的客观因素使当事人没有能力继续履行合同的，只能定性为合同纠纷。

本案例中，M母女二人对本次旅游的不满意点有三。

第一，因当地修路，景点不能正常游览，致使旅游服务合同无法正常履行，但修路属于不可抗力，导游和旅行社依法可以减免责任。且因修路行程受阻后，导游与其他36名游客协商并取得了他们的同意，允许对合同在合理范围内进行变更，所以旅行社对这36名游客的合同仍然生效。M母女二人对变更内容不满，本可以主动解除合同，但她们却没有选择解除合同，而是投诉了该旅行社有欺诈行为。此种做法失当。

第二，因新疆自然地理环境所限，M母女行程中的游览景点相距较远，舟车劳顿，身疲体累，虽致旅游体验不佳，但亦属于客观情况所致，非旅行社所能改善。

第三，地接社导游兜售物品且态度较差，组团社得知情况后已与地接社积极联系补偿，由此可知组团社并无欺诈本意，但其对所合作的履行辅助人地接社资质与服务审核不严，应负相应责任，对游客因导游强制兜售物品所遭受的经济损失，负有连带责任。地接社对其导游负直接管理责任。

本案经烟台旅游纠纷仲裁中心办案人员向双方明法析理，最终旅行社赔偿王某母女1500元。

三、启示

合同纠纷与合同欺诈的根本区别在于一方当事人是否有欺诈（意在非法占有对方财物）的主观故意。旅游者出行，应该对旅游条件与环境有客观预知，做好心理建设，出现纠纷时理性合理合法维权。

 【案例7-14】恼人的台风，过激的游客[①]

一、案例介绍

游客B某参加Z旅行社的旅游团去F国旅游，返程时受台风影响，航班被取消，全团游客滞留机场。B某等部分游客要求Z旅行社免费或垫付安排住宿，Z旅行社认为按照双方签订的旅游合同，由于台风等不可抗力造成旅游者滞留增加的食宿费用须由游客承担。B某等部分游客情绪激动，集体到我驻F国使馆上访。

二、法理分析

[适用法条]

1.《旅游法》第十四条：旅游者在旅游活动中或者在解决纠纷时，不得损害当地

---

① 根据资料改编。资料来源：《2013旅游服务警示第16号：遇不可抗力请依法理性维权》，国家旅游局官网，2013年10月21日，http：//www.cnta.gov.cn/html/2014-8/2014-8-14-16-34-32163.html。

居民的合法权益，不得干扰他人的旅游活动，不得损害旅游经营者和旅游从业人员的合法权益。

2.《旅游法》第六十七条：因不可抗力或者旅行社、履行辅助人已尽合理注意义务仍不能避免的事件，影响旅游行程的，按照下列情形处理：（一）合同不能继续履行的，旅行社和旅游者均可以解除合同。合同不能完全履行的，旅行社经向旅游者作出说明，可以在合理范围内变更合同；旅游者不同意变更的，可以解除合同。（二）合同解除的，组团社应当在扣除已向地接社或者履行辅助人支付且不可退还的费用后，将余款退还旅游者；合同变更的，因此增加的费用由旅游者承担，减少的费用退还旅游者。（三）危及旅游者人身、财产安全的，旅行社应当采取相应的安全措施，因此支出的费用，由旅行社与旅游者分担。（四）造成旅游者滞留的，旅行社应当采取相应的安置措施。因此增加的食宿费用，由旅游者承担；增加的返程费用，由旅行社与旅游者分担。

3.《旅游法》第七十二条：旅游者在旅游活动中或者在解决纠纷时，损害旅行社、履行辅助人、旅游从业人员或者其他旅游者的合法权益的，依法承担赔偿责任。

［分析］

首先，《旅游法》第六十七条第四款明确规定：因不可抗力造成旅游者滞留的，旅行社应当采取相应的安置措施。因此增加的食宿费用，由旅游者承担；增加的返程费用，由旅行社与旅游者分担。

其次，旅行社与旅游者订立包价旅游合同时，旅行社应当向旅游者告知旅行社依法可以减免责任的信息。

最后，根据《旅游法》第七十二条之规定，旅游者在旅游活动中，应当遵守有关法律法规和合同约定。在旅游活动中或在解决纠纷时，旅游者不得损害他人合法权益，包括当地居民、其他旅游者、旅游经营者和旅游从业人员的合法权益，如强行霸机、人为拖延时间造成整团行程受阻、人为扩大损失等行为。

综上，本案中，因台风原因，航班取消、游客滞留，旅行社有协助安排食宿的义务，但增加的食宿费用依法应由 B 某等旅游者自行承担。

三、启示

出游时，航班延误等情况时有发生，旅行社应提前告知游客相关免责法规，同时应加强对领队的教育培训。领队应遵守职业道德，提高服务水平，遇突发事件冷静面对、积极协调，避免事件扩大升级。游客亦应提前了解相关法律知识，理性维权，方不违游玩初衷。

第8章 旅游安全管理法律制度案例

培训目标：理解旅游安全事故的概念及其分类，掌握旅游安全事故的处理程序，掌握旅游保险合同涉及的主要内容，掌握食品卫生安全的基本要求及食品安全处置的原则与程序。

8.1 旅游安全管理概述

 【案例8-1】老汉景区摘杨梅坠亡索赔[①]

一、案例介绍

2017年5月19日，近60岁的吴某在花都区某山村景区河道旁的杨梅树上采摘杨梅时，由于树枝枯烂断裂，吴某从树上跌落，经送医院救治无效死亡。吴某的亲属认为，该山村景区作为国家3A级旅游景区，在核心区域的河堤两旁种植了不少于50株杨梅树。由于杨梅树嫁接处较低，极易攀爬，每到杨梅成熟之际，都有大量观景人员攀爬杨梅树、采摘树上的杨梅，甚至进行哄抢，景区从未采取安全疏导或管理等安全风险防范措施。吴某的亲属将该山村景区告上法庭，索赔60余万元。

据悉，河道旁杨梅树的所有人，其未向村民或游客提供免费采摘杨梅的活动。本案的争议焦点为景区是否该承担责任及具体责任的大小。花都区法院审理认为，吴某作为一名成年人，未经被告同意私自上树采摘杨梅，其应当预料到危险性，故其本身应当对自身损害承担责任。对于被告某景区是否承担赔偿责任的问题，在本案中，首先，杨梅树本身是没有安全隐患的，是吴某不顾自身年龄私自上树导致了危险产生。其次，根据原告方提交的照片及被告某山村村民委员会提交的对村民黄某的询问笔录及视频，能够证明确实存在游客或村民私自上树采摘杨梅的现象，被告作为杨梅树的所有人及景区的管理者，应当意识到景区内有游客或者村民上树采摘杨梅，存在可能危及人身财产安全

---

① 根据资料改编。资料来源：《老汉景区摘杨梅坠亡索赔 旅游景区如何避免安全事故？》，佰佰安全网，2018年5月30日，https：//www.bbaqw.com/wz/91587.htm。

的情况，但其没有对采摘杨梅及攀爬杨梅树的危险性作出一定的警示告知，存在一定的过错。最后，根据《旅游法》及《旅游景区质量等级的划分与评定》规定，突发事件或者旅游安全事故发生后旅游经营者应立即采取必要的救助和处置措施，3A级景区应当建立紧急救援机制，设立医务室，至少配备兼职医务人员，设有突发事件处理预案。在吴某从杨梅树上摔落受伤后，被告虽设有医务室，但相关人员已经下班，且被告没有设立必要的突发事件处理预案，导致吴某不能及时得到医疗救助，对损害的扩大存在一定的过错。花都法院酌情认定被告承担5%的责任，某山村村民委员会向吴某的亲属赔偿45096.17元。

二、法理分析

[适用法条]

1.《旅游法》第七十九条：旅游经营者应当严格执行安全生产管理和消防安全管理的法律、法规和国家标准、行业标准，具备相应的安全生产条件，制定旅游者安全保护制度和应急预案。旅游经营者应当对直接为旅游者提供服务的从业人员开展经常性应急救助技能培训，对提供的产品和服务进行安全检验、监测和评估，采取必要措施防止危害发生。旅游经营者组织、接待老年人、未成年人、残疾人等旅游者，应当采取相应的安全保障措施。

2.《旅游法》第八十条：旅游经营者应当就旅游活动中的下列事项，以明示的方式事先向旅游者作出说明或者警示：（一）正确使用相关设施、设备的方法；（二）必要的安全防范和应急措施；（三）未向旅游者开放的经营、服务场所和设施、设备；（四）不适宜参加相关活动的群体；（五）可能危及旅游者人身、财产安全的其他情形。

3.《旅游法》第八十一条：突发事件或者旅游安全事故发生后，旅游经营者应当立即采取必要的救助和处置措施，依法履行报告义务，并对旅游者作出妥善安排。

[分析]

本案件中，旅游者不顾潜在的危险性，擅自攀爬树木采摘果实坠亡，其自身负有不可推卸的责任。旅游景区安全管理职责缺失，未能履行安全警示责任、未制定安全保护制度和应急预案，在事故发生后未能在第一时间提供应急救助，负有重要责任。

三、启示

旅游者出游应以安全为第一要务，保护自身的生命和财产安全。旅游经营者应当严格执行安全生产管理和消防安全管理的法律、法规和国家标准、行业标准，具备相应的安全生产条件，制定旅游者安全保护制度和应急预案，对具有潜在危险的区域或活动项目履行相关警示责任，开展经常性应急救助技能培训，对提供的产品和服务进行安全检验、监测和评估，采取必要措施防止危害发生。

【案例 8-2】 广东省肇庆市鼎湖区砚洲岛游客溺亡事件[①]

一、案例介绍

广东省某旅行社（以下简称旅行社）接受郑州某科技发展有限公司广州办事处（以下简称公司）委托，组织该公司101名员工前往肇庆西江边的砚洲岛开展为期两天的拓展旅游活动。双方签订的旅游合同特别约定，旅游者不得擅自到西江游泳。开展活动前，旅行社团体部经理与公司负责人勘察了拓展旅游地，该区域有禁止游泳的警示牌。双方在签订旅游合同的基础上，又增加了旅游行程、活动安排、注意事项、有关要求等合同附件。拓展旅游活动按照合同的约定进展顺利。10月4日上午，在游览鼎湖区砚洲岛、用完午餐后，公司负责人与随团导游员协商，给予旅游者1小时时间整理行李、稍事休息，下午4时集中乘车返回广州。导游员随即宣布自由活动，在告知集合时间的同时，提醒大家不要下西江玩水、游泳。当日下午约2：30时许，七八名旅游者擅自到沙滩戏水。约2：40时，三名游客走到水深处突然溺水，大呼"救命"，一名游客获救，两名游客失踪。旅游者向110报案。公安部门接报后，及时赶赴现场，会同海事部门、当地村镇人员搜救。10月6日上午8时许，在当地公安、海事、旅游及所在镇政府、村委会等有关单位努力下，于事发现场下游2公里处找到两名失踪者遗体。经法医鉴定和公司领导现场确认，死者为该公司委托旅行社组织的赴肇庆旅游的团队成员。

事故发生后，肇庆市委、市政府和省旅游局高度重视事件的处理。肇庆市旅游局及时启动旅游突发事件应急预案，主要领导等有关人员，赶赴事发地点，协调相关部门。事发地鼎湖区政府组成了由公安、海事、旅游以及所在镇政府、村委会等单位参加的工作小组，研究部署事故的善后处理工作。在当地政府以及旅游、公安、海事等有关部门和组团社、组团单位的共同努力下，经过与死者家属友好协商，由组团单位代表旅行社、砚洲村委会与死者家属签订协议，每位死者获得经济补偿10万元、旅行社为旅游团购买的旅游意外保险8万元。死者家属随后返回原籍，事故善后处理结束。

二、法理分析

[适用法条]

1.《旅游法》第七十八条第二款：突发事件发生后，当地人民政府及其有关部门和机构应当采取措施开展救援，并协助旅游者返回出发地或者旅游者指定的合理地点。

---

① 根据资料改编。资料来源：《聚焦旅游安全事故分析：两大实例告诉你症结所在》，中国网，2009年3月3日，http://www.china.com.cn/news/txt/2009-03/03/content_17367177_2.htm。

2.《旅游法》第八十一条：突发事件或者旅游安全事故发生后，旅游经营者应当立即采取必要的救助和处置措施，依法履行报告义务，并对旅游者作出妥善安排。

3.《旅游法》第十五条：旅游者购买、接受旅游服务时，应当向旅游经营者如实告知与旅游活动相关的个人健康信息，遵守旅游活动中的安全警示规定。旅游者对国家应对重大突发事件暂时限制旅游活动的措施以及有关部门、机构或者旅游经营者采取的安全防范和应急处置措施，应当予以配合。旅游者违反安全警示规定，或者对国家应对重大突发事件暂时限制旅游活动的措施、安全防范和应急处置措施不予配合的，依法承担相应责任。

［分析］

旅游者违反旅游合同约定，擅自下西江戏水、游泳，在深水处突然溺水后死亡，应依法承担主要责任。旅行社和导游已尽到相关安全警示和安全告知义务，不承担法律责任，仅返给为旅游者购买的旅游意外保险赔偿。鉴于旅游者的弱势地位，村委会等承担部分赔偿责任。

三、启　示

旅游景区类似的安全事故屡次出现，游客的生命健康多次处于危险的边缘。如何将这种隐患降到最低？除游客自己提高安全意识外，相应的景区监管和公安部门也要加大预防和营救力度，双管齐下，减少景区安全事故发生的概率。

【案例 8－3】老年游客邮轮旅游中摔伤求偿案①

一、案例介绍

65 岁的李先生与老伴两人通过某旅行社报名参加邮轮旅游，旅途中从甲板走向船舱过程中摔倒，导致右膝受伤。旅行社领队立即将受伤游客送至邮轮医务室救治，后在停靠地日本福冈紧急联系救护车将游客送至医院做进一步救治，由其妻子陪同。经医生诊断，为右髌骨骨折，回国后经鉴定，构成十级伤残。治疗终结后李先生向旅游质量监督管理所投诉旅行社，要求旅行社承担违约责任，返还两人旅游费 3600 元，并赔偿就医费、看护费、精神损失费、返程机票费、伤残赔偿金等共计 15.3 万元。

旅行社认为，李先生意外受伤是自身原因所致，与旅行社没有任何关系。旅行社在没有过错的情况下，立即送至就医，上岸后联系救护车将李先生送往医院，并垫付救护车费，在李先生住院期间又派人员前往探望，对游客尽到了道义上的义务，不应承担任何责任。邮轮公司表示，游客与邮轮公司并不存在合同关系，伤者也没有提供证据证明事故现场存在不安全因素，伤者受伤完全是自身失足造成的，为证明自己的说法，邮轮

① 根据资料改编。资料来源：《旅游出事故，意外谁买单?》，人民网，2017 年 5 月 25 日，http：//travel. people. com. cn/n1/2017/0525/c41570 – 29298753. html。

公司向旅行社提供了事故现场的照片及录像资料。经调查了解，邮轮公司提供的照片及录像资料显示，事发现场为邮轮内舱，环境整洁，李先生从邮轮甲板通过移动门返回船舱途中，步幅较大，左腿发生滑移，两腿跨成一字型，右腿膝盖撞击船舱地面，随后侧倒无法站立。

旅游质量监督管理所在调查研究后作出以下结论：《旅游法》第七十条内容规定在旅游者自行安排活动期间，旅行社未尽到安全提示、救助义务的，应当对旅游者的人身损害、财产损失承担相应责任。而本案中，旅行社作为组团社在出团通知书中已经提示游客注意事项，领队、船方在登船后又通过口头、广播等方式告知游客要注意安全，李先生摔伤后又立即采取措施救助。这些情况说明，旅行社尽到了提醒游客注意安全以及事故后积极协助游客得到良好救治的义务。由此可见，李先生摔伤属于意外事故，并非旅行社责任造成，旅行社不应对本起事故承担赔偿责任，李先生提出的巨额赔偿要求明显不合理。基于以上原因，旅游质量监督管理所驳回了李先生的投诉。后李先生将该旅行社告至人民法院，法院最终也作出了旅行社不承担相应责任的判决。

二、法理分析

[适用法条]

1. 《旅游法》第七十条：在旅游者自行安排活动期间，旅行社未尽到安全提示、救助义务的，应当对旅游者的人身损害、财产损失承担相应责任。

2. 《旅游法》第七十九条第三款：旅游经营者组织、接待老年人、未成年人、残疾人等旅游者，应当采取相应的安全保障措施。

[分析]

本案中，旅行社作为组团社在出团通知书中已经提示游客注意事项，领队、船方在登船后又通过口头、广播等方式告知游客要注意安全，在李先生摔伤后又立即采取措施救助。这些情况说明，旅行社尽到了提醒游客注意安全以及事故后积极协助游客得到良好救治的义务。由此可见，李先生摔伤属于意外事故，并非旅行社责任造成，旅行社不应对本起事故承担赔偿责任，李先生提出的巨额赔偿要求明显不合理。

三、启示

游客在参加旅游前一定要对自身的身体状况有全面了解，建议 60 岁以上老年人做全面体检，同时参团旅游应有亲属同行。游客在整个旅游活动中也应该时刻注意安全，走路不观景，不要在设有危险警示标志的地方停留。这个深刻的教训还提示游客购买旅游意外保险的重要性，建议游客在参团前选择购买。同时也希望游客能够文明旅游、合理维权，和谐的旅游环境需要旅行社和游客的共同努力。

8.2　旅游经营中的安全管理规定

 【案例 8-4】女童游乐场受伤，责任谁负①

一、案例介绍

2018 年 2 月 21 日，陈先生和妻子带着 6 岁的女儿到湛江市区一家游乐场游玩。意外发生得猝不及防，女儿在玩耍时被滚下的轮胎撞到额头受伤。经缝针处理后伤痕仍然明显，需要后期整形。陈先生夫妇认为游乐场未尽安全保障义务，多次找经营者商谈赔偿事宜，对方均找理由推托。他们为此感到愤怒和伤心："事情已经发生了几个月，经营者仍然没给一个合理答复。我女儿因为这件事，至今还无法正常上学！"无奈之下，他们将此事投诉到湛江市消委会，希望得到帮助进行维权。经调解，商家赔付 3 万元。

湛江市消委会进行调查，商家称该小孩确实是在其游乐场受伤，他们一直与伤者家属协商赔偿，已请示公司法律顾问。市消委会到派出所调阅了监控视频，查阅了消费者的医疗证据，咨询了广东医科大学附属医院整形外科专家，了解了孩子面部伤痕后期美容的费用。

依据《最高人民法院关于审理人身损害赔偿案件适用法律若干问题的解释》的有关规定，计算出住院费、护理费、交通费、精神抚慰金、治疗费等损失共约 3 万元。经调解，商家同意赔付陈先生女儿该费用。

二、法理分析

[适用法条]

1.《游乐园管理规定》第十七条：游乐园经营单位应当加强管理，健全安全责任制度等各项规章制度，配备相应的操作、维修、管理人员，保证安全运营。

2.《游乐园管理规定》第二十三条：游乐园经营单位应当在每项游艺机和游乐设施的入口处向游人作出安全保护说明和警示，每次运行前应当对乘坐游人的安全防护加以检查确认，设施运行时应当注意游客动态，及时制止游客的不安全行为。

3.《游乐园管理规定》第三十条：由于游乐园经营单位的责任造成安全事故的，游乐园经营单位应当承担赔偿责任；构成犯罪的，依法追究刑事责任。

4.《中华人民共和国侵权责任法》第三十七条：宾馆、商场、银行、车站、娱乐

---

① 根据资料改编。资料来源：《游乐场安全事故引发深思，出现事故责任谁该负？》，腾讯网，2018 年 6 月 27 日，https：//xw.qq.com/amphtml/20180627F1ZVYA00。

场所等公共场所的管理人或者群众性活动的组织者，未尽到安全保障义务，造成他人损害的，应当承担侵权责任。游乐场所作为大型游乐设施使用者因为未尽到安全保障义务所造成他人损害的，应当承担相应的侵权责任。

[分析]

案件中，女童在玩耍时被滚下的轮胎撞到额头受伤，主要归咎于娱乐场经营者未尽到安全保障和安全提醒义务，理应承担赔偿责任；但是游客在使用游乐设施时，也应提高自身的安全意识，增强安全防范意识，避免发生旅游安全事故。因此本案女童的家长也负有一定的责任。

三、启示

游乐场经营者必须时刻绷紧安全这根弦，一定要对场所内的设备设施事先做好安全检查，杜绝安全隐患，确保游客安全使用，避免事故灾难的发生。旅游消费者也要增强自我保护意识，增强安全防范意识，避免发生旅游安全事故。

【案例 8-5】 深圳东部华侨城"太空迷航"事故　八名被告获刑①

一、案例介绍

2010 年 6 月 29 日，深圳东部华侨城有限公司（以下简称东部华侨城）大峡谷景区"太空迷航"项目在运行过程中，设备中三自由度运动平台的中导柱内 M16 螺丝疲劳断裂，5#座舱倾覆掉落，发生事故，共造成 6 人死亡、10 人受伤的严重后果。事故发生后，深圳市政府和广东省质监局成立了包括深圳市安委办、监察局、公安局、市场监管局、文体旅游局、总工会和盐田区政府等参加的联合事故调查组，深圳市人民检察院应邀派员参加，在对事故原因和责任认定的基础上，提出了对有关责任单位及人员的处理建议和防范措施。经深圳市政府批复同意的《深圳市盐田区东部华侨城有限公司"6·29"较大死亡事故调查报告》认为，8 名被告人均对事故负有责任。

法院经审理认为，东部华侨城"6·29"事故，是"太空迷航"项目设计制造、安装调试和使用维护过程中各种违反安全管理规定的行为和因素综合造成的，是一起严重的安全责任事故。8 名被告人客观上有违反大型游乐设施安全管理规定的行为，主观上具有过失罪过，致使设备发生事故，造成死伤的严重后果，情节特别恶劣，8 名被告人的行为均构成重大责任事故罪。

被告人 A 作为北京某科技有限公司（以下简称北京亿美博公司）总工程师，在三自由度运动平台项目中负责设计计算及设计图纸审核，由于其设计计算错误，且在设计

---

① 资料来源：傅江平：《深圳东部华侨城"太空迷航"事故　八名被告获刑》，中国质量新闻网，2012 年 4 月 23 日，http://www.cqn.com.cn/news/zgzlb/diyi/560400.html。

图纸审核中存在疏忽，致使设计存在缺陷，违反了《特种设备质量监督与安全监察规定》和《游乐设施安全技术监察规程》关于设计安全的规定，对事故的发生具有直接责任，依法判处其有期徒刑五年。

被告人 B 在不具有大型游乐设施作业资格的情况下，负责三自由度运动平台的制造和中导柱的现场安装，违反了《游乐设施安全技术监察规程》相关规定。而且，B 在未对招聘的焊工进行培训和考核的情况下，即让焊工焊接三自由度运动平台的侧导柱，导致平台的侧导柱有虚焊缺陷，其行为违反了北京某公司《质量手册》的相关规定。鉴于其有自首情节，依法判处其有期徒刑两年六个月。

被告人 C 作为某公司的总经理和质量安全负责人，没有履行自己的管理职责，未能发现和纠正三自由度运动平台项目中的质量安全问题，违反了北京亿美博公司《岗位责任制》和《质量手册》中关于安全管理的规定。C 有自首情节，没有直接参与三自由度运动平台项目的设计和制造，依法判处其有期徒刑两年，缓刑四年。

被告人 D 是北京××游乐设备制造有限公司（以下简称北京××公司）副总经理、"太空迷航"项目总体设备安装与调试负责人。由于北京××公司不具备对"太空迷航"项目进行整机试验的条件，为了让质监部门准许该公司在东部华侨城现场安装"太空迷航"项目并进行整机试验，D 在北京××公司未对"太空迷航"项目整机进行自检试验的情形下，参与决定违规出具"太空迷航"项目整机产品质量合格证，违反了北京××公司的质量安全管理规章制度。D 有自首情节，依法判处其有期徒刑两年六个月。

被告人 E 是北京××公司总经理，管理失职，未能发觉并纠正公司违规出具整机产品质量合格证的问题，鉴于其有自首情节，没有实际参与决定出具产品质量合格证，责任较轻，依法判处其有期徒刑两年，缓刑三年。

被告人 F 作为东部华侨城公司大峡谷景区的日常工作负责人，主管大峡谷景区"太空迷航"项目等大型游乐设施的设备运行，未严格执行《游乐设施安全技术监察规程》和东部华侨城公司特种设备安全生产管理责任制度，疏于管理，未能纠正"太空迷航"项目安全管理中存在的问题。F 不认罪，依法判处其有期徒刑 3 年。

被告人 G 作为东部华侨城公司"太空迷航"项目的主管，不具有大型游乐设施作业人员资格，工作中不严格履行职责，在设备检修没有记录的情形下仍然签字同意项目运行，违反了《游乐设施安全技术监察规程》和东部华侨城公司的特种设备安全生产管理责任制度。G 有自首情节，依法判处其有期徒刑两年。

被告人 H 作为东部华侨城公司"太空迷航"项目维修领班，不具有大型游乐设施维修资格，对中导柱内 M16 螺丝的维护和保养不到位，违反了《游乐设施安全技术监察规程》和东部华侨城公司特种设备安全生产管理责任制度。H 有自首情节，依法判处其有期徒刑一年六个月。

二、法理分析

[适用法条]

1. 《游乐园管理规定》第二十条：游艺机和游乐设施应当符合《游艺机和游乐设施安全标准》和质量技术监督行政部门有关特种设备质量监督与安全监察规定。

2. 《游乐园管理规定》第二十四条：游乐园经营单位应当对游艺机和游乐设施，按照特种设备质量监督和安全监察的有关规定，进行安全运行检查。

3. 《特种设备安全监察条例》第十四条：锅炉、压力容器、电梯、起重机械、客运索道、大型游乐设施及其安全附件、安全保护装置的制造、安装、改造单位，以及压力管道用管子、管件、阀门、法兰、补偿器、安全保护装置等（以下简称压力管道元件）的制造单位和场（厂）内专用机动车辆的制造、改造单位，应当经国务院特种设备安全监督管理部门许可，方可从事相应的活动。前款特种设备的制造、安装、改造单位应当具备下列条件：（一）有与特种设备制造、安装、改造相适应的专业技术人员和技术工人；（二）有与特种设备制造、安装、改造相适应的生产条件和检测手段；（三）有健全的质量管理制度和责任制度。

4. 《游乐设施安全技术监察规程》第三条：游乐设施的设计、制造、安装、使用、检验、维修保养和改造必须符合本规程的规定。

5. 《中华人民共和国特种设备安全法》第八十七条：违反本法规定，电梯、客运索道、大型游乐设施的运营使用单位有下列情形之一的，责令限期改正；逾期未改正的，责令停止使用有关特种设备或者停产停业整顿，处二万元以上十万元以下罚款：（一）未设置特种设备安全管理机构或者配备专职的特种设备安全管理人员的；（二）客运索道、大型游乐设施每日投入使用前，未进行试运行和例行安全检查，未对安全附件和安全保护装置进行检查确认的；（三）未将电梯、客运索道、大型游乐设施的安全使用说明、安全注意事项和警示标志置于易于为乘客注意的显著位置的。

[分析]

"太空迷航"是位于大峡谷景区的一个游乐项目，模拟太空飞船，让游客感受火箭发射时的重力加速度。但是，景区却在设备存在若干问题的情况下投入使用，严重违反了《特种设备安全检查条例》和《游乐设施安全技术监察规程》，是因特种设备安全隐患所造成的严重的旅游安全事故，按照《特种设备安全监察条例》规定，事故等级属于"较大事故"，景区及相关责任人理应承担相应的法律责任。

三、启示

旅游经营者在经营高风险项目和运营特种设备时，必须取得相关营业条件和营业手续，必须符合国家关于高风险项目和特种设备的相关法律法规以及条例等的要求，消除安全隐患，避免发生类似事件。

8.3　旅游保险法律制度

【案例 8 - 6】游客意外死亡的保险赔付[①]

一、案例介绍

2001 年 11 月 1 日，安县信用社退休职工刘某和妻子杜某等 10 人与绵阳某旅行社安县分社签订了为期 15 天到新、马、泰、港、澳旅游的组团合同，并向旅行社缴清了各项费用。合同约定，旅游费用中包括旅游意外保险费。11 月 29 日，杜某在马来西亚旅游途中突患急性脑溢血死亡。回国后，其丈夫刘某要求旅行社办理旅游意外保险赔付始终没有结果，便将旅行社告上法庭。

安县法院审理认为，旅行社应按合同约定为杜某等人代办旅游意外保险，杜某在旅游中突发疾病死亡后，旅行社却未向原告提供相关保险理赔凭证，致使原告无法获得赔偿，属代办保险履行职责不全面，违反合同约定，判决由旅行社赔偿旅游意外保险金、医疗保险金、丧葬保险金等共计 202474 元。

一审判决后，旅行社提出上诉，绵阳市中级法院将案件发回重审。重审中，旅行社出具了旅游意外保险保单及被保险人清单，并申请追加某保险公司为被告。保险公司辩称，保险公司不是旅游合同的当事人，不应成为本案被告；杜某的死亡是自身原因所致，不是意外事故，保险公司不应承担赔偿责任。

安县法院重审后认为，该案所涉旅游保险合同真实、合法、有效，旅行社尽到了为游客代办旅游意外保险的义务，不应承担赔偿责任。杜某在旅游中因"急性"脑溢血死亡，是"急性病"，符合该保险公司旅游意外保险条款"被保险人因急性病或者遭受意外伤害的，公司依约定给付保险金"，保险公司称其不是本案适格被告的理由不能成立。安县法院判决保险公司赔偿原告旅游意外保险金、医疗保险金、丧葬保险金、交通费等共计 19.4 万元。

二、法理分析

[适用法条]

1.《保险法》第十六条：自合同成立之日起超过二年的，保险人不得解除合同；

[①]　根据资料改编。资料来源：《游客境外意外死亡应该获得的赔偿》，太平洋保险网，2018 年 4 月 8 日，http://www.cpic.com.cn/c/2018 - 04 - 08/1417449.shtml。

发生保险事故的，保险人应当承担赔偿或者给付保险金的责任。

2.《旅游法》第五十六条：国家根据旅游活动的风险程度，对旅行社、住宿、旅游交通以及本法第四十七条规定的高风险旅游项目等经营者实施责任保险制度。

3.《旅游法》第八十条：旅游经营者应当就旅游活动中的下列事项，以明示的方式事先向旅游者作出说明或者警示：（一）正确使用相关设施、设备的方法；（二）必要的安全防范和应急措施；（三）未向旅游者开放的经营、服务场所和设施、设备；（四）不适宜参加相关活动的群体；（五）可能危及旅游者人身、财产安全的其他情形。

4.《民法通则》第一百一十九条：侵害公民身体造成伤害的，应当赔偿医疗费、因误工减少的收入、残废者生活补助费等费用；造成死亡的，并应当支付丧葬费、死者生前扶养的人必要的生活费等费用。

［分析］

旅行社应按合同约定为杜某等人代办旅游意外保险，杜某在旅游中突发疾病死亡后，旅行社却未向原告提供相关保险理赔凭证，致使原告无法获得赔偿，属代办保险履行职责不全面，理应承担赔偿责任。保险公司虽然不是旅游合同的当事人，但案件与保险公司有法律上的利害关系，保险公司就是适格被告。本案所涉旅游保险合同真实有效，虽然杜某的死亡因自身疾病所致，但符合旅游意外保险合同的相关条款，保险公司理应承担赔偿责任。

三、启示

游客在旅游过程中因意外死亡，保险公司作出意外险赔偿后，如果旅行社提供的服务造成游客发生意外伤害，旅行社还应当依据旅游合同承担相应的赔偿责任。如果旅行社对游客尽到了相应的安全注意义务和告知义务，旅行社不承担赔偿责任。外出旅游最好购买旅游意外保险，以便在意外发生时获得相关保障与赔偿。

【案例 8-7】漂流时受伤　保险公司赔偿[①]

一、案例介绍

2012 年 8 月 5 日，原告李女士单位组织本公司的原告参加了由被告旅游公司所组织的旅游团旅游活动。在漂流中，原告所乘坐的皮筏船被激流打翻，导致原告骶椎骨骨折。被告旅游公司曾于 2011 年 12 月 26 日向被告某财产保险公司投保了旅行社责任保险。原告认为，公民的身体健康权依法应该得到保护。原告在旅游经营者未尽到安全保

---

① 根据资料改编。资料来源：高攀：《漂流时受伤，保险公司赔偿》，110 法律咨询网，2013 年 7 月 24 日，http://www.110.com/ziliao/article-460791.html。

障义务的情况下受伤致残，被告应依法承担赔偿责任。为维护自身合法权益，原告遂诉至本院，请求判令：（1）两被告共同赔偿原告漂流旅行安全事故人身损害各项费用共计 51848 元；（2）两被告共同赔偿原告漂流旅行安全事故人身损害精神抚慰金 3000 元；（3）两被告共同负担本案的全部诉讼费用。

武陵区法院审理后认为，被告旅游公司在面对当日下大雨，漂流可能存在风险的情况下未尽到安全保障义务，继续安排漂流而导致原告受伤，应承担责任。而旅游公司向保险公司投保旅行社责任保险，因此保险公司在保险责任范围内应当进行赔偿。最终判令被告保险公司向原告赔偿共计 36391 元。

二、法理分析

[适用法条]

1.《保险法》第十四条：保险合同成立后，投保人按照约定交付保险费，保险人按照约定的时间开始承担保险责任。

2.《旅游法》第五十条：旅游经营者应当保证其提供的商品和服务符合保障人身、财产安全的要求。

3.《旅游法》第八十条：旅游经营者应当就旅游活动中的下列事项，以明示的方式事先向旅游者作出说明或者警示：（一）正确使用相关设施、设备的方法；（二）必要的安全防范和应急措施；（三）未向旅游者开放的经营、服务场所和设施、设备；（四）不适宜参加相关活动的群体；（五）可能危及旅游者人身、财产安全的其他情形。

[分析]

旅游保险是指旅游者或旅游经营者（各类旅游企业）向保险公司投保，根据不同的险别和标准交纳保险费，与保险公司订立保险合同，使旅游者或旅游经营者在旅游活动过程中因遭受各种意外事故、危险而造成的人身及财产损失得到经济补偿。本案中，旅游公司作为旅游经营者，在面对当日下大雨、漂流可能存在风险的情况下未尽到安全保障义务，继续安排漂流而导致原告受伤，理应承担责任；旅游公司向保险公司投保旅行社责任保险，因此保险公司在保险责任范围内应当进行赔偿。

三、启示

旅行社一般购买的是旅行社责任险，通常只赔付因旅行社的责任或疏忽引致的意外事故的责任，因个人不慎发生的意外是不在赔付范围内的。根据国家旅游局规定，正规旅行社必须投保旅行社责任险，游客一旦参加旅行社组织的旅游活动，就可享有该项保险的权益。旅游意外险才是针对旅游出行过程中所发生的意外事故（包括意外伤害、意外医疗、航班延误、行李证件损失等）提供保险保障服务的。为更好地保障自身的安全，建议旅游者在出游时购买旅游意外险。

8.4　食品安全法律制度

【案例8-8】旅游途中游客食物中毒　酒店和旅行社被判担责①

一、案例介绍

2017年7月21日、22日，李女士报名参加日照某旅行社、镇江某旅行社两旅行社组织去山东日照的旅游团。旅游期间游客的食宿均由日照某旅行社组织安排。2017年7月22日中午12时许，李女士和其他游客被日照某旅行社安排在日照某大酒店集体就餐，当时的食谱有鱿鱼烧豇豆等。吃完午饭后，李女士就随团乘车返程，途中与其他游客相继发病，症状均为腹痛、腹泻、呕吐、发热。由于病情严重，李女士去镇江市第一人民医院急诊，经诊断为急性肠胃炎。截至同年7月24日下午，该批游客中共有20人出现症状，17人去医院就诊。经镇江市疾病控制中心检测、镇江市卫生监督所调查，包括原告在内的20人病症是由副溶血性弧菌污染食物而导致的食物中毒事故。根据副溶血性弧菌致病特点及该病潜伏期临床特点，2017年7月22日的中餐是导致此次食物中毒的主要原因。由于被告丁某所经营的日照市某大酒店提供的食物不卫生，日照某旅行社、镇江某旅行社未能注意和制止，导致李女士的食物中毒。李女士因此起诉要求酒店和旅行社公开赔礼道歉并赔偿检测费3200元、医疗费1635.32元、误工费160元、住院伙食补助费72元、护理费160元、营养费60元、精神损害抚慰金100元等合计5387.32元。

法院受理后于2017年11月8日、12月12日公开开庭进行了审理。原日照市某大酒店已于2017年11月29日在工商部门办理了注销登记。被告丁某为原日照市某大酒店业主，系个体工商户。被告丁某辩称，我方无法确认原告到我酒店就餐，镇江市疾病预防控制中心出具的检测报告和镇江市卫生监督所作出的调查报告不符合有关法定程序，认为原告的诉讼请求缺乏事实和法律依据，请求驳回原告的诉讼请求。被告日照某旅行社辩称，2017年7月21日至7月22日我社接待镇江某旅行社客人38名，李女士为其中客人之一，7月22日中午我社安排原告等38人在日照市某大酒店就餐，引起食物中毒。

京口区法院经审理认为：本案中原日照市某大酒店由于过错提供了不合格菜肴致原告食物中毒，侵害了原告的身体健康，应当承担赔偿责任。因该酒店已经注销，应当由其业主被告丁某承担赔偿责任。被告日照某旅行社、镇江某旅行社作为经营旅游业务的

---

① 根据资料改编。资料来源：《旅游途中游客食物中毒　酒店旅行社被判担责》，赢了网，http：//s. yingle. com/l/pc/19423. html。

单位，对游客在旅游过程中遭受的人身损害具有相应注意义务。原告的人身损害与被告日照某旅行社、镇江某旅行社组织旅游的行为具有原因力上的联系，应当承担补充赔偿责任。被告丁某称镇江市疾病预防控制中心检测报告不符合有关检测程序，镇江市卫生监督所出具的调查报告不符合有关认定程序，未能举证证实，本院不予支持。

据此，依照有关法律规定，法院作出如下判决：山东省日照市某大酒店业主丁某于判决生效后十日内赔偿原告李女士经济损失 2987.32 元。同时判令山东省日照市某旅行社、江苏省镇江某旅行社对上述债务承担补充赔偿责任。

二、法理分析

[适用法条]

1.《食品安全法》第一百四十八条第二款：生产不符合食品安全标准的食品或者经营明知是不符合食品安全标准的食品，消费者除要求赔偿损失外，还可以向生产者或者经营者要求支付价款十倍或者损失三倍的赔偿金；增加赔偿的金额不足一千元的，为一千元。

2.《最高人民法院关于审理人身损害赔偿案件适用法律若干问题的解释》第六条：从事住宿、餐饮、娱乐等经营活动或者其他社会活动的自然人、法人、其他组织，未尽合理限度范围内的安全保障义务致使他人遭受人身损害，赔偿权利人请求其承担相应赔偿责任的，人民法院应予支持。因第三人侵权导致损害结果发生的，由实施侵权行为的第三人承担赔偿责任。安全保障义务人有过错的，应当在其能够防止或者制止损害的范围内承担相应的补充赔偿责任。安全保障义务人承担责任后，可以向第三人追偿。赔偿权利人起诉安全保障义务人的，应当将第三人作为共同被告，但第三人不能确定的除外。

3.《最高人民法院关于审理人身损害赔偿案件适用法律若干问题的解释》第十七条：受害人遭受人身损害，因就医治疗支出的各项费用以及因误工减少的收入，包括医疗费、误工费、护理费、交通费、住宿费、住院伙食补助费、必要的营养费，赔偿义务人应当予以赔偿。受害人因伤致残的，其因增加生活上需要所支出的必要费用以及因丧失劳动能力导致的收入损失，包括残疾赔偿金、残疾辅助器具费、被扶养人生活费，以及因康复护理、继续治疗实际发生的必要的康复费、护理费、后续治疗费，赔偿义务人也应当予以赔偿。受害人死亡的，赔偿义务人除应当根据抢救治疗情况赔偿本条第一款规定的相关费用外，还应当赔偿丧葬费、被扶养人生活费、死亡补偿费以及受害人亲属办理丧葬事宜支出的交通费、住宿费和误工损失等其他合理费用。

[分析]

本案是游客在旅游途中食物中毒引发的人身损害赔偿纠纷案，属于旅游安全事故。案件中，酒店由于过错提供了不合格菜肴致原告食物中毒，侵害了原告的身体健康，理应当承担赔偿责任。作为经营旅游业务的单位，旅行社应对酒店采取积极的预防措施，对其所提供的食物及用餐场所进行检查、提醒以及监督等，而本案中的旅行社未尽到相应的预防及注意责任。

三、启示

　　一般情况下，旅行中食物中毒的理赔，关键在于责任认定——是因为游客自行就餐、购买食品导致，还是由于在组团合同中约定的饭店餐馆或导游统一安排的餐馆就餐引起食物中毒。后者属于旅行社责任，旅行社应事先对旅游餐馆进行实地考察，确保旅游餐饮的食物卫生安全。而游客在旅途中食物中毒原因的认定、取证是难点。为保障消费者权益，游客在旅行过程中遇到食物中毒等身体损伤事件，应注意及时保存能证明受伤原因的证据，同时保存好就医相关票据。

第9章　旅游资源管理法律制度案例

培训目标：熟悉风景名胜区与自然保护区的设立条件与程序，掌握文物与世界遗产保护的基本法律制度，掌握各类旅游资源保护与管理的法律禁令与责任。

9.1　概　　述

【案例9-1】山西开启旅游微信宣传活动　人人争当旅游宣传大使①

一、案例介绍

由山西省旅游发展委员会主办的"人说山西好风光——京石太高铁山西旅游微信宣传推广活动"于2017年1月17日启动，该活动持续了3个月时间，覆盖北京往返太原的8组16列高铁动车组，吸引更多的人关注山西，促使人人成为山西旅游宣传大使。

近年来，山西省委、省政府提出加快把文化旅游业培育成战略性支柱产业，打造富有特色和魅力的文化旅游强省，山西文化旅游业正面临着前所未有的良好发展机遇。此间，山西省出台了一系列利好政策，大力发展"旅游业+"，激发旅游市场主体活力，推动旅游产业快速发展和旅游业转型升级。

在2017年1月17日举办"人说山西好风光——京石太高铁山西旅游微信宣传推广活动"的高铁G606现场，山西省旅游发展委员会副主任对记者说，在京石太高铁开展山西旅游微信宣传推广活动，把高铁、微信和旅游有机结合，是山西省旅游发展委员会积极适应高铁时代和新媒体时代旅游业发展的需要，全方位加强山西旅游宣传推广的一次创新和尝试，是进一步创新旅游宣传推广方式，提升山西旅游品牌形象的具体举措。目前，山西正在推动景区体制机制改革创新，不断提升服务管理水平，努力让游客游得安全、满意、愉快。

"人说山西好风光——京石太高铁山西旅游微信宣传推广活动"以全民助力山西旅

---

① 根据资料改编。资料来源：刘小红：《山西开启旅游微信宣传活动　人人争当旅游宣传大使》，凤凰资讯，2017年1月17日，http://news.ifeng.com/a/20170117/50590284_0.shtml。

游资讯页面为载体，"从南来北往知山西""华夏文明看山西""表里山河行山西""物华天宝品山西"四个方面向乘客展示山西深厚的历史底蕴和丰富的旅游资源，重点推荐世界遗产游、古建宗教游、晋商民俗游、寻根觅祖游、太行山水游、黄河风情游、红色经典游等八条精品线路。活动期间，还结合节日和部分旅游景区景点的特点，在线上推出"我在山西过大年""祈福寻根来山西""大院文化看山西""我为山西景区代言"等互动活动。参加此次高铁山西旅游微信宣传推广活动的还有晋祠、平遥古城、乔家大院、北武当山等景区。此次活动结合摇红包和随机抽奖等形式，激发乘客出游热情，让更多喜爱山西旅游的人都加入宣传、推广队伍中来，形成全民助力山西旅游的热潮。

二、法理分析

[适用法条]

1.《旅游法》第五条：国家倡导健康、文明、环保的旅游方式。支持和鼓励各类社会机构开展旅游公益宣传，对促进旅游业发展做出突出贡献的单位和个人给予奖励。

2.《旅游法》第七条：国务院建立健全旅游综合协调机制，对旅游业发展进行综合协调。县级以上地方人民政府应当加强对旅游工作的组织和领导，明确相关部门或者机构，对本行政区域的旅游业发展和监督管理进行统筹协调。

3.《旅游资源保护暂行办法》第七条：各级旅游行政管理部门应加强对旅游资源保护的宣传工作，不断增强旅游经营者、民众和游客的旅游资源保护意识。旅行社、旅游景区、导游人员应担负起教育游客在旅游活动中保护旅游资源的职责。

4.《旅游资源保护暂行办法》第十一条：各级旅游行政管理部门可以根据需要设立本地的"旅游资源保护监督员"和"旅游资源保护公益宣传大使"。监督员和公益宣传大使名单应向社会公布，并报相应旅游行政管理部门备案。若有变动，及时向社会公布并报告备案。

[分析]

旅游业是21世纪的朝阳产业，也是我国各地区产业转型发展的关键产业，被很多省份（如山西省）视为战略性支柱产业。为倡导健康、文明、环保的旅游方式，普及旅游知识，向社会提供旅游信息，发展旅游事业，有必要加大旅游资源的科学保护，加强旅游资源的宣传推广。依据《旅游法》《旅游资源保护暂行办法》等法律法规的相关规定，各级旅游行政管理部门应加强对旅游资源保护的宣传工作，创新本地旅游资源的宣传推广，强化本地旅游形象品牌建设。山西省"高铁＋微信"的旅游形象推广方式不失为有益尝试。

三、启示

在智能物联的时代，旅游资源保护与旅游形象推广需要紧扣时代脉搏，与时俱进，推陈出新。

【案例 9 - 2】 可可西里接受藏羚保护捐赠①

一、案例介绍

1999 年 4 月至 5 月开展的以保护藏羚为主的可可西里反盗猎"1 号"行动取得了辉煌的战果,在社会上引起强烈反响。为支持青海藏羚保护行动,一些环保组织、个人纷纷捐赠通信、交通设备和资金,用于改善和加强可可西里自然保护区基础设施,提高管护能力和水平。8 月 11 日,可可西里自然保护区接受了国际爱护动物基金会捐赠的价值 5. 45 万元的通信设备。8 月 13 日,家住北京市海淀区双榆树东里的章士川女士向青海省野生动植物管理局寄出了保护藏羚个人捐款 2 万元,这也是章女士自去年 10 月捐赠 1 万元之后的又一笔赠款。青海省野生动植物管理部门和可可西里自然保护区负责人表示,将在今后的藏羚保护行动中充分利用这些设施和资金,坚决打击盗猎活动,依法保护可可西里地区的野生动物资源。

二、法理分析

[适用法条]

1.《旅游资源保护暂行办法》第七条:各级旅游行政管理部门应加强对旅游资源保护的宣传工作,不断增强旅游经营者、民众和游客的旅游资源保护意识。旅行社、旅游景区、导游人员应担负起教育游客在旅游活动中保护旅游资源的职责。

2.《旅游资源保护暂行办法》第十条:鼓励社会团体、个人通过捐赠等方式依法设立旅游资源保护基金,专门用于旅游资源保护,任何单位和个人不得侵占、挪用。海外社会团体、个人通过捐赠等方式在我国设立旅游资源保护基金,依照我国相关法律、法规等规定办理。

3.《自然保护区条例》第六条:自然保护区管理机构或者其行政主管部门可以接受国内外组织和个人的捐赠,用于自然保护区的建设和管理。

[分析]

藏羚是中国青藏高原的特有动物、国家一级保护动物,也是列入《濒危野生动植物种国际贸易公约》(CITES)中严禁进行贸易活动的濒危动物。经过千万年自然演变,它们与冰雪为伴,以严寒为友,自由自在地生息在世界屋脊之上。然而,由于一些所谓"贵族"对被称为"羊绒之王"的藏羚羊绒——"沙图什"的需求,藏羚的栖息地正在变成一个屠宰场,每年数以万只的藏羚被非法偷猎者捕杀!藏羚羊的保护迫在眉睫,甚至不乏志士为此付出生命的代价,但藏羚保护仍其路漫漫,首要表现为藏羚保护的资金投入不足,致使人员经费保障力度不足,基础设施和建设资金覆盖面较小,解决历史遗

---

① 根据资料改编。资料来源:何玉邦:《可可西里接受藏羚保护捐赠》,载于《中国绿色时报》1999 年 8 月 30 日。

留问题的资金匮乏等等。可可西里自然保护区依据《旅游资源保护暂行办法》《自然保护区条例》等法规，吸纳社会资金投入藏羚等野生动物资源保护，拓宽了自然保护区资金筹措渠道，为资源保护提供了有力的资金支持。

三、启 示

通过进一步修法或立法，拓宽旅游资源保护的资金筹措渠道，是解决旅游资源保护"缺钱"困境的必然之举。

9.2 旅游景区管理法律制度

【案例9-3】 乔家大院等5A景区被取消①

一、案例介绍

2019年7月31日，国家文化和旅游部通过其官方网站发布称，对复核检查严重不达标或存在严重问题的7家5A级旅游景区进行处理。其中，给予山西省晋中市乔家大院景区取消5A旅游景区质量等级处理；给予辽宁省沈阳市沈阳植物园景区、浙江省温州市雁荡山景区、河南省焦作市云台山景区、广东省梅州市雁南飞茶田景区、四川省乐山市峨眉山景区、云南省昆明市石林景区6家景区通报批评责令整改处理，限期3个月。

山西省晋中市乔家大院景区被给予取消旅游景区质量等级处理，意味着乔家大院将失去"5A级景区"的头衔。调查报告显示，山西乔家大院此次被"摘牌"，原因为"高额票价""管理混乱""服务水平严重不达标""旅游产品类型单一""过度商业化""交通游览方面存在不足""安全卫生投入不够"等。

相关资料显示，2002年，乔家大院被国家旅游局评定为4A级旅游景区，2014年被评定为国家5A级旅游景区。2008年其门票票价为40元，2019年已涨到138元，11年间翻了三倍不止，而这一票价是故宫两倍多，是颐和园旺季时的四倍多。

在各点评网站关于乔家大院的评论中，许多用户提到了"门票贵""商业气息严重""扩建人工景点充数"等问题。一名游客留言称："院子扩建了不少，改得不伦不类。不想逛了，想出去，找不到出口，到处都是卖东西的摊位，搞得跟迷宫一样。如果有人喜欢花135元逛商店，随意。"另有游客称，为了更好地了解乔家大院，特意花120元在门口请了讲解员，结果讲解员匆匆讲解了很少一部分，就是为了带去后面的商业街推销商品。

---

① 资料来源：根据2019年7月31日至8月1日网易、搜狐、中国新闻网、南宁新闻综合频道等媒体报道的"乔家大院被摘牌"之新闻汇总整理而成。

二、法理分析

[适用法条]

1.《旅游法》第四十二条：景区开放应当具备下列条件，并听取旅游主管部门的意见：（一）有必要的旅游配套服务和辅助设施；（二）有必要的安全设施及制度，经过安全风险评估，满足安全条件；（三）有必要的环境保护设施和生态保护措施；（四）法律、行政法规规定的其他条件。

2.《旅游法》第四十三条：利用公共资源建设的景区的门票以及景区内的游览场所、交通工具等另行收费项目，实行政府定价或者政府指导价，严格控制价格上涨。拟收费或者提高价格的，应当举行听证会，征求旅游者、经营者和有关方面的意见，论证其必要性、可行性。利用公共资源建设的景区，不得通过增加另行收费项目等方式变相涨价；另行收费项目已收回投资成本的，应当相应降低价格或者取消收费。公益性的城市公园、博物馆、纪念馆等，除重点文物保护单位和珍贵文物收藏单位外，应当逐步免费开放。

3.《旅游法》第一百零六条：景区违反本法规定，擅自提高门票或者另行收费项目的价格，或者有其他价格违法行为的，由有关主管部门依照有关法律、法规的规定处罚。

4.《旅游景区质量等级的划分与评定》（修订）（GB/T17775 – 2003）"划分条件·国家 AAAAA 级旅游景区"5.1.1 ~ 5.1.12。

5.《旅游景区质量等级管理办法》第二十六条：4A 级及以下等级景区复核工作主要由省级质量等级评定委员会组织和实施，复核分为年度复核与五年期满的评定性复核，年度复核采取抽查的方式，复核比例不低于 10%。5A 级旅游景区复核工作由全国旅游景区质量等级评定委员会负责，每年复核比例不低于 10%。经复核达不到要求的，视情节给予相应处理。

6.《旅游景区质量等级管理办法》第二十八条：旅游景区被处以签发警告通知书和通报批评处理后，整改期满仍未达标的，将给予降低或取消等级处理。凡被降低、取消质量等级的旅游景区，自降低或取消等级之日起一年内不得重新申请等级。

[分析]

依据《旅游景区质量等级的划分与评定》（修订）（GB/T17775 – 2003）之规定，旅游景区质量等级的确定，按照"服务质量与环境质量评分细则""景观质量评分细则"的评价得分，并结合"游客意见评分细则"的得分进行综合评定。

除了设定评定要求和标准，全国旅游景区质量等级评定委员会还会在景区成立检查小组，对景区进行现场观察和检查，以保证景区质量。依据《旅游景区质量等级管理办法》已被评定等级的景区，须接受相应等级景区质量评定委员会的明察与暗访。对不合乎标准的景区，相关部门将实施警告、通报批评、降低等级、取消等级等处理。

本次乔家大院等 5A 景区因存在"高额票价""管理混乱""服务水平严重不达标"

"旅游产品类型单一""过度商业化""交通游览方面存在不足""安全卫生投入不够"等问题，复核检查严重不达标，依规被取消5A等级。

三、启 示

对于景区来说，评上5A级并非安枕无忧，必须按照相关等级标准要求进行建设维护和管理，不能为经济利益而舍本逐末。

【案例9-4】 鼋头渚风景区门票捆绑长期销售①

一、案例介绍

江苏无锡鼋头渚风景区门票近期频繁变动，表面看似"真降"与"假降"之争，其实是"绑"与"解绑"之纠结：2006年至2018年9月9日，景区门票价格105元/人次，捆绑了车船费15元；2018年9月10日至9月27日，景区门票价格90元/人次，车船费15元另购；2018年9月28日至今，景区门票价格90元/人次，又捆绑了车船费15元。

对于门票"捆绑销售"，鼋头渚风景区管理处一直"心知肚明"。此前，有媒体就鼋头渚风景区门票"明降暗升"采访鼋头渚风景区管理处，其相关负责人明确表态称，原有的票价模式属于捆绑销售的模式，对"解绑"原因也作出了相应解释："实际上，许多游客在游览鼋头渚时并不一定选择需要坐车坐船的线路。分开销售的主要目的是改变原本捆绑销售模式，给游客更多选择。"

为何鼋头渚风景区管理处要再发通告，将松绑仅十几天的车船费再次绑进景区的门票内呢？2018年10月9日，鼋头渚风景区管理处游览业务科负责人接受记者采访时道出了其中原委：鼋头渚风景区13年来维持105元的门票价格一直没上涨，此次为了执行国有景区门票降价政策要求，鼋头渚风景区门票在本身不高的情况下，为降价作出了牺牲。降价后景区决定将景区车船交通全部重新包含在90元门票里，购票入园的游客可持门票直接乘坐车船，"这样一来，鼋头渚景区门票就实实在在地降价了15元"。

该负责人还表示，13年来景区一直都是沿用的捆绑模式。对于何时能彻底"解绑"这个问题，他认为："从大形势来说，也不容许我们考虑如何解决门票捆绑的这个事。"

二、法理分析

[适用法条]

1.《旅游法》第九条第一款：旅游者有权自主选择旅游产品和服务，有权拒绝旅

---

① 资料来源：《无锡太湖鼋头渚风景区门票"降价"惹风波》，浙江新闻网（引自西楚网），2018年10月20日，https://zj.zjol.com.cn/news/1055340.html。

游经营者的强制交易行为。

2.《消费者权益保护法》第九条：消费者享有自主选择商品或者服务的权利。消费者有权自主选择提供商品或者服务的经营者，自主选择商品品种或者服务方式，自主决定购买或者不购买任何一种商品、接受或者不接受任何一项服务。消费者在自主选择商品或者服务时，有权进行比较、鉴别和挑选。

3.《旅游法》第四十四条第一、第二款：景区应当在醒目位置公示门票价格、另行收费项目的价格及团体收费价格。景区提高门票价格应当提前六个月公布。将不同景区的门票或者同一景区内不同游览场所的门票合并出售的，合并后的价格不得高于各单项门票的价格之和，且旅游者有权选择购买其中的单项票。

［分析］

依据《旅游法》第九条、第四十四条及《消费者权益保护法》第九条相关内容的规定，鼋头渚风景区捆绑销售门票的行为，涉嫌侵犯消费者选择权，而侵权时间跨度长达13年之久，价格职能部门难辞其咎。景区门票降价与"解绑"交通费并无冲突，任何情况下，"尊重法律"是不二的选择。

三、启示

在类似侵权案例中，消费者维权困难，职能部门应发挥积极作用，及时干预并制止侵权行为，维护公平正义及法律的权威，提振消费信心。

9.3 风景名胜区管理法律制度

 【案例9-5】游客黄山摔伤致残①

一、案例介绍

某年7月，来自南京的S女士报名参加了某旅行社组织的黄山三日游。7月13日，S女士随旅游团在黄山景区游览，下山沿台阶行至紫光阁时，一脚踩空跌倒。这处台阶靠山崖一侧没有护栏，S女士当即滚落山底。滚落过程中S女士身体连续与山石碰撞，受伤严重。黄山景区救护队接到求救后，立即派出救援人员将S女士从山底救起送医抢救。经医院确诊，S女士颅骨骨折、右胫腓骨骨折、腹部闭合伤、脾破裂，同时全身软组织挫裂伤。后虽历经两次手术，S女士身体仍有损伤。经鉴定，其"右胫腓骨骨折遗留右膝关节功能丧失50%以上，构成九级伤残"。因协商赔偿不成，S女士遂以"未尽

---

① 根据资料改编。资料来源：《维权案例·景区投诉》，江苏旅游诚信网，2014年3月25日，http://www.jslycx.gov.cn/2012/09/6198.html。

到告知和安全防护责任"为由，将黄山旅游发展股份有限公司诉至法院，索赔医疗费、残疾赔偿金，精神抚慰金等总额 20.88 万元，其中伤残赔偿金 10.53 万元。针对 S 女士的诉讼请求，黄山旅游公司认为，S 女士没能提供任何证据证明他们存在过错，他们对经营场所提供的安全保障义务已经达到了合理限度，景区所有旅游设施都是完全符合国家的相关强制性规定；S 女士受伤完全是因为她下山时注意力不集中，一脚踏空摔倒所致，景区不承担损害赔偿责任。

二、法理分析

[适用法条]

1.《风景名胜区条例》第三十三条：风景名胜区管理机构应当根据风景名胜区规划，合理利用风景名胜资源，改善交通、服务设施和游览条件。风景名胜区管理机构应当在风景名胜区内设置风景名胜区标志和路标、安全警示等标牌。

2.《风景名胜区条例》第三十六条：风景名胜区管理机构应当建立健全安全保障制度，加强安全管理，保障游览安全，并督促风景名胜区内的经营单位接受有关部门依据法律、法规进行的监督检查。禁止超过允许容量接纳游客和在没有安全保障的区域开展游览活动。

[分析]

本案中，S 女士自身的不慎和疏忽是造成其受伤的直接原因。但是，S 女士所在的山坡左侧边缘有坠崖危险，存在一定的安全隐患，且一旦发生危险将造成严重后果，对此黄山旅游公司应当有所预见。若黄山旅游公司在台阶旁安装防护栏，S 女士即使从台阶边缘摔倒也不至于跌入山底，故黄山旅游公司对 S 女士的受伤负有一定的责任，应当承担相应的赔偿责任。而 S 女士作为成年人，对于山区旅游的安全问题理应明知，自身应做好相应防范。

根据 S 女士和黄山旅游公司各自的过失，法院认定 S 女士自身承担 80% 的责任，黄山旅游公司承担 20% 的责任，S 女士有证据证实的损失共计 19.21 万余元，黄山旅游公司应承担 3.84 万余元。S 女士主张的精神损害抚慰金 1 万元，法院按照实际情况及责任分配，酌情支付 1000 元。最终，法院判决黄山旅游公司一次性赔偿 S 女士 39436.23 元，驳回 S 女士其他诉讼请求。

三、启示

风景区应该在可能给游客人身安全带来危害的景点处设置安全防范设施，以保障游客的人身安全。游客在游览途中，也应做好自身安全的防护，"走路不观景，观景不走路"。

【案例 9 –6】景区内采摘野生花草违法吗？^①

一、案例介绍

某天中午，在浙江省江郎山国家级风景名胜区虎跑泉附近，景区工作人员发现两名外地游客手里拿着刚采摘的"还魂草"正欲离开。"还魂草"是一种难得的药材，生长在高山阴湿石壁上，具有解毒、消肿、止血、治创伤、无名肿毒、蛇咬及蝎螫的功效。工作人员立即出示证件，向该游客说明景区内不能采摘花草树木，对已采摘的"还魂草"将进行没收处理。游客态度非常强硬，说道："我采摘的'还魂草'是野生的，一定要带走，你们有关于不能采摘的法律法规吗？"

二、法理分析

[适用法条]

1.《旅游法》第十三条：旅游者在旅游活动中应当遵守社会公共秩序和社会公德，尊重当地的风俗习惯、文化传统和宗教信仰，爱护旅游资源，保护生态环境，遵守旅游文明行为规范。

2.《风景名胜区条例》第二十四条第三款：风景名胜区内的居民和游览者应当保护风景名胜区的景物、水体、林草植被、野生动物和各项设施。

3.《浙江省江郎山风景名胜区保护管理办法》第十三条：景区内的居民和游览者应当保护景区的景物、文物古迹、水体、林草植被、野生动物等风景名胜资源和各项设施。

[分析]

江郎山是世界自然遗产，任何单位和个人都有保护风景名胜区资源的义务。2006年国务院颁布的《风景名胜区条例》第二十四条第三款、2008年浙江省政府颁布的《浙江省江郎山风景名胜区保护管理办法》第十三条都规定，景区内的居民和游览者应当保护景区的景物、文物古迹、水体、林草植被、野生动物等风景名胜资源和各项设施。2013年颁布的《旅游法》第十三条亦规定旅游者在旅游活动中应当"爱护旅游资源，保护生态环境，遵守旅游文明行为规范"。根据以上规定，禁摘景区内野生花草有法可依。

三、启示

勿以善小而不为，勿以恶小而为之。旅游者应树立爱护旅游资源和保护生态环境的意识。珍惜和保护景区内的野生花草，是道德所向，法律所规。

① 根据资料改编。资料来源：占家敏：《江郎山景区制止游客采摘花草树木的不文明行为》，江山旅游网，2012 年 7 月 19 日，http：//www.jsu.gov.cn/Article/ShowArticle.asp？ArticleID = 1332。

9.4　自然保护区管理法律制度

 【案例9-7】自然保护区的核心区内种植丰产林①

一、案例介绍

湖南东洞庭湖国家级自然保护区以珍稀水禽及湿地生态系统为保护对象，拥有独特的湖州滩涂生态系统和景观，是我国第一批列入《湿地公约》"国际重要湿地目录"的湿地保护区。但是，2005年，经国家环保总局调查，该保护区的核心区、缓冲区均被人为大面积种植了速生丰产林，其中仅在核心区就栽种意大利杨1000多亩。

二、法理分析

[适用法条]

1.《自然保护区条例》第二十七条：禁止任何人进入自然保护区的核心区。因科学研究的需要，必须进入核心区从事科学研究观测、调查活动的，应当事先向自然保护区管理机构提交申请和活动计划，并经省级以上人民政府有关自然保护区行政主管部门批准；其中，进入国家级自然保护区核心区的，必须经国务院有关自然保护区行政主管部门批准。自然保护区核心区内原有居民确有必要迁出的，由自然保护区所在地的地方人民政府予以妥善安置。

2.《自然保护区条例》第二十八条：禁止在自然保护区的缓冲区开展旅游和生产经营活动。

3.《自然保护区条例》第三十二条：在自然保护区的核心区和缓冲区内，不得建设任何生产设施。

[分析]

在湖南东洞庭湖国家级自然保护区内大规模种植丰产杨树林的行为，一方面改变了原有的湿地生态系统，破坏生物多样性；另一方面也影响洞庭湖的蓄洪泄洪，严重违反了《自然保护区条例》不得在自然保护区核心区和缓冲区开展生产经营活动的相关规定。国家环保总局依法对其进行了严厉查处，并予以公告。

三、启示

自然保护区，是为对有代表性的自然生态系统、珍稀濒危野生动植物物种的天然集

---

① 资料来源：国家环境保护总局：《2005专项执法检查破坏自然保护区典型违法案件》，2005年11月15日，http://env.people.com.cn/BIG5/1072/3857078.html。

中分布区、有特殊意义的自然遗迹依法进行特殊保护和管理所设，对生态环境及地球生物多样性保护具有重要意义，自然保护区必须遵守《自然保护区条例》的相关规定。

【案例9-8】　翁婿关系下的毁林与玩忽职守[①]

一、案例介绍

邦溪自然保护区，位于海南岛中部山区的白沙县邦溪镇，拥有全省最大的坡鹿自然保护区和国家级重点公益林，区内不乏花梨、母生、子京等多种珍贵林木，以及坡鹿、云豹、水獭等国家一级野生动物。

邦溪镇孟果村村民老L于2010年4月至2011年4月间将邦溪自然保护区红岭林段公益林大面积砍伐，种上农作物。后因被林区群众举报，老L于2010年11月22日到白沙县公安局投案。经海南省林业公安局邦溪派出所民警现场勘查测量取证，保护区内的公益林被砍伐面积超过7亩，被毁林木有190多株，蓄积量达27.58立方米。老L之所以无所顾忌、肆意毁林，正是有赖于其担任邦溪自然保护区公益林护林员的女婿小L的包庇。岳父毁林之初，护林员小L亦曾劝说阻止，但未向林业局和保护区管理机构报告，后碍于翁婿关系，不想得罪岳父，遂选择听之任之，最终导致保护区大面积公益林被毁。

二、法理分析

[适用法条]

1.《自然保护区条例》第二十六条：禁止在自然保护区内进行砍伐、放牧、狩猎、捕捞、采药、开垦、烧荒、开矿、采石、挖沙等活动；但是，法律、行政法规另有规定的除外。

2.《自然保护区条例》第三十五条：违反本条例规定，在自然保护区进行砍伐、放牧、狩猎、捕捞、采药、开垦、烧荒、开矿、采石、挖沙等活动的单位和个人，除可以依照有关法律、行政法规规定给予处罚的以外，由县级以上人民政府有关自然保护区行政主管部门或者其授权的自然保护区管理机构没收违法所得，责令停止违法行为，限期恢复原状或者采取其他补救措施；对自然保护区造成破坏的，可以处以300元以上10000元以下的罚款。

3.《自然保护区条例》第四十一条：自然保护区管理人员滥用职权、玩忽职守、徇私舞弊，构成犯罪的，依法追究刑事责任；情节轻微，尚不构成犯罪的，由其所在单位或者上级机关给予行政处分。

[分析]

村民老L在自然保护区内肆意毁林开垦的行为已经违反了《自然保护区条例》第

---

① 根据资料改编。资料来源：李轩甫：《翁婿关系中查出渎职》，载于《检察日报》，2012年12月20日，转引自法律博客·反贪惩腐，http://hongjian.fyfz.cn/b/731929。

二十六、第三十五条关于禁止在保护内砍伐、开垦的规定，而且所毁林木面积较大，株数较多，2012年3月5日，老L被白沙县法院以滥伐林木罪判处拘役五个月。

护林员小L碍于翁婿情面，失于职守，致使自然保护区大面积林木被毁，依据《自然保护区条例》第四十一条已构成玩忽职守罪。2012年8月23日，小L被白沙县法院以玩忽职守罪判处有期徒刑一年，缓刑一年。

三、启 示

在法治社会中，道德与规则、情理与法理是全民的共同诉求，也是全人类的共同守望。但法是行事底线，法不容情。怯于情面而玩忽职守、违法乱纪，终会致情无可原，法无可恕。

 【案例9-9】洱海违建和违规餐饮客栈侵占湖滨带[①]

一、案例介绍

2018年6月5日至7月5日，中央第六环境保护督察组对云南省第一轮中央环境保护督察整改情况开展"回头看"，针对九大高原湖泊环境问题统筹安排专项督察，并形成督察意见，向云南省反馈。

问题1：洱海水质呈下降趋势。洱海位于云南省大理白族自治州，为全省第二大淡水湖，是苍山洱海国家级自然保护区的重要组成部分，也是大理市集中式饮用水水源地。数据显示，洱海水质近年来呈下降趋势。2017年，洱海部分污染物年均浓度较2015年上升，其中总磷上升27%，化学需氧量上升11%，总氮上升10%，综合营养状态指数上升8%，藻类细胞数上升68%，高锰酸盐指数上升9%。2016年和2017年，洱海水质类别均评价为Ⅲ类，连续两年未达到水环境功能区Ⅱ类水质要求。大理州等地部分自然保护区及重点流域存在违法开发建设问题，部分湖泊"边治理、边破坏""居民退、房产进"，群众反映强烈。

问题2：洱海流域旅游发展无序，非煤矿山破坏生态。苍山洱海国家级自然保护区没有依法报批旅游发展规划，在保护区范围内开展旅游活动。大理市、洱源县组织编制的多项旅游发展规划未充分考虑环境承载力，部分项目与洱海保护要求不符，洱海流域旅游发展处于无序状态。此外，经排查，洱海流域内57家非煤矿山中，有9家违法生产、27家取缔关停不彻底、19家未开展生态恢复或恢复效果差。大理市创世新型页岩砖厂等企业，在未办理水土保持、环保等手续的情况下长期违法生产，对环境保护部门责令改正违法行为的要求置若罔闻。大理市瑞泽建材厂凤羲页岩矿等企业，在已责令关停的情况下，长期以来料加工之名行违法生产之实，以清理山体塌方为由擅自私挖盗采。

---

① 根据资料改编。资料来源：邓琦：《洱海违建和违规餐饮客栈侵占湖滨带 中央环保督察组反馈意见》，新华网，2018年10月23日，http://www.xinhuanet.com/legal/2018-10/23/c_1123597332.htm。

问题 3：对洱海违建执法不严。2013 年至 2016 年，洱海流域餐饮客栈出现"井喷"，大理州、市（县）两级政府及市场监管等部门重视不够，对违法建设问题执法不严，监管不力。截至 2017 年 4 月，洱海流域核心区内共排查在建违章建筑 1084 户、餐饮客栈 2498 户，其中 1947 户证照不齐。违章建筑和违规餐饮客栈，侵占了大量洱海湖滨带，损害了洱海生态环境。

二、法理分析

[适用法条]

1. 《自然保护区条例》第十五条：自然保护区的撤销及其性质、范围、界线的调整或者改变，应当经原批准建立自然保护区的人民政府批准。任何单位和个人，不得擅自移动自然保护区的界标。

2. 《自然保护区条例》第二十六条：禁止在自然保护区内进行砍伐、放牧、狩猎、捕捞、采药、开垦、烧荒、开矿、采石、挖沙等活动；但是，法律、行政法规另有规定的除外。

3. 《自然保护区条例》第三十二条：在自然保护区的核心区和缓冲区内，不得建设任何生产设施。在自然保护区的实验区内，不得建设污染环境、破坏资源或者景观的生产设施；建设其他项目，其污染物排放不得超过国家和地方规定的污染物排放标准。在自然保护区的实验区内已经建成的设施，其污染物排放超过国家和地方规定的排放标准的，应当限期治理；造成损害的，必须采取补救措施。在自然保护区的外围保护地带建设的项目，不得损害自然保护区内的环境质量；已造成损害的，应当限期治理。限期治理决定由法律、法规规定的机关作出，被限期治理的企业事业单位必须按期完成治理任务。

4. 《自然保护区条例》第四十条：违反本条例规定，造成自然保护区重大污染或者破坏事故，导致公私财产重大损失或者人身伤亡的严重后果，构成犯罪的，对直接负责的主管人员和其他直接责任人员依法追究刑事责任。

5. 《自然保护区条例》第四十一条：自然保护区管理人员滥用职权、玩忽职守、徇私舞弊，构成犯罪的，依法追究刑事责任；情节轻微，尚不构成犯罪的，由其所在单位或者上级机关给予行政处分。

6. 《风景名胜区条例》第十四条：风景名胜区应当自设立之日起 2 年内编制完成总体规划。总体规划的规划期一般为 20 年。

7. 《风景名胜区条例》第二十一条：风景名胜区规划经批准后，应当向社会公布，任何组织和个人有权查阅。风景名胜区内的单位和个人应当遵守经批准的风景名胜区规划，服从规划管理。风景名胜区规划未经批准的，不得在风景名胜区内进行各类建设活动。

8. 《风景名胜区条例》第二十二条：经批准的风景名胜区规划不得擅自修改。确需对风景名胜区总体规划中的风景名胜区范围、性质、保护目标、生态资源保护措施、重大建设项目布局、开发利用强度以及风景名胜区的功能结构、空间布局、游客容量进行修改的，应当报原审批机关批准；对其他内容进行修改的，应当报原审批机关备案。

风景名胜区详细规划确需修改的，应当报原审批机关批准。

9.《风景名胜区条例》第二十六条：在风景名胜区内禁止进行下列活动：（一）开山、采石、开矿、开荒、修坟立碑等破坏景观、植被和地形地貌的活动；（二）修建储存爆炸性、易燃性、放射性、毒害性、腐蚀性物品的设施；（三）在景物或者设施上刻划、涂污；（四）乱扔垃圾。

10.《风景名胜区条例》第二十七条：禁止违反风景名胜区规划，在风景名胜区内设立各类开发区和在核心景区内建设宾馆、招待所、培训中心、疗养院以及与风景名胜资源保护无关的其他建筑物；已经建设的，应当按照风景名胜区规划，逐步迁出。

［分析］

中央第六环境保护督察组对洱海督查"回头看"，查明苍山洱海自然保护区及其重点流域存在多项违反《自然保护区条例》《风景名胜区条例》的重大违法事实。第一，依据《自然保护区条例》第十五条及《风景名胜区条例》第十四、第二十一、第二十二条之规定，洱海地区没有依法报批旅游发展规划，为经济开发让路多次违规变更自然保护区范围。第二，违反《自然保护区条例》第三十二条之规定，在洱海自然保护区核心区、缓冲区开展旅游活动。第三，违反《自然保护区条例》第二十六、第三十二条及《风景名胜区条例》第二十六、第二十七条之规定，在洱海保护区及重点流域开垦、开矿、采石、挖沙、违建，存放毒害性、腐蚀性物品，设立各类开发区和在核心景区内建设宾馆、招待所、培训中心、疗养院以及与风景名胜资源保护无关的其他建筑物等。第四，依据《自然保护区条例》第四十、第四十一条之规定，管理人员存在玩忽职守、徇私舞弊等违法犯罪问题。

三、启示

绿水青山就是金山银山。生态环境保护是高压线，须全民共识，铁腕落实。

9.5　文物保护法律制度与世界遗产的保护

【案例9-10】南水北调施工现场被"哄抢"的铜钱[①]

一、案例介绍

2013年8月初，南水北调支线工程河南省西平县人和乡段工程施工开挖沟渠。9月5日，施工方在翻土排除雨后积水时，发现有铜钱，没有及时报告。5日以来，陆续有

---

① 资料来源：根据2013年9月11日～12日，新华网、凤凰网、杭州网等媒体关于此事件的相关报道整理、分析、编写而成。

周边群众前来捡拾铜钱，施工方没有制止群众的哄抢行为。直至 9 月 10 日，西平县文物管理所才接到报案，9 月 11 日群众拾捡铜钱的行为被制止。经鉴定，工地上被挖出的铜钱属北宋年间，以宋神宗时期的"熙宁重宝"、宋真宗时期的"天禧通宝"为多。经初步调查，被哄抢的铜钱达 20 多公斤，施工现场所看到的铜钱已所剩无几。

二、法理分析

[适用法条]

1. 《文物保护法》第二十九条：进行大型基本建设工程，建设单位应当事先报请省、自治区、直辖市人民政府文物行政部门组织从事考古发掘的单位在工程范围内有可能埋藏文物的地方进行考古调查、勘探。考古调查、勘探中发现文物的，由省、自治区、直辖市人民政府文物行政部门根据文物保护的要求会同建设单位共同商定保护措施；遇有重要发现的，由省、自治区、直辖市人民政府文物行政部门及时报国务院文物行政部门处理。

2. 《文物保护法》第三十二条：在进行建设工程或者在农业生产中，任何单位或者个人发现文物，应当保护现场，立即报告当地文物行政部门，文物行政部门接到报告后，如无特殊情况，应当在二十四小时内赶赴现场，并在七日内提出处理意见。文物行政部门可以报请当地人民政府通知公安机关协助保护现场；发现重要文物的，应当立即上报国务院文物行政部门，国务院文物行政部门应当在接到报告后十五日内提出处理意见。依照前款规定发现的文物属于国家所有，任何单位或者个人不得哄抢、私分、藏匿。

[分析]

《文物保护法》第二十九条规定，在进行大型基本建设工程时，文物保护单位应就工程范围内可能埋藏文物的地方进行考古调查、勘探。西平县文物管理所就本区域内的南水北调施工现场文物埋藏情况巡查不力，应该承担相应责任。

《文物保护法》第三十二条规定，大型基建工程施工时，发现文物，"应当保护现场，立即报告当地文物行政部门"。本案例中的施工方发现文物未能报告，亦未能及时制止村民哄抢，应该承担相应法律责任。

《文物保护法》第三十二条规定，大型基建工程中，"发现的文物属于国家所有，任何单位或者个人不得哄抢、私分、藏匿。"本案中哄抢、私分、藏匿铜钱的群众须退还所抢铜钱，视情节轻重承担相应法律责任。

三、启示

参与哄抢的群众或许因为对文物保护知识的无知，或许出于法不责众的心理。这说明我们对文物保护相关法律知识的宣传力度不够，文物保护的法律监管与执行力度仍需加强。违法必究，哄抢文物之人必须认识到自身的过错，并承担相应的法律责任。

【案例 9 – 11】 祖宅埋藏文物的权属认定①

一、案例介绍

原告汪秉诚等六人的祖辈居住于江苏省淮安市东长街 306 号房屋，该地块被列入拆迁范围。拆迁前，原告向拆迁项目部现场办公室及当地居委会反映，其宅基下有祖父埋藏的古钱币若干。原告与拆迁部门尚未达成拆迁补偿安置协议，房屋即被拆迁。2009 年 10 月 13 日，该拆迁工地人员挖掘出涉案钱币，后经被告淮安市博物馆（以下简称博物馆）挖掘清理出并收藏。经江苏省文物局委托淮安市文物局进行鉴定，上述钱币为机制铜圆，是清代晚期至民国期间钱币，为一般可移动文物，具有一定的历史和文化价值。原告诉至法院，要求博物馆返还涉案古钱币。淮安市清河区长东街道办事处清淮路社区居委会、越河小区拆迁现场办公室均出具证明：汪秉诚住东长街 306 号，自 2007 年 4 月 7 日拆迁实施以来，该户多次反映祖宅房屋下有祖父埋藏的古钱币若干。群众也反映其祖父以前做酿酒生意，情况属实。

被告博物馆辩称：依据《文物保护法》，中华人民共和国境内地下、内水和领海中遗存的一切文物，属于国家所有。涉案的古钱币经鉴定属于可移动文物，故依法属于国家所有。博物馆是依法批准设立的国有文物收藏单位，对涉案的古钱币有职责依法收藏。原告主张涉案古钱币为其祖上所埋藏，但其既不能提供这批古钱币的来源、数量、处置等所留下的任何文字凭据，也不能说明古钱币的数量、年代、特征、埋藏的位置等基本事实，故原告称该钱币是其祖上所埋藏，显然不能成立。

一审，江苏省淮安市清河区人民法院经审理判决：被告博物馆于判决生效后三日内返还给原告汪秉诚等六人被依法封存于博物馆的两箱古钱币。宣判后，被告不服，提起上诉。

二审，江苏省淮安市中级人民法院经审理认为，私人可以成为文物的所有权人。汪秉诚等六人能够证明涉案古钱币属其祖父所有，且他们对其祖父的财产依法亦享有继承的权利，故涉案文物为祖传文物，属有主物。2011 年 11 月 16 日，法院判决：驳回上诉，维持原判。

二、法理分析

［适用法条］

1. 《文物保护法》第五条：中华人民共和国境内地下、内水和领海中遗存的一切文物，属于国家所有。

2. 《文物保护法》第六条：属于集体所有和私人所有的纪念建筑物、古建筑和祖

---

① 根据资料改编。资料来源：马作彪：《祖宅埋藏文物的权属认定——江苏淮安中院判决汪秉诚等诉博物馆返还原物纠纷案》，载于《人民法院报》2012 年 9 月 6 日。

传文物以及依法取得的其他文物，其所有权受法律保护。文物的所有者必须遵守国家有关文物保护的法律、法规的规定。

3.《文物保护法》第七条：一切机关、组织和个人都有依法保护文物的义务。

［分析］

本案争议的焦点是，祖宅内埋藏的文物是国家所有还是私人所有；如果判令属于私人所有，是否对文物保护工作产生负面影响？

首先，《文物保护法》作为公法，区分了公、私所有权之文物的保护。本法第七条规定，一切机关、组织和个人都有依法保护文物的义务。因此，对文物的保护不仅限于国家保护，其也赋予了私人依法保护文物的义务。本法第五条规定："中华人民共和国境内地下、内水和领海中遗存的一切文物，属于国家所有。"这是法律关于遗存文物的国家所有权的一般性规定，不能就此认为境内所有情形下的文物归国家所有。本法第六条规定："属于集体所有和私人所有的纪念建筑物、古建筑和祖传文物以及依法取得的其他文物，其所有权受法律保护。"这是法律关于文物集体所有权和公民个人所有权的规定，其区别于国家所有权。其中该条规定了私人所有的祖传文物受法律保护，这也正是判定本案的重要法律依据。

其次，本案文物有主性的判断。本案中，宅院主人在古钱币出土前向有关单位反映的涉案古钱币存在的事实和权属主张之主观说法，为古钱币出土的客观事实所印证。至此，依据主客观一致原则和高度盖然性的证明标准，古钱币的有主性已明晰。

最后，此案的判决不会对文物保护工作产生负面影响。一方面，本案诸多证据相互印证，形成有力的证据锁链，能够证明文物的归属；另一方面，该判决维护了公民私权的正当性，体现了对公民私有财产尊重和保护的法律精神。

三、启示

《文物保护法》中"中华人民共和国境内地下、内水和领海中遗存的一切文物，属于国家所有"之规定，是法律关于遗存文物的国家所有权的一般性规定，不能就此认为境内所有情形下的文物归国家所有。集体及私人依法所有或取得的文物，其所有权亦受法律保护。

【案例 9 – 12】阿拉伯羚羊保护区被世界遗产名录除名[①]

一、案例介绍

面积达到 2.75 万平方公里（相当于 10 个香港特区的面积）的阿拉伯羚羊保护区在 1994 年入选世界遗产名录，因为这片保护区为 160 多只濒临绝种的长角羚撑起了保护

---

① 根据资料改编。资料来源：《世界遗产居然还能被除名！危险名单中还有 54 个，谁会是下一个？》，搜狐·猫途鹰，2018 年 1 月 18 日，http：//www.sohu.com/a/217476977_352068。

伞。然而好景不长，阿曼苏丹国单方面违反世界遗产公约，将保护区面积缩减90%用于勘探石油。同时由于受到偷猎和栖息地退化的影响，长角羚种群数量迅速减少，2006年只剩下65只，且只有4对具有繁殖能力，可以说保护区已经名存实亡了。

世界遗产委员会不得不在2007年宣布，将保护区从世界遗产名录中除名，这是世界遗产公约自创建以来第一次除名公约里的世界遗产。

二、法理分析

[适用法条]

1.《保护世界文化和自然遗产公约》第五条：为保护、保存和展出本国领土内的文化和自然遗产采取积极有效的措施，本公约各缔约国应视本国具体情况尽力做到以下几点：（1）通过一项旨在使文化和自然遗产在社会生活中起一定作用并把遗产保护纳入全面规划计划的总政策；（2）如本国内尚未建立负责文化和自然遗产的保护、保存和展出的机构，则建立一个或几个此类机构，配备适当的工作人员和为履行其职能所需的手段；（3）发展科学和技术研究，并制订出能够抵抗威胁本国自然遗产的危险的实际方法；（4）采取为确定、保护、保存、展出和恢复这类遗产所需的适当的法律、科学、技术、行政和财政措施；（5）促进建立或发展有关保护、保存和展出文化和自然遗产的国家或地区培训中心，并鼓励这方面的科学研究。

2.《保护世界文化和自然遗产公约》第六条：（一）本公约缔约国，在充分尊重第一条和第二条中提及的文化和自然遗产的所在国的主权，并不使国家立法规定的财产权受到损害的同时，承认这类遗产是世界遗产的一部分，因此，整个国际社会有责任合作予以保护。（二）缔约国根据本公约的规定，应有关国家的要求帮助该国确定、保护、保存和展出第十一条第（二）和（四）款中提及的文化和自然遗产。（三）本公约各缔约国不得故意采取任何可能直接或间接损害本公约其他缔约国领土内的第一条和第二条中提及的文化和自然遗产的措施。

3.《保护世界文化和自然遗产公约》第二十九条：（一）本公约缔约国在按照联合国教育、科学及文化组织大会确定的日期和方式向该组织大会递交的报告中，应提供有关它们为实行本公约所通过的法律和行政规定和采取的其他行动的情况，并详述在这方面获得的经验。（二）应提请世界遗产委员会注意这些报告。（三）委员会应在联合国教育、科学及文化组织大会的每届常会上递交一份关于其活动的报告。

[分析]

世界遗产不仅仅是属于本国的，也是属于全人类的。《保护世界文化与自然遗产公约》（以下简称《公约》）中明确规定，作为一个公约缔约国，义不容辞的责任就是保护、保存、展出本国领土中的文化与自然遗产并把它完整地传承给后代。《公约》还规定缔约国不得故意采取任何直接和间接损害本国和他国世界遗产的措施。假如一个缔约国不能履行自身义务，其政府不能保证在一定的期限内通过采取必要的措施有效保护该遗产的价值，使其遗产地受到严重威胁和破坏，并最终失去了作为世界遗产的价值，该遗产项目也将可能被从《世界遗产名录》中除名。阿曼苏丹国将对阿拉伯羚羊保护区的保护之责让位于石油勘探，使该保护区90%的保护区域被毁，长角羚数量锐减，具可繁殖能力的长角羚不过4只，保护区已名存实亡。该保护区因此被除名，是符合《公约》精神的。

三、启 示

一国（地区）的自然文化遗产获得世界遗产名录题名，说明该遗产具备世人公认的价值。但世界遗产题名并非一劳永逸，若所在国（地区）未能尽责保护，同样会面临黄牌警告、红牌除名之境地。

第 10 章　旅游出入境管理法律制度案例

培训目标：掌握中国公民出入境的权利、义务与限制的基本规定，理解外国人入出境权利、义务与限制，掌握外国人入出境管理的基本规定。了解中国出入境监督检查制度。

10.1　中国公民出入中国国境管理

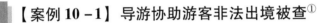

【案例 10 - 1】　导游协助游客非法出境被查^①

一、案例介绍

某边检站十五队民警在为参加香港游旅行团的两名年轻内地女性旅客办理出境查验手续时，发现两名女子与其所持证件上的照片明显不符，两人在执勤民警对其进行问话时都坚称证件为其本人的，但经验丰富的民警没有相信他们的话，果断地报告队领导处理。经办案民警审查，两名当事人均对此次冒用他人证件出境违法事实供认不讳，并交代系该团马姓导游为他们提供他人证件。随后，边检站依法传唤马姓导游到案协助调查。经审查，该旅行团由河南省一家旅行社组团，于 4 月 13 日乘飞机抵达深圳，团员均为河南籍人士。由于该团为中老年人赴香港旅游，所以团员均享受较低的团费（每人只需人民币 300 元）。此案的两名当事女子杨某某和丁某某因年纪偏小，被导游马某告知不符合该团的年龄标准，必须补交团费。但为了揽客，导游马某又根据旅行社同事罗某的意思跟杨、丁两人说，假如非要以低团费来参加该团，则需要按照她说的做，使用另外两本年龄较大的他人《内地居民往来港澳通行证》来参团通关，这样才能拉高整团的年龄标准，达到旅行社的低团费要求。年轻的杨某某和丁某某也没有意识到这样做涉嫌违法，出于对廉价团费的追求和对马姓导游的信任，

---

①　根据资料改编。资料来源：管亚东、黄俊生：《导游协助游客非法出境被查》，腾讯网，2015 年 4 月 16 日，https：//new.qq.com/rain/a/20150416008566。

就答应了马某某的要求。14 日早上该旅行团经皇岗口岸出境前，马某分别交给了杨、丁两本他人的通行证，告知使用这两本证件出境即妥，并教两名当事人怎样应对边检民警的疑问，且强调一定要咬死认定自己就是证件上的人，这样才能顺利出境。不料，杨、丁两名年轻女子最终还是被敏锐的边检民警当场识破，并连同协助他们的马姓导游也一起被查获。边检站已依法对三人分别作出了相应的行政处罚。边检站执勤民警提醒广大旅客，持用他人证件出入境属违法行为，根据相关法律法规，最高可处 10 日拘留，并处 10000 元罚款；情节严重构成犯罪的，将被追究刑事责任。

二、法理分析

[适用法条]

1. 《中华人民共和国出境入境管理法》第十条：中国公民往来内地与香港特别行政区、澳门特别行政区，中国公民往来大陆与台湾地区，应当依法申请办理通行证件，并遵守本法有关规定。

2. 《中华人民共和国出境入境管理法》第七十一条：有下列行为之一的，处一千元以上五千元以下罚款；情节严重的，处五日以上十日以下拘留，可以并处二千元以上一万元以下罚款：（一）持用伪造、变造、骗取的出境入境证件出境入境的；（二）冒用他人出境入境证件出境入境的；（三）逃避出境入境边防检查的；（四）以其他方式非法出境入境的。

3. 《中华人民共和国出境入境管理法》第七十二条：协助他人非法出境入境的，处二千元以上一万元以下罚款；情节严重的，处十日以上十五日以下拘留，并处五千元以上二万元以下罚款，有违法所得的，没收违法所得。

[分析]

中国公民往来内地与香港特别行政区、澳门特别行政区，中国公民往来大陆与台湾地区，应当依法申请办理通行证件。案件中两名当事人冒用他人证件出境，导游马某诱导两名当事人冒用他人证件出境，三人触犯了《中华人民共和国出境入境管理法》的相关规定。

三、启示

中国公民出境入境，应当依法申请办理护照或者其他旅行证件；中国公民往来内地与香港特别行政区、澳门特别行政区，中国公民往来大陆与台湾地区，应当依法申请办理通行证件，未持有效出境入境证件不准出境；协助他人非法出境入境的，根据情节不同，将面临罚款或拘留、罚款，甚至刑事责任。

10.2　外国人入出中国国境管理

 【案例 10 – 2】崆峒警方及时阻止两名外国游客非法就业①

一、案例介绍

2013 年 5 月 9 日，崆峒区出入境管理科民警走访中发现市直房产 9 号楼内有两名外国人居住，经出入境管理科查验证件和境外人员临时住宿登记系统，两名外国人所持签证为旅游签证，且在境外人员临时住宿登记系统中无两名外国人信息。经了解，两名外国人都在该区某酒吧工作，从事演艺工作，据此，出入境民警判断这很可能是一起外国人非法就业案件，立即将两名外国人传唤至该区分局办案中心进行调查。经查明，涉嫌违法人员 A 和 B 为乌克兰的两名女性，生于"90"后，二人分别于 3 月 3 日、4 月 10 日先后入境，5 月 4 日到该区，住在某酒吧负责人马某租住的房屋内，直到被该区出入境查获，其间马某带领两名女子先后在一些娱乐场所进行演艺表演。出入境管理科民警依据《中华人民共和国外国人入境出境管理法》第十九条以及《中华人民共和国外国人入境出境管理法实施细则》第四十四条第一款、第二款之规定，对两名乌克兰人的演艺行为及时终止；责令某酒吧不得继续非法雇佣外国人，责令两名乌克兰人在中国期间遵守法律，不得非法就业。处理期间，该区出入境管理科民警结合即将颁布的《中华人民共和国出境入境管理法》，当场向该酒吧负责人和两名外国女性宣传了出入境管理相关法律法规，告诉他们外国人没有合法手续是不能在中国非法就业的，任何个人及个体经济不允许私自雇用外国人就业或为外国人非法就业提供条件。

二、法理分析

[适用法条]

1.《中华人民共和国外国人入境出境管理法》第十九条：未取得居留证件的外国人和来中国留学的外国人，未经中国政府主管机关允许，不得在中国就业。

2.《中华人民共和国出境入境管理法》第四十一条：外国人在中国境内工作，应当按照规定取得工作许可和工作类居留证件。任何单位和个人不得聘用未取得工作许可和工作类居留证件的外国人。

3.《中华人民共和国外国人入境出境管理法实施细则》第二十九条：外国人在宾

---

① 根据资料改编。资料来源：《崆峒警方及时阻止两名外国游客非法就业》，每日甘肃网，2013 年 5 月 13 日，http://gansu.gansudaily.com.cn/system/2013/05/13/013988809.shtml。

馆、饭店、旅店、招待所、学校等企业、事业单位或者机关、团体及其他中国机构内住宿，应当出示有效护照或者居留证件，并填写临时住宿登记表。在非开放地区住宿还要出示旅行证。

4.《中华人民共和国出境入境管理法》第四十三条：外国人有下列行为之一的，属于非法就业：（一）未按照规定取得工作许可和工作类居留证件在中国境内工作的；（二）超出工作许可限定范围在中国境内工作的；（三）外国留学生违反勤工助学管理规定，超出规定的岗位范围或者时限在中国境内工作的。

5.《中华人民共和国出境入境管理法》第四十五条：聘用外国人工作或者招收外国留学生的单位，应当按照规定向所在地公安机关报告有关信息。

6.《中华人民共和国出境入境管理法》第八十条：外国人非法就业的，处五千元以上二万元以下罚款；情节严重的，处五日以上十五日以下拘留，并处五千元以上二万元以下罚款。介绍外国人非法就业的，对个人处每非法介绍一人五千元，总额不超过五万元的罚款；对单位处每非法介绍一人五千元，总额不超过十万元的罚款；有违法所得的，没收违法所得。非法聘用外国人的，处每非法聘用一人一万元，总额不超过十万元的罚款；有违法所得的，没收违法所得。

7.《中华人民共和国外国人入境出境管理法实施细则》第四十四条：对未经中华人民共和国劳动部或者其授权的部门批准私自谋职的外国人，在终止其任职或者就业的同时，可以处 1000 元以下的罚款；情节严重的，并处限期出境。对私自雇用外国人的单位和个人，在终止其雇用行为的同时应向，可以处 5000 元以上、50000 元以下的罚款，并责令其承担遣送私自雇用的外国人的全部费用。

［分析］

本案中，两名外籍人员持旅游签证在中国境内酒吧工作，而且未进行境外人员临时住宿登记，属于非法就业；酒吧负责人马某私自雇用两名外籍人员，未办理相关手续，也未向相关部门告知，属于非法用工，双方均违反了《中华人民共和国外国人入境出境管理法》的有关规定。

三、启示

在中国就业的外国人应持职业签证入境（有互免签证协议的，按协议办理），入境后取得《外国人就业证》和外国人居留证件，才能在中国境内就业。聘用外国人工作的单位，应当按照规定向所在地公安机关报告有关信息，还需要与外籍人才签订《雇用合同》或《雇用意向书》，从当地劳动部门获得《外国人就业许可》、从当地商务局（或外经委）获得《外国人签证通知函》。通过外国专家局系统招聘外籍人才时，外籍人才应通过外籍人才资格审查，并获得《外国专家证》。

【案例 10 - 3】 老外当非法中介代办签证被拘①

一、案例介绍

上海市公安局出入境管理局在受理一外国人的居留许可申请时发现异常。"5 个外国人,国籍不同,提出申请的公司名字也各不相同,但他们的紧急联系人竟是同一个名字和电话。"闸北公安分局出入境管理办公室外事警官蒋某表示,这 5 家公司无论是工作性质、法人代表,表面看起来都毫无交集。警方进一步侦查发现,5 家公司尽管表面看起来没有联系,但注册地址都是闸北某商务楼内一家贸易咨询公司,公司法人是南美人佩德罗。同时查明,5 名外籍人士都是在上海某培训中心任职讲师,并非签证申请上的贸易公司职员,工作经历与现工作职位有明显差异,申请材料有伪造嫌疑。

警方调查显示,佩德罗于 2011 年开设了这家贸易咨询公司,利用曾经与某公司贸易往来的机会,私自伪造了该公司公章,扫描了该公司的营业执照、税务登记证和劳动合同等资料,在该公司不知情的情况下,以该公司名义为外籍申请人在本市外国人就业中心和出入境管理局骗取相关证件,再出售给外籍申请人牟利。

"一本签证售价从 8000 元至 15000 元不等,客户大多是培训机构'老师'。"外事警官蒋某说,不少在国内培训机构兼职的外籍教师,其在本国并无教育学背景,但是他们瞄准了中国外教的岗位。培训机构提供住宿,并且薪资不菲,但无法提供所需要的工作签证,于是佩德罗的咨询公司成了他们的选择。

"当时也是学校推荐给我的,之前找他们办理过签证,都很顺利办出来了。"美国人迈克,就是佩德罗的客户之一。他在提交了护照和 8000 元"中介费"后,被佩德罗虚构为一家贸易公司职员,并申请了在华工作签证。"我根本不知道签证是骗取的,也不知道这么做是不合法的,佩德罗一直说签证没问题,让我们遇到警察就说是在这家公司上班就行了。"迈克说,当民警找到他时,他才得知自己的工作签证是非法骗取的。"事实上,按照迈克的教育背景,他无法以教师的职业申请工作签证。"外事警官蒋某说,所以佩德罗想到了以贸易公司为幌子骗取签证。除冒用其他公司名义骗取签证,佩德罗还通过帮助外国人在上海设立公司,并频繁更换公司法人代表的方式,帮助多名外国人骗取签证,将出售签证的费用"洗白"成公司转让费用,逃避查处。

迈克的身份信息就被佩德罗盗用,莫名成了公司法人代表。佩德罗利用迈克办理签证时签署的材料、护照等身份证件,去工商局以迈克名义设立公司,随后再以该公司名义,对外发出工作证明、劳务合同,骗取签证。需要的时候,他再用下一个"客户"的身份去更改法人信息,继续骗取签证。佩德罗非常谨慎,在给迈克办理签证时,会扣

① 根据资料改编。资料来源:《上海警方破获外国人假证案件 老外当非法中介代办签证被拘》,上海本地宝网,2015 年 3 月 27 日,http://sh.bendibao.com/news/2015327/127391.shtm。

押劳动局发的就业证，一方面提防迈克不支付尾款，另一方面也是为了自己后面私自更换法人留下证件。

截至案发，公安机关查明佩德罗通过已经出售的签证非法获利 5 万多元。日前，佩德罗已经被闸北区人民法院判处有期徒刑 5 年，公司中方员工孙某、张某被分别判处有期徒刑 1 年半、缓期 1 年半执行和有期徒刑 1 年、缓期 1 年执行。

二、法理分析

[适用法条]

1.《中华人民共和国出境入境管理法》第七十九条：容留、藏匿非法入境、非法居留的外国人，协助非法入境、非法居留的外国人逃避检查，或者为非法居留的外国人违法提供出境入境证件的，处二千元以上一万元以下罚款；情节严重的，处五日以上十五日以下拘留，并处五千元以上二万元以下罚款，有违法所得的，没收违法所得。单位有前款行为的，处一万元以上五万元以下罚款，有违法所得的，没收违法所得，并对其直接负责的主管人员和其他直接责任人员依照前款规定予以处罚。

2.《中华人民共和国出境入境管理法》第八十一条：外国人从事与停留居留事由不相符的活动，或者有其他违反中国法律、法规规定，不适宜在中国境内继续停留居留情形的，可以处限期出境。外国人违反本法规定，情节严重，尚不构成犯罪的，公安部可以处驱逐出境。公安部的处罚决定为最终决定。

3.《中华人民共和国外国人入境出境管理法实施细则》第四十七条：对伪造、涂改、冒用、转让、买卖签证证件的外国人，在吊销或者收缴原签证证件并没收非法所得的同时，可以处 1000 元以上、10000 元以下的罚款，或者处 3 日以上、10 日以下的拘留，也可以并处限期出境；情节严重，构成犯罪的，依法追究刑事责任。

[分析]

佩德罗在上海开设公司，承诺"代办外国人商务访问邀请函、工作邀请函，百分百成功率"。然而，其出具虚假劳动合同、公司营业执照等，先后骗取 5 名外国人在中国工作签证，获利 5 万多元。而佩德罗的客户基本都是培训机构的外籍老师，事实上他们在其本国并无教育学背景。这是典型的外国人在我国国内办理假证案件，佩德罗等人买卖签证证件违法了《中华人民共和国出境入境管理法》和《中华人民共和国外国人入境出境管理法实施细则》等法律法规，应依法承担刑事责任。

三、启示

外国人进入我国国境，必须遵守我国相关的法律法规，受我国法律的保护，同时也受到我国法律的制约。从事办理非法签证业务等违法行为，将会受到我国法律的制裁。

10.3　中国出入境监督检查制度

【案例10-4】旅客涉嫌走私高价值化妆品①

一、案例介绍

满洲里海关近日在满洲里公路口岸查获旅客涉嫌走私高价值化妆品进境案件，涉案化妆品包括圣罗兰、娇韵诗、兰蔻等知名品牌。该关旅检关员在进境大厅值岗时，一名男性旅客选择无申报通道进境，在其行李箱过 X 光机检查时，关员发现行李机检图像内有大量蓝、红色阴影，于是要求旅客打开行李箱进行人工查验，经查验发现该旅客携带有 37 件高价值化妆品，初步估算涉嫌偷逃税款 7000 余元。该案件已移交缉私部门做进一步处理。

二、法理分析

［适用法条］

1.《中华人民共和国海关法》第四十六条：个人携带进出境的行李物品、邮寄进出境的物品，应当以自用、合理数量为限，并接受海关监管。

2.《中华人民共和国海关法》第四十七条：进出境物品的所有人应当向海关如实申报，并接受海关查验。

3.《中华人民共和国海关对中国籍旅客进出境行李物品的管理规定》第六条：除本规定所附《定居旅客应税自用及安家物品清单》（见附件 2）所列物品需征税外，经海关审核在合理数量范围内的准予免税进境。其中完税价格在人民币 1000 元以上、5000 元以下（含 5000 元）的物品每种限 1 件。

［分析］

本案中旅客携带圣罗兰、娇韵诗、兰蔻等知名品牌化妆品入境，价值超过 5000 元人民币免税额度，未向海关如实申报，而是选择无申报通道，违反了《中华人民共和国海关对中国籍旅客进出境行李物品的管理规定》的相关规定，属于违法行为。

三、启示

1. 进境居民旅客在境外获取的个人自用进境物品，总值在 5000 元人民币（含 5000元）以内的，海关予以免税放行，其中单一品种限自用、合理数量。但烟草制品、酒精

---

① 根据资料改编。资料来源：李爱平：《满洲里海关查获一起俄籍旅客涉嫌走私高价值化妆品案》，中国新闻网内蒙古新闻，2019 年 4 月 16 日，http://www.nmg.chinanews.com/news/20190416/14047.html。

制品以及国家规定应当征税的 20 种商品等另按有关规定办理。

2. 旅客携带物品进出境应以个人自用、合理数量为限。若进境旅客购物超过 5000 元人民币免税额度，应填写海关申报单，选走红色申报通道，如实向海关申报所带物品。如旅客无法判断其所购物品是否超过免税额度，建议走申报通道，向海关咨询。

【案例 10 - 5】携带象牙制品未向海关申报，犯走私珍贵动物制品罪被判刑①

一、案例介绍

被告人姜某乘坐 EK × × × 航班由科特迪瓦经阿联酋转机，于 2013 年 12 月 1 日抵达北京首都机场 T3 航站楼入境。入境时其选走无申报通道，未向海关申报任何物品。当海关人员对姜某携带的行李进行检查时，在其行李箱内查获用锡纸包裹的 6 根疑似象牙制品。经检验为现代象科象牙制品，净重 14.535 千克。姜某在法庭上称："我觉得出国一次不容易，想带点东西做个留念……在科特迪瓦购买象牙很容易，象牙是允许卖的。我买的象牙是用锡纸进行包装的，因为锡纸可以保证水分，避免象牙裂开。我就跟随身物品一样把象牙带回来了，不知道会犯法。"公诉人表示，姜某具有明确的犯罪故意，其辩称前往科特迪瓦的目的是做生意，探视前夫，但携带 2 万元购买象牙工艺品收藏不符合常理，真实目的就是走私。被告人的走私行为已经严重侵害了我国的珍贵动物制品的监管秩序。法院最终判决，姜某犯走私珍贵动物制品罪，判处有期徒刑六年六个月，并处罚金人民币 6 万元。

二、法理分析

［适用法条］

《刑法》一百五十一条第二款：走私国家禁止进出口的珍贵动物及其制品的，处五年以上有期徒刑，并处罚金；情节较轻的，处五年以下有期徒刑，并处罚金。

［分析］

根据《中华人民共和国进出境动植物检疫法》、《中华人民共和国动物防疫法》和《中华人民共和国种子法》的规定，农业部和国家质量监督检验检疫总局组织修订了《中华人民共和国禁止携带、邮寄进境的动植物及其产品名录》，携带动植物制品必须报检。尤其是濒危野生动物制品，更是受到《濒危野生动植物种国际贸易公约》的管

---

① 根据资料改编。资料来源：《惊！中国游客过海关被抓判刑十年！只因为行李箱里装了这些东西!》，搜狐网，2017 年 9 月 16 日，http：//www.sohu.com/a/192388519_115119。

制（简称 CITES 公约）。① 无论在当地售卖情况如何，只要携带 CITES 公约附录物种进出境又没有持有 CITES 进出口许可证并且报关，一律涉嫌走私。

三、启示

因违规携带濒危野生动植物及其制品入境，轻则会受到海关的行政处罚，重则可能触犯《刑法》，面临更严重的罪名。在海外购的大潮中，游客必须学习相关法律法规，熟知哪些物品是不允许携带或必须向海关进行申报的，避免触犯相关法律法规。

【案例 10 -6】偷逃税款"怪招频出"②

一、案例介绍

据深圳海关 2019 年 7 月 9 日发布消息称：一名旅客经福田口岸入境，海关关员查看 X 光机检图像时发现其行李箱内有一个空表盒，遂让其接受海关检查。经检查，该空表盒为百达翡丽表盒。同时，海关关员发现该旅客手上佩戴的手表正是百达翡丽手表。经过询问，该男子承认其手上所佩戴手表即为行李箱里表盒所对应的手表，价值 275 万元人民币，其通过将表和表盒分开携带入境，企图逃避海关检查、偷逃税款。目前，该案已移交海关缉私部门处理。有网友根据税率算出这块表应该交纳 137 万元的税款。

2019 年 5 月 17 日，一辆两地牌小客车经口岸小客车通道入境时被海关列为查验对象。关员在该名司机左脚踝处查获绑藏钻石，在车辆中控台内侧查获一批夹藏高档手表。涉案物品包括裸钻 18 粒，约 11 克拉；高档手表 14 块，包括劳力士手表 10 块、百达翡丽手表 1 块、宝珀手表 1 块、欧米伽手表 1 块、帝陀手表 1 块。目前，案件已移送海关缉私部门做进一步调查处理。

2018 年 1 月，某国际货运航空公司飞行副驾驶李某在入境前，将在法兰克福购买的江诗丹顿女式手表佩戴在自己的手腕上，两枚卡地亚戒指藏在上衣兜内，一个葆蝶家钱包放在行李袋内，李某还委托同机组人员杨某（另案处理）携带了一块江诗丹顿男式手表。入境时，李某、杨某选择走无申报通道，没有向海关申报任何物品。首都

---

① 1975 年 7 月 1 日正式生效，目的是确保物种的贸易不致危及野生动物和植物的生存。至今已有缔约方共 183 个国家和地区。CITES 对经选择的国际贸易物种标本给予特定的控制。受 CITES 控制的物种的所有进口、出口和海上引进必须经其许可证制度的审定。该公约管制国际贸易的物种可归类成三项附录，附录一的物种为若再进行国际贸易会导致灭绝的动植物，明确规定禁止其国际性的交易。附录二的物种则为目前无灭绝危机，管制其国际贸易的物种，若仍面临贸易压力，族群继续降低，则将其升级入附录一。附录三是各国视其国内需要，区域性管制国际贸易的物种。现行附录物种总数达到了 3 万多种，其中动物约 5000 种，植物约 29000 种。中国有超过 2000 个物种被列入附录。

② 根据资料改编，资料来源：《男子戴价值 275 万百达翡丽表入境被查 律师：最高或判 10 年刑》，三亚新闻网，2019 年 7 月 11 日，http://www.sanyarb.com.cn/content/2019 -07/11/content_447636.htm。

机场海关工作人员在对两人的行李及随身物品进行检查时，发现上述超量消费品。经北京海关关税处计核，涉嫌走私的物品偷逃税款共计人民币 19.4 万余元。最终，北京四中院以李某犯走私普通物品罪，判处其有期徒刑 10 个月，缓刑 1 年，并处罚金人民币 20 万元。

二、法理分析

[适用法条]

1.《中华人民共和国海关对中国籍旅客进出境行李物品的管理规定》第六条：获准进境定居的中国籍非居民旅客携运进境其在境外拥有并使用过的自用物品及车辆，应在获准定居后 3 个月内持中华人民共和国有关主管部门签发的定居证明，向定居地主管海关一次性提出申请。上述自用物品中，除本规定所附《定居旅客应税自用及安家物品清单》（见附件 2）所列物品需征税外，经海关审核在合理数量范围内的准予免税进境。其中完税价格在人民币 1000 元以上、5000 元以下（含 5000 元）的物品每种限 1 件。自用小汽车和摩托车准予每户进境各一辆，海关照章征税。

2.《海关法》第八十二条：违反本法及有关法律、行政法规，逃避海关监管，偷逃应纳税款、逃避国家有关进出境的禁止性或者限制性管理，有下列情形之一的，是走私行为：（一）运输、携带、邮寄国家禁止或者限制进出境货物、物品或者依法应当缴纳税款的货物、物品进出境的；（二）未经海关许可并且未缴纳应纳税款、交验有关许可证件，擅自将保税货物、特定减免税货物以及其他海关监管货物、物品、进境的境外运输工具，在境内销售的；（三）有逃避海关监管，构成走私的其他行为的。有前款所列行为之一，尚不构成犯罪的，由海关没收走私货物、物品及违法所得，可以并处罚款；专门或者多次用于掩护走私的货物、物品，专门或者多次用于走私的运输工具，予以没收，藏匿走私货物、物品的特制设备，责令拆毁或者没收。有第一款所列行为之一，构成犯罪的，依法追究刑事责任。

[分析]

根据我国法律规定，除海关规定应当征税的 20 种商品外，普通进境居民旅客携带在境外获取的个人自用进境物品，总值超过 5000 元人民币的；普通非居民旅客携带拟留在中国境内的个人自用进境物品，总值超过 2000 元人民币的，应主动向海关申报，根据自用、合理数量原则办理相关征税、退运等手续。而海关规定的应当征税的 20 种商品为：电视机、摄像机、录像机、放像机、音响设备、空调器、电冰箱（电冰柜）、洗衣机、照相机、复印机、程控电话交换机、微型计算机及外设、电话机、无线寻呼系统、传真机、电子计算器、打字机及文字处理机、家具、灯具、餐料。也就是说，只要不在海关规定的 20 种应当征税商品名单内，只要总值超过了 5000 元人民币，就应该主动申报纳税。如果在以上 20 种商品名单内，即使只带了一个，无论是否达到 5000 元，都要征税。① 旅客逃避海关监管，偷逃应纳税款、逃避国家有关进出境的禁止性或者限制性管理的，严重者按走私罪论处。

三、启示

大部分出国旅游的旅游者都会在国外购买诸如化妆品、手表等商品，这类商品大多价值不菲，一些游客为了逃避征税，选择"铤而走险"，试图用一些"伪装手段"蒙混过关。因此，近年来游客入境时试图偷逃税款的案件屡见不鲜。随团领队一定要给游客做好宣传和警示，让游客千万别抱这种侥幸心理。

---

① 2016 年，中国海关推出新的税制，实施三档的行邮税，税率分别为 15%、30%、60%。这个行邮税，就是我们携带物品入关时要缴的主要税种。行邮税是行李和邮递物品进口税的简称，不管你是个人带入还是邮寄回国，都需要征收这一笔税款。2018 年 11 月，国务院对行邮税税率进行了调整，总体是将进境物品进口税率由 15%、30% 和 60% 三档调整为 15%、25% 和 50%。涉及降税的物品税号占税号总数的 69.7%。据《北京青年报》报道，在这轮行邮税调整中，包括中国消费者最热衷"海淘"的酒、烟、纺织品、箱包、鞋靴、钟表、化妆品、家电、摄影（像）设备、影音设备等 259 个税目的常见日用消费品都在降税之列。比如烟、酒、玉石、高档手表的税率由 60% 下调到了 50%。"挎包、背包、提包"原来邮寄是按 200 元单价定额计税，此次调整为"另行确定"；CD、VCD、DVD 等光学媒体统一在新增税目"光学媒体"下，税率定为 15%；10 元/毫升（克）或 15 元/片（张）及以上的护肤类化妆品调整为"高档护肤类化妆品"税目，税率调至 50%；其他非高档护肤类化妆品税率则下调至 25%。

第11章　旅游交通、娱乐法律制度案例

培训目标：掌握航空运输承运人的权利与义务，掌握铁路运输承运人的权利与义务，了解娱乐场所管理相关规定。

11.1　旅游交通概述

【案例 11 -1】三亚查处非法一日游、非法运营车辆[①]

一、案例介绍

近日，三亚市旅游质监局接到举报线索称，有黑旅游车开展非法一日游业务，希望旅游部门进行查处。接到举报线索后，三亚市旅游质监局与旅游警察连夜研究查处方案，于3月31日凌晨5点展开查处行动部署，在重点路段和重要景区景点对旅游车辆进行监控。当天下午5时许，执法人员在亚龙湾爱立方滨海公园门口将嫌疑车辆拦截，并将涉事导游和司机进行控制。

经调查，嫌疑车辆无营运资质，涉嫌非法营运；涉事导游无法提供导游证及旅游行程单，涉嫌从事非法导游业务。为快速铲除该非法一日游源头，按照三亚市政府领导的部署，三亚市整治办当晚召集三亚市旅游委、旅游警察、工商、交通等部门召开会议，部署进一步调查行动，连夜对该案件涉及的车辆、导游、司机、旅行社、购物点进行全面深入调查，深挖案件源头，快查严办涉嫌非法一日游问题。

经调查，三亚某国际旅行社多次租用无资质车辆接待游客并雇用未取得导游证的人员提供导游服务。为此，市旅游部门拟对三亚某国际旅行社作出吊销旅行社业务经营许可证的行政处罚。对此案涉及的违法问题，市交通局对涉嫌非法营运的车辆琼 B307××进行暂扣，并拟对车主处以5万元行政处罚。市旅游警察支队对违法嫌疑人崔某（带团

---

① 根据资料改编。资料来源：刘丽萍：《三亚查处一起非法一日游案件　涉事旅行社拟被吊销经营许可》，南海网，2018年4月1日，http：//www.hinews.cn/news/system/2018/04/01/031434429.shtml。

黑导）处以行政拘留 10 日并处 500 元罚款的处罚。

二、法理分析

[适用法条]

1.《旅游法》第四十九条：为旅游者提供交通、住宿、餐饮、娱乐等服务的经营者，应当符合法律、法规规定的要求，按照合同约定履行义务。

2.《旅游法》第五十三条：从事道路旅游客运的经营者应当遵守道路客运安全管理的各项制度，并在车辆显著位置明示道路旅游客运专用标识，在车厢内显著位置公示经营者和驾驶人信息、道路运输管理机构监督电话等事项。

3.《旅行社条例》第三十一条：旅行社为接待旅游者委派的导游人员，应当持有国家规定的导游证。取得出境旅游业务经营许可的旅行社为组织旅游者出境旅游委派的领队，应当取得导游证，具有相应的学历、语言能力和旅游从业经历，并与委派其从事领队业务的旅行社订立劳动合同。旅行社应当将本单位领队名单报所在地设区的市级旅游行政管理部门备案。

4.《旅行社条例》第五十七条：违反本条例的规定，旅行社委派的导游人员未持有国家规定的导游证或者委派的领队人员不具备规定的领队条件的，由旅游行政管理部门责令改正，对旅行社处 2 万元以上 10 万元以下的罚款。

5.《旅游法》第九十七条：旅行社违反本法规定，有下列行为之一的，由旅游主管部门或者有关部门责令改正，没收违法所得，并处五千元以上五万元以下罚款；违法所得五万元以上的，并处违法所得一倍以上五倍以下罚款；情节严重的，责令停业整顿或者吊销旅行社业务经营许可证；对直接负责的主管人员和其他直接责任人员，处二千元以上二万元以下罚款：（一）进行虚假宣传，误导旅游者的；（二）向不合格的供应商订购产品和服务的；（三）未按照规定投保旅行社责任保险的。

[分析]

本案件中，涉事旅行社、黑车、黑导均被依法从严从重处理。根据《旅游法》和《旅行社条例》的规定，该旅行社非法组织一日游，违法了相关旅游法律法规；该运营车辆，没有相关运营资质，属于非法运营；所雇用的"导游"也未取得导游证，属于非法从业。案件中三亚市旅游委、旅游警察、工商、交通等部门进行联合执法，维护了旅游市场的正常秩序，效果显著。

三、启示

旅行社等旅游经营者应合法经营，不得租用无资质车辆接待游客，不得雇用未取得导游证的人员提供导游服务。

【案例 11 - 2】泰国普吉岛游船倾覆，多名中国游客罹难①②

一、案例介绍

2018 年 7 月 5 日下午 5 点 45 分左右，两艘载有 127 名中国游客的船只返回普吉岛途中，突遇特大暴风雨，分别在珊瑚岛和梅通岛发生倾覆。截至 7 月 10 日 14 时，这起事故的遇难人数上升至 45 人，其中 44 人已经完成打捞。此外仍有 2 人处于失联状态。

事发后，普吉府尹即赴现场指挥救援，海军、水警和旅游警察等相关部门派出数艘救援船和直升机持续进行海上联合搜救，海事局、防灾减灾中心、游客协助中心及各大医院均前往码头参与后续救援工作。事故发生地风高浪急，现浪高 5 米，搜救难度极大。2018 年 7 月 6 日，泰方共出动十几艘大船、5 架直升机和 70 多名海军士兵参与救援，空军也安排多名飞行员待命。除此以外，泰国旅游警察局也派人前往普吉岛，一方面协助军方做好搜救工作，另一方面协助办理涉事游客返程及遇难者家属前来普吉岛的相关手续。2018 年 7 月 6 日上午，凤凰号一位负责人表示，公司将负责所有船客的医疗费用，也会提出保险索赔补偿伤者与遇难者。

中国驻宋卡总领馆第一时间启动应急机制，派工作组连夜赶赴现场，敦促泰有关部门全力搜救，慰问安抚受伤游客，组织志愿者教师和留学生赶赴医院为游客及家属提供必要协助。2018 年 7 月 6 日 10 时，海宁市委市政府启动应急预案，一名副市长带队的工作组已经赶赴泰国，海宁市相关部门也已经组成善后小组在现场稳定家属情绪并做后续处置工作。2018 年 7 月 6 日中午，中国驻泰国大使馆参赞兼总领事李春林率使馆工作组飞抵普吉，与事发后连夜赶赴现场的驻宋卡总领事馆工作组共同会见了泰方相关人员，敦促泰有关部门全力搜救。由中国外交部牵头的多部委联合工作组也于 6 日晚抵达。李春林在会见中请泰方务必动员一切可以动员的力量，争分夺秒搜救中国公民，全力医治受伤人员，妥善照料已获救的中国游客，尽快查明事故原因，及时向中方通报搜救进展。

据报道，在普吉岛游船倾覆事故中，游船出海之前，当地政府就发布了强风和暴雨预警，警告公众注意。当地警方透露："警告过很多次普吉岛旅行社不要离开港口，但他们多次不顾警告，带着游客在海浪处于非常危险级别的时刻驶入安达曼海。"

2018 年 7 月 8 日中午，中国驻泰国大使吕健说，泰国警方及有关部门已经对普吉游船翻沉事故正式立案调查，中方也将参与相关调查。2018 年 7 月 10 日，"凤凰号"船长被拘，中国老板接受审查。

---

① 根据资料改编。资料来源：《7·5 普吉岛游船倾覆事故》，360 百科，https：//baike. so. com/doc/28340484 - 29763133. html。

② 《旅游中遭遇"不可抗力事件"损失谁来买单?》，微信公众号旅游圈，2018 年 7 月 13 日，https：//mp. weixin. qq. com/s? __biz = MjM5ODM3MjMyMw%3D%3D&idx = 1&mid = 2653316197&sn = b5986c5a18bd9231fcd7a721c06775b9。

二、法理分析

[适用法条]

1.《旅游法》第六章旅游安全相关内容。

2.《中国公民出国旅游管理办法》第十三条：组团社经营出国旅游业务，应当与旅游者订立书面旅游合同。旅游合同应当包括旅游起止时间、行程路线、价格、食宿、交通以及违约责任等内容。旅游合同由组团社和旅游者各持一份。

3.《中国公民出国旅游管理办法》第十四条：组团社应当按照旅游合同约定的条件，为旅游者提供服务。组团社应当保证所提供的服务符合保障旅游者人身、财产安全的要求；对可能危及旅游者人身安全的情况，应当向旅游者作出真实说明和明确警示，并采取有效措施，防止危害的发生。

4.《中国公民出国旅游管理办法》第二十四条：因组团社或者其委托的境外接待社违约，使旅游者合法权益受到损害的，组团社应当依法对旅游者承担赔偿责任。

5.《旅游法》第五十条：旅游经营者应当保证其提供的商品和服务符合保障人身、财产安全的要求。旅游经营者取得相关质量标准等级的，其设施和服务不得低于相应标准；未取得质量标准等级的，不得使用相关质量等级的称谓和标识。

6.《旅游法》第七十一条：由于地接社、履行辅助人的原因导致违约的，由组团社承担责任；组团社承担责任后可以向地接社、履行辅助人追偿。由于地接社、履行辅助人的原因造成旅游者人身损害、财产损失的，旅游者可以要求地接社、履行辅助人承担赔偿责任，也可以要求组团社承担赔偿责任；组团社承担责任后可以向地接社、履行辅助人追偿。但是，由于公共交通经营者的原因造成旅游者人身损害、财产损失的，由公共交通经营者依法承担赔偿责任，旅行社应当协助旅游者向公共交通经营者索赔。

[分析]

关于旅游安全，我国《旅游法》第六章做了规定，对旅游经营者的义务和责任也都有非常明确的法律规定，对旅游经营者在遭遇恶劣天气等不可抗力或者旅行社、履行辅助人已尽合理注意义务仍不能避免的事件时如何处理也都做了非常明确的规定。旅游经营者如若能够依法履行相应的义务，我国现行的法律制度足以保护游客的相关权益。

本案例中，国内游客应与国内旅行社签订旅游合同，合同中应明确规定出海行程，游客在出海行程中遭遇意外事故时，游客与国内旅行社之间存在着包价旅游合同关系，船方作为国内旅行社的履行辅助人，为游客提供出海有关服务。作为旅游经营者，旅行社根据《旅游法》第五十条的规定，应保证其提供的商品和服务符合保障人身、财产安全的要求。在当地政府发布了强风和暴雨预警并收到警方不得离开港口的警告的情况下，游船依然出海，显然是置旅游者的安全于不顾，违反了《旅游法》规定的对游客的安全保障义务，造成旅游者人身财产损害的，根据《旅游法》第七十一条的规定，旅游者可以要求作为国内旅行社的履行辅助人承担赔偿责任，也可以要求国内旅行社承担赔偿责任。

国内游客通过旅行社到普吉岛旅游，到达当地后自行选择一日游出海，此种情形下，游客与国内旅行社之间往往也是签订了包价旅游合同，但该合同中并不包含出海旅游行程，国内旅行社仅对其提供的相关服务（如订购机票、酒店或其他旅游服务）承担责任，对游客自行选择的一日游出海遭遇意外，不承担任何责任。如果游客到达普吉岛之后与当地旅行社订立一日游旅游合同出海游玩，通常则应当由当地旅行社就其提供的旅游服务向旅游者承担安全保障义务，不顾预警、警告出海发生意外时，则应当由船方或当地旅行社承担赔偿责任。

三、启示

在出境游中，各方旅游主体必须重视旅游安全。作为旅行社，在旅游活动中，要尽到警示义务；作为游客，也应当全面、及时了解旅游活动相关信息，比如了解旅游地相关预警信息，及时做好旅游安排。

 【案例11－3】旅客行李丢失，承运人如何承担赔偿责任①

一、案例介绍

郑某乘坐王某经营的长途大巴从扬州到徐州，郑某将行李交付王某随车托运，大巴抵达徐州后，郑某领取行李时发现行李丢失，在与王某一同寻找无果的情况下，郑某向公安局报案。报案记录显示，郑某自述丢失行李1件，内有戴尔笔记本一台，价值5800元，还有给女友购买的苹果手机一部，价值4500元，上述物品合计10300元。郑某认为，自己乘坐王某的客车，王某应安全把旅客送达目的地，还应保障其财产不受损失，由于王某未能履行安全保护义务，导致行李丢失，应当承担赔偿责任。王某辩称，郑某并不能证明行李箱内装有笔记本及其他财产，且行李交付托运时，亦未声明行李箱内有贵重物品，不同意承担赔偿责任。

法院经审理认为，郑某乘坐王某的大巴客车将行李交付王某托运，王某即有将郑某及其行李安全运抵目的地并将行李交还郑某的义务。故王某对郑某行李的丢失依法负有赔偿责任。郑某将本应自行携带的贵重物品交付王某随车托运，而且未告知王某托运行李物品的种类及价值，其行为已违反了法律规定的托运人的义务，故此上述物品的损失不应由王某承担赔偿责任。但鉴于郑某行李确实丢失的事实，在双方订立运输合同前没有约定赔偿数额的情况下，根据权利义务相一致的原则，王某可按一般物品价格予以赔偿。本案在审理过程中，经调解，王某自愿补偿郑某1000元，应予准许。

---

① 根据资料改编。资料来源：刘峰：《旅客行李丢失，承运人如何承担赔偿责任》，北大法律网，2014年，http://article.chinalawinfo.com/ArticleHtml/Article_82411.shtml。

二、法理分析

[适用法条]

1. 《合同法》第三百零三条：旅客托运的行李毁损、灭失的赔偿额，当事人有约定的，按其约定。

2. 《合同法》第三百七十五条：寄存人寄存货币、有价证券或者其他贵重物品的，应当向保管人声明，由保管人验收或者封存。寄存人未声明的，该物品毁损、灭失后，保管人可以按照一般物品予以赔偿。

[分析]

本案中郑某在没有声明行李中有贵重物品的情况下，王某自愿补偿其损失1000元，已超过了法定的赔偿限额，法院判决王某支付该补偿款1000元并驳回原告的其余诉讼请求符合法律规定。

三、启示

乘客将贵重物品交付托运，负有对承运人如实告知义务。如有贵重物品，托运人应向承运人说明，承运人要按照贵重物品的保管方式予以保管，如若发生遗失，承运人应按贵重物品的价值承担赔偿责任。而且，按照我国相关法律、行政法规及部门规章，免费托运的行李丢失的赔偿原则是：当事人有约定的，遵照其约定，当事人无约定的，按赔偿限额执行。

 【案例11-4】航班延误，旅游者如何索赔[①]

一、案例介绍

李先生一家于2017年3月参加某国际旅行社组织的越南游，在返程时，航空公司通知航班延误，返程时间向后推迟了12小时。李先生不满，在返回后向沈阳市旅游质量监督管理所投诉。质监所工作人员接到投诉件后，向游客及旅行社双方核实了解情况，双方对航班延误一事表述一致，但是对赔偿问题有异议。旅行社认为，航班延误系航空公司方面原因，旅行社已经积极协助游客妥善处理了相关问题，没有赔偿责任。游客则认为，既然报的旅游团出游就应该由旅行社负责，旅行社应该赔偿飞机延误造成的一系列损失。

---

① 根据资料改编。资料来源：《航班延误或取消，旅行社需要承担何种责任》，搜狐网，2019年7月18日，http://www.sohu.com/a/327722277_99951723。

二、法理分析

[适用法条]

《旅游法》第七十一条：由于地接社、履行辅助人的原因导致违约的，由组团社承担责任；组团社承担责任后可以向地接社、履行辅助人追偿。由于地接社、履行辅助人的原因造成旅游者人身损害、财产损失的，旅游者可以要求地接社、履行辅助人承担赔偿责任，也可以要求组团社承担赔偿责任；组团社承担责任后可以向地接社、履行辅助人追偿。但是，由于公共交通经营者的原因造成旅游者人身损害、财产损失的，由公共交通经营者依法承担赔偿责任，旅行社应当协助旅游者向公共交通经营者索赔。

[分析]

一般情况下，航空公司是作为“公共交通经营者”（也就是说航空公司的机票是对任何不特定的人员开放的，任何人都可以通过航空公司或票代买票，旅行社控制不了机票的销售）的身份与旅行社开展业务合作，如因航空公司的原因导致行程延误或取消，由此给旅游者造成损失的，应当由航空公司承担赔偿责任，旅行社只是协助游客进行索赔。但是，如果旅行社将航空公司的整架飞机包下来（该航班机票不在公共渠道流通，航空公司不对外售票，要买票只能找包机商），此时就特定的航线和航班（如每周三10：30从广州起飞至塞班的航班），航空公司的身份就发生了转变，在“包机模式”下不能将航空公司认定是普通的公共交通经营者，此时应当倾向地认定为航空公司是履行辅助人。在航空公司被认定是履行辅助人的情形下，对于航班延误或取消造成的损失旅行社负有直接的赔偿责任。旅行社对外赔偿后，可以依据与航空公司的约定向航空公司进行追偿。一般飞机延误 4~8 小时（含 8 小时），航空公司会向旅客提供价值 300 元的购票折扣、里程或其他方式的等值补偿，或是人民币 200 元。延误 8 小时以上则要向旅客提供价值 450 元的购票折扣、里程或其他方式的等值补偿，或是人民币 300 元。因恶劣天气、自然灾害、机械故障、罢工等不可控因素，航班延误启程和抵达时间超过原计划 8 小时或以上，可补偿 400 元，累计不超过 2000 元。如果是航空公司擅自取消或者延误航班，航空公司应当承担相应的违约责任，但是由于天气、突发事件、空中交通管制、安检以及旅客等非承运人原因，造成航班在始发地出港延误或者取消，承运人应当协助旅客安排餐食和住宿，费用由旅客自理。

三、启示

在发生航班延误或取消事件时，为了避免因延误引发游客退团、拒绝登机等，旅行社一方面应当积极主动地做好游客的解释工作，缓解游客的不满情绪，并对游客作出适当的安置，尽量劝解游客继续旅游行程，降低因游客拒绝登机导致后续损失进一步扩大。另一方面应当与航空公司或者机场进行沟通，获取相关的延误或取消的证明文件，作为后续游客索赔处理的证据文件；对于赔偿处理方案的确认及赔付金的支付，应当保留游客签字确认的书面文件，以备后续的追偿工作。此外，游客也可购买航班延误险以保障自己旅途中的切身利益。

11.2　航空运输管理法规

【案例 11-5】托运行李遗失诉航空公司赔 11 万，
　法院却只判赔 180 元[①]

一、案例介绍

2015 年 2 月，35 岁的刘先生携妻儿举家南迁。当日，刘先生一家搭乘某航空公司航班由郑州飞往上海。到达上海虹桥机场后，刘先生发现托运的四件行李中，一个装有贵重物品的纸箱不见了，遂办理了行李遗失登记手续。在之后与航空公司交涉过程中，双方发生纠纷，刘先生向上海长宁区法院提起诉讼。

刘先生认为，航空公司没有积极查找遗失行李，并对其查看监控视频的要求拖延、搪塞，在事发一周后才派人陪他向机场派出所报案，以致无法提供相关视频导致警方不予立案。刘先生主张，遗失的纸箱内存放有价值 7 万余元的名贵手表和金银饰品，另有 2 万元的借据以及学历证明等重要证件，要求航空公司赔偿上述经济损失及因补办证件发生的差旅费、误工费 1.9 万余元，共计近 11 万元。

上海长宁法院经两次公开开庭审理，对本案作出一审判决：被告航空公司应赔偿原告刘先生 180 元；驳回刘先生其余诉讼请求。

二、法理分析

[适用法条]

1. 《中国民用航空旅客、行李国内运输规则》第三十六条：承运人承运的行李，按照运输责任分为托运行李、自理行李和随身携带物品。重要文件和资料、外交信袋、证券、货币、汇票、贵重物品、易碎易腐物品，以及其他需要专人照管的物品，不得夹入行李内托运。承运人对托运行李内夹带上述物品的遗失或损坏按一般托运行李承担赔偿责任。

2. 《国内航空运输承运人赔偿责任限额规定》第三条：国内航空运输承运人（以下简称承运人）应当在下列规定的赔偿责任限额内按照实际损害承担赔偿责任，但是《民用航空法》另有规定的除外：（一）对每名旅客的赔偿责任限额为人民币 40 万元；（二）对每名旅客随身携带物品的赔偿责任限额为人民币 3000 元；（三）对旅客托运的

---

① 根据资料改编。资料来源：《托运行李遗失诉航空公司赔 11 万，法院却只判赔 180 元合理吗？为什么？》，搜狐网，2016 年 7 月 24 日，https://www.sohu.com/a/107400759_355187。

行李和对运输的货物的赔偿责任限额，为每公斤人民币 100 元。

［分析］

本案中，刘先生报失的名贵手表、金银饰品、债权凭证、学历证明等物品，体积并不庞大，能够随身携带。刘先生采用纸质盒箱简易包装后进行托运，从财产防损的安全性考虑，原告这样做有失妥当。航空公司对刘先生报失物品是否存放在遗失行李中提出质疑，刘先生没有就此提供证据证明，刘先生依法应当承担举证不能的不利后果。原告指称被告在原告报失以后采取的措施不力，错失了找回失物的机会。但原告的指称仅是其指望寻回失物的一种可能性，不是行李遗失的原因。

三、启 示

外出旅游或在酒店住宿，贵重物品应当随身携带，乘坐飞机自然也不例外。旅客托运贵重物品应申报，另行支付相应的托运费，否则一旦丢失，就可能得不到实际价值的赔偿。为确保行李物品的安全，可以通过以下途径：

1. 声明价值：旅客在航空托运过程中，如果行李每公斤价值超过 50 元时，可以办理一项赔偿协议，以规避行李在托运过程中造成的损失。办理声明价值后，行李如果丢失或损坏，可按声明价值赔偿，但最高限额为 8000 元。同时要注意，声明价值要实事求是地反映所携带物品的价值，不能超过物品实际价值。

2. 占座行李：如果旅客有易碎、贵重物品不能托运，或者大型物品（如乐器）需要带入客舱运输，其超过手提行李重量、尺寸规定时，要按照占座行李规定办理。但需要注意，占座行李每件不得超过 75 公斤，且必须在定座时提出占座行李的申请。此外，占座行李应用恰当的方式包装好，防止对其他旅客造成伤害。

3. 商业保险：商业保险公司有专门的航空旅客行李保险，在一些航空意外险、旅游意外险中会附加行李丢失的赔偿款项。

当然，除了乘客有义务妥善保管、携带贵重物品，以及按照相关规定主动申报之外，航空公司也有义务对乘客托运的物品负责，仔细核对、转运乘客行李，在出现行李丢失后，积极配合乘客和警方进行追查，并尽可能地帮乘客挽回经济损失，乘客的过失和免责条例不应成为航空公司推卸责任的理由。

【案例 11-6】乘客向飞机发动机扔硬币祈福致航班取消赔款 5 万[①]

一、案例介绍

2017 年 7 月 27 日，深圳航空有限责任公司承运南宁经停武汉飞往沈阳的航班。当晚 10 时 20 分许，机组开始组织旅客登机。乘客登机过程中，多名旅客、乘务人员看见

---

① 根据资料改编。资料来源：《男子朝飞机发动机扔硬币祈福，罚 5 万余元》，搜狐网，2019 年 3 月 15 日，http://www.sohu.com/a/301574719_100016462。

了一名男子站在舷梯上朝飞机发动机方向投掷硬币。乘务长立即报告了这一情况，并派人寻找硬币，机上安全员同时对该男子进行监控。当晚 10 时 45 分，两枚一角硬币被寻获，乘务长按程序马上告知机长，机长让乘务长先收好硬币，乘务长将硬币放在清洁袋内。大约 22 时 50 分左右，机场公安到达，乘务长将肇事男子和两枚硬币交由警方带走。

经调查，该男子为从天河机场登机乘客李某（化姓）。为何要朝飞机扔硬币？李某解释称，自己是无心的，排队候机过程中和他人聊天时，萌生了祈福念头，就朝飞机发动机扔了两枚一角硬币，目的是祈求平安，别无他意。李某后由机场公安控制。

为避免风险隐患，该航班取消，对飞机进行检查。经专门审计公司核算，李某的行为直接导致飞机检修、旅客滞留、航班取消，造成经济损失合计 7 万余元。

2017 年 9 月，航空公司将李某告上黄陂区人民法院，要求李某承担全部经济损失 7 万余元。李某承认自己空中飞行责任意识淡薄，后悔造成了如此严重后果。但李某认为登机时乘务员并未告知应当注意该事项，投掷的硬币并未对飞行器造成任何损害。即使造成了损失，也不应当承担全部赔偿责任。

一审法院认为，李某行为造成航班延误、旅客滞留，同时，航空公司为了妥善安置、运送滞留旅客和货物临时增加航班，导致后续更多航班不同程度延误。经济损失应当由李某承担，因此支持航空公司诉求，判决李某赔偿 7 万余元。

李某提起上诉，认为航空公司核算得出的经济损失无证据支持，他应当承担部分责任。2018 年 2 月，武汉市中院二审审理此案，双方达成了调解协议，李某一次性赔偿 5 万余元。此后李某支付了赔款，并支付了一审二审案件受理费共计 1510 元。

二、法理分析

[适用法条]

1. 《中华人民共和国治安管理处罚法》第四条第二款：在中华人民共和国船舶和航空器内发生的违反治安管理行为，除法律有特别规定的外，适用本法。

2. 《中华人民共和国治安管理处罚法》第二十三条：有下列行为之一的，处警告或者二百元以下罚款；情节较重的，处五日以上十日以下拘留，可以并处五百元以下罚款：（三）扰乱公共汽车、电车、火车、船舶、航空器或者其他公共交通工具上的秩序的；（四）非法拦截或者强登、扒乘机动车、船舶、航空器以及其他交通工具，影响交通工具正常行驶的。

[分析]

案件中，李某朝飞机发动机扔硬币祈福，直接导致飞机检修、旅客滞留、航班取消，扰乱了公共秩序，影响了飞机正常起飞，理应为其行为承担法律责任。

三、启示

航空安全不容丝毫闪失。广大市民乘坐飞机，不能作出任何可能危害飞行安全的行为，即使只是行为不当，如果对航空公司造成影响，比如航班取消或者延误等，乘客也将承担民事赔偿责任。

 【案例 11 - 7】男子飞机上挥拳打伤女乘客，依法承担责任[①]

一、案例介绍

1月1日晚7点30分许，JD51××次航班在三亚至武汉飞行途中，男乘客施某因外孙被碰撞，与女乘客张某发生了言语冲突，继而对张某大打出手。经调查，飞机起飞后1小时许，56岁的张某（女）在排队等候上厕所时，靠在过道旁的座位上休息，不小心压到了48岁的咸宁男子施某两岁多外孙的脚，引起施某的不满，遂对张某进行推搡，进而挥拳击打其脸部，导致张某眼镜碎裂，面颊部等处均有瘀伤。张某同行的丈夫和女儿见状，多次欲上前与其理论，被机组人员和同机旅客制止，分开控制至航班到达后移交机场公安处理。根据其违法事实及情节，民航湖北机场公安局依法对施某处以行政拘留5天的处罚。

二、法理分析

[适用法条]

1.《民用航空安全保卫条例》第二十五条：航空器内禁止下列行为：（一）在禁烟区吸烟；（二）抢占座位、行李舱（架）；（三）打架、酗酒、寻衅滋事；（四）盗窃、故意损坏或者擅自移动救生物品和设备；（五）危及飞行安全和扰乱航空器内秩序的其他行为。

2.《民用航空安全保卫条例》第三十四条：违反本条例第十四条的规定或者有本条例第十六条、第二十四条第一项和第二项、第二十五条所列行为的，由民航公安机关依照《中华人民共和国治安管理处罚条例》有关规定予以处罚。

[分析]

在飞行的航班上争执、打人的"机闹"行为，除了影响其他乘客正常值机，更对机上所有乘客的安全造成潜在威胁，严重影响了公众出行安全。施某的情绪与行为属于失控状态，由于飞机上的活动空间狭小，其为发泄私愤很可能会破坏或挪动机上的安全设施，危害飞行安全；而且飞机在起飞前都经过货仓装仓位置、配油等调整飞机平衡，在飞机起飞降落时一定会告知乘客坐在座椅上系好安全带，因为飞机在进入平流层飞行之前如果机上的配重出现失调，那么将严重影响飞行安全，即使在飞机进入平流层后，如果机上出现"动粗"的现象，仍会直接影响飞机平衡，情况严重也可能导致安全事故的发生。因此，需要立刻动用强制力予以制止，并依法惩处，以保障其他乘客的生命安全。

三、启示

《民用航空安全保卫条例》上明令禁止在航空器内打架、酗酒、寻衅滋事，危及飞

---

① 根据资料改编。资料来源：《男子在飞机上挥拳打伤女乘客被判行政拘留5天》，人民网，2015年1月3日，http://legal.people.com.cn/n/2015/0103/c188502-26315090.html。

行安全和扰乱航空器内秩序的其他行为。如果违反了条例规定，重者可按我国《治安管理处罚法》处以十五天以下行政拘留并处 1000 元以下罚金；依据我国《刑法》相关规定对于情节严重者应判处 5 年以下有期徒刑并处罚金；对于造成后果严重的应判处 5 年以上有期徒刑并处罚金。

【案例 11 – 8】 航班取消，行程消减，如何将损失降到最低[①]

一、案例介绍

陈先生于 2014 年 10 月 17 日参加某旅行社组织的重庆九寨黄龙四飞四天团，原计划第一天至第三天在九寨和黄龙游览，第三天下午（10 月 19 日）从黄龙飞往重庆，第四天（10 月 20 日）在重庆游览渣滓洞、白公馆、磁器口等五个景点，并进行自由活动。但因为天气原因，19 日下午从黄龙飞往重庆的航班取消，游客在黄龙机场候机室度过一夜后，20 日下午才从黄龙机场登机，18：40 到达重庆机场。

到达重庆机场后，旅行社便立刻安排全体游客乘坐原计划航班从重庆直接返回广州。陈先生认为旅行社的处理方法给游客造成一定损失，导致团队在重庆一天的游览行程全部取消，游客联名（20 余人）签名要求该旅行社予以赔偿，并提出不少于 2000 元/人的赔偿要求。

旅游质监部门经过调查，据陈先生和旅行社提供的证据材料提出了以下处理意见：（1）本纠纷中因天气原因导致的航班延误属于不可抗力。（2）旅行社无法履行合同中重庆 1 天游行程的行为是不可抗力造成的，不需要承担违约责任。（3）依照《旅游法》第六十七条"合同解除的，组团社应当在扣除已向地接社或者履行辅助人支付且不可退还的费用后，将余款退还旅游者"的规定，旅行社应退陈先生等游客在重庆的全部未发生费用。（4）由于 4 天的行程中，在重庆的 1 天旅行没有履行相应的义务，故应让渡其本次行程所得利润的 1/4 给游客。经调解，旅行社退还陈先生等人在重庆的未发生费用 290 元/人。（包括导游服务费和旅行社重庆一天应得的利润。因原计划在重庆的景点均不需要门票，故无门票退费。）

二、法理分析

[适用法条]

1. 《合同法》第一百一十七条：因不可抗力不能履行合同的，根据不可抗力的影响，部分或者全部免除责任，但法律另有规定的除外。当事人迟延履行后发生不可抗力的，不能免除责任。本法所称不可抗力，是指不能预见、不能避免并不能克服的客观情况。

2. 《旅游法》第六十七条：因不可抗力或者旅行社、履行辅助人已尽合理注意义

---

① 根据资料改编。资料来源：《航班取消，行程消减，如何将损失降到最低？》，载于《南方都市报》2015 年 9 月 24 日。

务仍不能避免的事件，影响旅游行程的，按照下列情形处理：（二）合同解除的，组团社应当在扣除已向地接社或者履行辅助人支付且不可退还的费用后，将余款退还旅游者；合同变更的，因此增加的费用由旅游者承担，减少的费用退还旅游者。

［分析］

本案为因不可抗力致旅游合同解除事件。因不可抗力导致合同解除，旅行社扣除已产生的费用，将团费余额退还给旅游者，双方均不用承担违约责任。本案关于不可抗力的定性正确，陈先生等 20 余名游客参加旅行社组织的旅游团，旅游行程中，因天气原因导致航班延误，最终导致合同解除，天气原因属于典型的不可抗力。依照法律规定，旅行社只需要扣除已产生的费用后将余款返还给游客即可。关于利润问题，在现实中，旅行社往往是"打包"服务，通过享受"批发价"来盈利，各项旅游活动内容都包含在相应的团费中，退还未产生的团费其实已经是将合同未履行部分的利润一并"退还"给了旅游者。

三、启示

如果是天气、空中交通管制导致的航班延误或取消，航空公司是不予赔偿的。[①] 因此，不管是跟团还是自由行，都建议旅游者在出行前购买保险以加强保障，并且最好购买综合型的旅游意外险。如果出现不可抗力事件，游客应理性对待，合理维权。

11.3　铁路运输管理法规

【案例 11 - 9】旅客爬铺摔成骨折，铁路运输部门是否有责？[②]

一、案例介绍

原告李某乘坐某次列车从甲地到乙地探亲，大约 23 时，李某沿扶梯攀爬上铺准备

---

① 根据《中国民用航空旅客、行李国内运输规则》，如果属于航空公司原因，如运力调配、机械故障，乘客可以要求补偿，相关依据有：

第二十三条：航班取消、提前、延误、航程改变或承运人不能提供原定座位时，旅客要求退票，始发站应退还全部票款，经停地应退还未使用航段的全部票款，均不收取退票费。这里没有涉及赔偿问题，但依据《合同法》规定应承担相应赔偿责任。

《合同法》第一百一十二条：当事人一方不履行合同义务或者履行合同义务不符合约定的，在履行义务或者采取补救措施后，对方还有其他损失的，应当赔偿损失。

《合同法》第一百一十三条：当事人一方不履行合同义务或者履行合同义务不符合约定，给对方造成损失的，损失赔偿额应当相当于因违约所造成的损失，包括合同履行后可以获得的利益，但不得超过违反合同一方订立合同时预见到或者应当预见到的因违反合同可能造成的损失。

② 根据资料改编。资料来源：黄喜安：《旅客爬铺摔成骨折　铁路部门应否担责》，110 法律咨询网，2011 年 11 月 22 日，http://www.110.com/ziliao/article - 257248.html。

休息时，由于列车高速运行的晃动，致使他从扶梯上跌下，经医院诊断证明属压缩性骨折。在与铁路部门协商未果的情况下，李某将某铁路局客运公司告上法庭，请求法院依据侵权的事实和相关的法律法规，判令被告赔偿意外伤害保险金、误工费、护理费、精神抚慰金等共计人民币7万余元。被告某铁路局客运公司辩称，由甲地到乙地的某次列车途中一切正常，且正点到达终点乙站，列车运行中原告李某顺扶梯攀爬上铺的过程中，由于自己的重大过失，从扶梯上不慎跌下，与铁路方没有关系，请求法院驳回原告的诉讼请求。

二、法理分析

[适用法条]

1.《铁路法》第五十八条第一款：因铁路行车事故及其他铁路运营事故造成人身伤亡的，铁路运输企业应当承担赔偿责任；如果人身伤亡是因不可抗力或者由于受害者自身原因造成的，铁路运输企业不承担赔偿责任。

2.《合同法》第三百零二条：承运人应当对运输过程中旅客的伤亡承担损害赔偿责任，但伤亡是旅客自身健康原因造成的或者承运人证明伤亡是旅客故意、重大过失造成的除外。

3.《民法通则》第一百零六条：没有过错，但法律规定应当承担民事责任的，应当承担民事责任。

[分析]

本案中旅客李某在沿扶梯攀爬上铺的过程中，在列车没有出现紧急刹车的情况下，其作为完全民事行为能力人应当预见到在列车运行中上上铺时可能存在的风险，但由于其疏忽大意而导致从扶梯上跌下，造成自己摔伤的事实。很显然李某摔伤的直接原因应是自己的过失，而与铁路运输企业无关。但是，从李某的过失程度来分析，其行为显然也不属于重大过失，从本案的实际情况来看，李某的行为也不构成故意。按照法律规定的铁路运输企业免责的3种情况（不可抗力；旅客自身健康原因；旅客故意或者重大过失），本案的被告某铁路局客运公司不具备免除其承担赔偿责任的条件，因此这时铁路运输企业承担的是无过错责任，仍然要对李某所受伤害负一定责任，只是赔偿责任可以相应减轻。

三、启示

作为完全民事行为能力人应当预见到在列车运行中可能存在的各种风险，时刻注意保护自身的安全，万不可疏忽大意。铁路运输企业对因旅客自身过失引起的事故不承担过错责任及相应的赔偿责任。

【案例 11－10】 误售车票赔偿纠纷案①

一、案例介绍

1992 年 9 月 11 日，原告叶某在被告南京西站购买到龙潭的火车票两张，票价计 5 元整。票面载明：南京西至龙潭，1992 年 9 月 13 日 335 次 7 时 12 分开。9 月 13 日上午，原告叶某等二人持票乘上 335 次列车。当原告发现该列车经过龙潭站未停靠时，急忙向 4 号车厢列车员询问。列车员查看车票后，答复原告：335 次列车在龙潭站不停，该票系南京西站误售。列车到达镇江站，原告下车后，急于返回龙潭，遂从镇江乘出租汽车，于当日 11 时到达龙潭。汽车票价合计为 15 元。9 月 14 日，原告到被告南京西站要求赔偿经济损失。被告承认误售车票，但拒绝赔偿原告的经济损失。

原告遂于 1992 年 9 月 29 日诉至南京铁路运输法院，要求被告南京西站赔偿直接经济损失 15 元，间接损失（耽误的时间及身体、精神创伤损失）200 元。南京铁路运输法院经审理认为：依照《中华人民共和国铁路法》第十一条之规定，旅客车票系原告、被告双方订立的旅客运输合同。被告因疏忽误售车票，致使原告未能及时到达目的地，并造成了经济损失，被告应对此承担赔偿责任。原告要求被告赔偿间接损失（包括耽误的时间及精神创伤等损失费用），于法无据，本院不予支持。该院在查明事实、分清责任的基础上，依法进行了调解。原告、被告双方于 1991 年 10 月 10 日自愿达成调解协议：被告南京西站赔偿原告叶某经济损失 15 元，于 1992 年 10 月 20 日前付清。

二、法理分析

[适用法条]

1. 《铁路法》第十一条：铁路运输合同是明确铁路运输企业与旅客、托运人之间权利义务关系的协议。旅客车票、行李票、包裹票和货物运单是合同或者合同的组成部分。

2. 《铁路法》第十二条：铁路运输企业应当保证旅客按车票载明的日期、车次乘车，并到达目的站。因铁路运输企业的责任造成旅客不能按车票载明的日期、车次乘车的，铁路运输企业应当按照旅客的要求，退还全部票款或者安排改乘到达相同目的站的其他列车。

3. 《铁路旅客运输规程》第四十一条：因误售、误购或误乘需送回时，承运人应免费将旅客送回。在免费送回区间，旅客不得中途下车。如中途下车，对往返乘车区间补收票价，核收手续费。

4. 《铁路旅客运输规程》第四十条：发生车票误售、误购时，在发站应换发新票。在中途站、原票到站或列车内应补收票价时，换发代用票，补收票价差额。应退还票价

---

① 根据资料改编。资料来源：《叶某诉南京铁路分局南京西站误售车票赔偿纠纷案》，110 法律咨询网，2008 年 6 月 26 日，http：//www. 110. com/ziliao/article－36411. html。

时，站、车应编制客运记录交旅客，作为乘车至正当到站要求退还票价差额的凭证，并应以最方便的列车将旅客运送至正当到站，均不收取手续费或退票费。

［分析］

本案是一起旅客因承运人（车站）误售车票，给自己造成经济损失，请求承运人予以赔偿的案件。原告叶某因被告南京西站误售车票而坐过站，在被告又未采取补救措施的情况下，而采取乘出租车返回的补救措施，是合理的。对原告因此遭受的损失（出租车的车费），被告应予赔偿。当承运人因过错而使旅客不能实现其合同目的，承运人采取的补救措施又不能帮助旅客实现合同目的时，旅客自己采取一定的补救措施，其支出的费用，由承运人承担，是符合公平原则的要求的。当然，旅客采取的措施必须是合理、适当的。

三、启示

根据《民法通则》规定的公平原则和合同当事人应按合同约定全面履行合同的要求出发，如果发生与本案类似的事件，旅客可以采取一定的补救措施，但是前提必须是合理的、适当的。

【案例 11 - 11】 "7·23" 甬温线特别重大铁路交通事故①

一、案例介绍

2011 年 7 月 23 日 20 时 30 分 05 秒，甬温线浙江省温州市境内，由北京南站开往福州站的 D301 次列车与杭州站开往福州南站的 D3115 次列车发生动车组列车追尾事故。此次事故已确认共有六节车厢脱轨，即 D301 次列车第 1 至 4 位，D3115 次列车第 15、16 位，造成 40 人死亡、172 人受伤，中断行车 32 小时 35 分，直接经济损失 19371.65 万元。

善后工作组与部分家属就赔偿问题进行了初步沟通协商，主要依据国务院 2007 年颁布的《铁路交通事故应急救援和调查处理条例》，达成了赔偿 50 万元的意向协议。随后，善后工作组又认真听取了遇难人员家属等意见，充分进行了法律论证。根据《最高人民法院关于审理铁路运输人员损害赔偿纠纷案件适用法律若干问题的解释》中规定的，赔偿权利人有权选择按侵权责任法要求赔偿的精神，本着以人为本、就高不就低的原则，并与遇难者家属进行了进一步的沟通协商，总指挥部研究决定以《中华人民共和国侵权责任法》为确定 "7·23" 事故损害赔偿标准的主要依据。"7·23" 事故遇难人员赔偿救助金主要包括死亡赔偿金、丧葬费及精神抚慰费和一次性救助金（含被抚养人生活费等），合计赔偿救助金额 91.5 万元。1992 年《铁路旅客意外伤害强制保险条例》

---

① 根据资料改编。资料来源：《7·23 甬温线特别重大铁路交通事故》，360 百科，https：//baike.so.com/doc/5381626 - 5617962.html。

规定每个人赔付两万元保险金额；发生死亡的情况下，2007 年《铁路交通事故应急救援和调查处理条例》规定，旅客人身伤亡赔偿限额为 15 万元，行李损失赔偿限额为 2000 元。三项相加的上限应该是 17.2 万元。事故给出的赔偿 91.5 万元突破了这样的数额。中国人民大学等机构召开了研讨会，探讨事故赔偿的法律问题，也有学者撰文对赔偿问题提出意见。2011 年 8 月 5 日，"7·23"动车事故救援善后总指挥部公布了"7·23"事故受伤旅客赔偿救助方案。个别媒体在解读这一赔偿救助方案时，称"赔偿款要扣除医疗费"。8 月 6 日，铁路方面称"7·23"动车事故受伤旅客的全部医疗费一律实报实销，不存在从赔偿款中扣除医疗费的问题。

二、法理分析

［适用法条］

1.《铁路交通事故应急救援和调查处理条例》第三十三条（当时适用）：事故造成铁路旅客人身伤亡和自带行李损失的，铁路运输企业对每名铁路旅客人身伤亡的赔偿责任限额为人民币 15 万元，对每名铁路旅客自带行李损失的赔偿责任限额为人民币 2000 元。铁路运输企业与铁路旅客可以书面约定高于前款规定的赔偿责任限额。第三十四条：事故造成铁路运输企业承运的货物、包裹、行李损失的，铁路运输企业应当依照《中华人民共和国铁路法》的规定承担赔偿责任。2012 年修正版修改为：第三十三条：事故造成铁路运输企业承运的货物、包裹、行李损失的，铁路运输企业应当依照《中华人民共和国铁路法》的规定承担赔偿责任。第三十四条：除本条例第三十三条、第三十四条的规定外，事故造成其他人身伤亡或者财产损失的，依照国家有关法律、行政法规的规定赔偿。

2.《民法通则》第一百一十九条：侵害公民身体造成伤害的，应当赔偿医疗费、因误工减少的收入、残废者生活补助；造成死亡的，并应当支付丧葬费、死者身前抚养的人必要的生活费等费用。

3.《最高人民法院关于审理人身损害赔偿案件适用法律若干问题的解释》第十七条：受害人遭受人身损害，因就医治疗支出的各项费用以及因误工减少的收入，包括医疗费、误工费、护理费、交通费、住宿费、住院伙食补助费、必要的营养费，赔偿义务人应当予以赔偿。受害人因伤致残的，其因增加生活上需要所支出的必要费用以及因丧失劳动能力导致的收入损失，包括残疾赔偿金、残疾辅助器具费、被扶养人生活费，以及因康复护理、继续治疗实际发生的必要的康复费、护理费、后续治疗费，赔偿义务人也应当予以赔偿。受害人死亡的，赔偿义务人除应当根据抢救治疗情况赔偿本条第一款规定的相关费用外，还应当赔偿丧葬费、被扶养人生活费、死亡补偿费以及受害人亲属办理丧葬事宜支出的交通费、住宿费和误工损失等其他合理费用。

4.《最高人民法院关于审理铁路运输人身损害赔偿纠纷案件适用法律若干问题的解释》第十二条：铁路旅客运送期间发生旅客人身损害，赔偿权利人要求铁路运输企业承担违约责任的，人民法院应当依照《中华人民共和国合同法》第二百九十条、第三百零一条、第三百零二条等规定，确定铁路运输企业是否承担责任及责任的大小；赔偿权利人要求铁路运输企业承担侵权赔偿责任的，人民法院应当依照有关侵权责任的法律规定，确定铁路运输企业是否承担赔偿责任及责任的大小。

[分析]

旅客乘坐列车就与铁路部门形成了一种运输合同关系，保障旅客的安全是铁路部门的职责所在，也是铁路部门的首要义务。"7·23"甬温线特别重大铁路交通事故是一起因列控中心设备存在严重设计缺陷、上道使用审查把关不严、雷击导致设备故障后应急处置不力等因素造成的责任事故。对铁路伤亡旅客的赔偿不适用《铁路交通事故应急救援和调查处理条例》，应适用《合同法》、《侵权责任法》以及《最高人民法院关于审理人身损害赔偿案件适用法律若干问题的解释》和《最高人民法院关于审理铁路运输人身损害赔偿纠纷案件适用法律若干问题的解释》。

三、启示

铁路是国家重要的基础设施、国民经济的大动脉、交通运输体系的骨干。铁路运输是运输能力大、节约资源、有利环保的交通运输方式。铁路主管部门、相关铁路运输企业和设备生产企业应深刻吸取事故教训，牢固树立安全发展理念，切实加强高速铁路技术设备制造研发和管理，健全完善高速铁路安全运行的规章制度和标准，严把技术设备安全准入关，扎实做好运输安全管理和职工教育培训，强化铁路安全生产应急管理，确保人民生命、财产安全。

11.4　旅游娱乐场所管理法律制度

【案例 11－12】9 家娱乐场所无证经营被取缔　经营者被列入黑名单①

一、案例介绍

为切实加强全市娱乐经营场所管理，规范文化娱乐市场秩序，某市文化广电和旅游局组织执法人员在全市范围内开展集中执法检查，检查发现 9 家娱乐场所在未获得文化行政部门许可的情况下，擅自从事娱乐场所经营活动，严重扰乱文化市场经营秩序。该市文化市场综合行政执法队执法人员多次对以上 9 家场所下达《责令整改通知书》并责令其停止无证经营行为，但以上 9 家经营场所均无视整改要求。该市依据《娱乐场所管理条例》第四十一条、《娱乐场所管理办法》第二十八条、《无证无照经营查处办法》

---

① 根据资料改编。资料来源：李琴琴：《白银市 9 家娱乐场所无证经营被取缔　经营者被列入黑名单》，中国甘肃网，2019 年 5 月 24 日，http://gansu.gscn.com.cn/system/2019/05/24/012161952.shtml。

第二条、第十三条等规定，本着有黑扫黑、有恶除恶、有乱治乱的原则，依法取缔涉及娱乐城、酒城、主题音乐餐吧等 9 家娱乐场所。依法将从事娱乐场所经营活动的场所及其经营者列入文化市场黑名单，予以信用惩戒。

二、法理分析

[适用法条]

1.《娱乐场所管理条例》第九条：娱乐场所申请从事娱乐场所经营活动，应当向所在地县级人民政府文化主管部门提出申请；中外合资经营、中外合作经营的娱乐场所申请从事娱乐场所经营活动，应当向所在地省、自治区、直辖市人民政府文化主管部门提出申请。娱乐场所申请从事娱乐场所经营活动，应当提交投资人员、拟任的法定代表人和其他负责人没有本条例第五条规定情形的书面声明。申请人应当对书面声明内容的真实性负责。受理申请的文化主管部门应当就书面声明向公安部门或者其他有关单位核查，公安部门或者其他有关单位应当予以配合；经核查属实的，文化主管部门应当依据本条例第七条、第八条的规定进行实地检查，作出决定。予以批准的，颁发娱乐经营许可证，并根据国务院文化主管部门的规定核定娱乐场所容纳的消费者数量；不予批准的，应当书面通知申请人并说明理由。有关法律、行政法规规定需要办理消防、卫生、环境保护等审批手续的，从其规定。

2.《娱乐场所管理条例》第四十一条：违反本条例规定，擅自从事娱乐场所经营活动的，由文化主管部门依法予以取缔；公安部门在查处治安、刑事案件时，发现擅自从事娱乐场所经营活动的，应当依法予以取缔。

3.《娱乐场所管理办法（2017 年修订）》第二十八条：违反《条例》^① 规定，擅自从事娱乐场所经营活动的，由县级以上人民政府文化主管部门责令停止经营活动，依照《条例》第四十一条予以处罚；拒不停止经营活动的，依法列入文化市场黑名单，予以信用惩戒。

4.《无证无照经营查处办法》第二条：任何单位或者个人不得违反法律、法规、国务院决定的规定，从事无证无照经营。

5.《无证无照经营查处办法》第十三条：从事无照经营的，由工商行政管理部门依照相关法律、行政法规的规定予以处罚。法律、行政法规对无照经营的处罚没有明确规定的，由工商行政管理部门责令停止违法行为，没收违法所得，并处 1 万元以下的罚款。

[分析]

娱乐场所申请从事娱乐场所经营活动，应当向所在地县级人民政府文化主管部门提出申请，并依据法律规定取得相关审批手续。无证无照经营的，相关部门有权依照相关法律、行政法规的规定予以处罚。

---

① 这里所说的《条例》是指《娱乐场所管理条例》。

三、启 示

从事娱乐场所经营活动需要取得相关证照和审批手续。旅游经营者万不可疏忽大意，采购不合格的娱乐活动产品。旅游消费者也要提高警惕，保护自身的合法权益，不到无证无照的娱乐活动场所进行消费。

 【案例 11 – 13】 导游向游客介绍"小姐"进行卖淫嫖娼活动①

一、案例介绍

导游王某接待了一境外旅游团。一天晚上，王某带着境外客人到黄某承包的大酒店歌厅唱歌。几曲唱罢，客人向王某提出要"小姐"。王某立即叫来黄某，要其物色"小姐"。不多时，黄某便将卖淫女周某等 4 人叫来，介绍给 4 个境外游客。而后，王某和黄某将这 4 对男女送到宾馆进行卖淫嫖娼活动。经法院证实：导游王某被判处有期徒刑 2 年、并处罚金 2.5 万元，与其共同介绍卖淫的歌厅承包老板黄某被判处有期徒刑 6 年，并处罚金 3 万元。

二、法理分析

[适用法条]

1.《娱乐场所管理条例》第十四条：娱乐场所及其从业人员不得实施下列行为，不得为进入娱乐场所的人员实施下列行为提供条件：（一）贩卖、提供毒品，或者组织、强迫、教唆、引诱、欺骗、容留他人吸食、注射毒品；（二）组织、强迫、引诱、容留、介绍他人卖淫、嫖娼；（三）制作、贩卖、传播淫秽物品；（四）提供或者从事以营利为目的的陪侍；（五）赌博；（六）从事邪教、迷信活动；（七）其他违法犯罪行为。娱乐场所的从业人员不得吸食、注射毒品，不得卖淫、嫖娼；娱乐场所及其从业人员不得为进入娱乐场所的人员实施上述行为提供条件。

2.《导游管理办法》第二十三条第一款规定：导游人员不得在执业过程中安排旅游者参观或者参与涉及色情、赌博、毒品等违反我国法律法规和社会公德的项目或者活动。

[分析]

黄某作为娱乐场所的经营者，组织卖淫嫖娼活动，触犯法律法规；导游王某在游客提出嫖娼要求时，未进行劝阻，反而与娱乐场所经营者同流合污，无视法律法规，丧失职业道德，最终都逃脱不了法律的制裁。

---

① 根据资料改编。资料来源：《一导游昏了头 帮游客找"小姐"》，搜狐网，2002 年 7 月 22 日，http：//news. sina. com. cn/s/2002 – 07 – 22/1427644659. html。

三、启示

导游人员在组织游客到娱乐场所进行娱乐活动时，不得安排旅游者参观或者参与涉及色情、赌博、毒品等违反我国法律法规和社会公德的项目或者活动。如果游客提出类似要求，导游人员要向游客说明我国有关法律法规的规定，并予以劝阻。

 【案例 11 - 14】 在娱乐场所人身受损后的责任承担①

一、案例介绍

某旅游者一家三口购票进入被告经营的×旅游度假区游玩，在使用被告提供的游乐设施后，不幸摔伤右脚，经 120 急救车送中国人民解放军某医院住院治疗。因妻子即将分娩，于是现出院休养。医院出院诊断为：1. 右外踝开放性骨折：（1）右腓骨远端撕脱性骨折；（2）右踝关节囊破裂；（3）右踝部皮神经损伤；（4）右踝部腓、距骨韧带损伤。2. 右内踝骨折。经鉴定已构成八级伤残，需后期医疗费用 10000 元。因与被告协商赔偿事由未果，原告特诉至法院请求：（1）判令被告赔偿原告各项经济损失 188816.44 元（医疗费 26027.74 元、护理费 7700 元、住院伙食补助费 850 元、营养费 3850 元、后期治疗费 10000 元、误工费 17332.70 元、残疾赔偿金 111456.00 元、鉴定费 1100 元、交通费 500 元、精神抚慰金 10000 元）；（2）本案诉讼费由被告承担。

案件经审理后查明：某年 6 月 26 日，原告一家三人购票进入被告经营的×旅游度假区游玩。其间，原告踩在"保龄球廊桥"的木桩上游玩时，自木桩上滑倒受伤，后由 120 急救车送至中国人民解放军某医院住院治疗。原告自当年 6 月 26 日起在中国人民解放军某医院住院治疗了 17 天，7 月 13 日出院，治疗期间共产生医疗费 26027.74 元，并据其伤情需要一人护理。根据出院证明记载，其出院需"加强营养，休息 2 月"。8 月 6 日，原告的后期医疗费用经云南某司法鉴定中心鉴定，其后期医疗费用评估为人民币 10000（壹万）元。9 月 10 日，原告的伤残等级经云南某法医司法鉴定中心鉴定，其伤残等级被评定为八级。两次鉴定产生鉴定费 1100 元。

经审理法院认为：原告参与的"保龄球廊桥"项目虽是儿童乐园内的不需教练陪护项目，也应对项目安全事项进行充分告知，但被告仅在事发地点的正门有相应的安全提醒，且不排除原告从非正门入口进入事发地点时，会忽略安全提醒，故被告在合理范围内没有充分尽到安全保障义务，应当对原告承担相应的赔偿责任。本案中原告作为成年人，在使用本身具有拓展性的游乐设施过程中因没有安全防范意识，对拓展设施的危险性认识不足，在运动中疏忽大意，导致自己受伤，是受伤的直接原因，因此原告在此次事故中亦有过错，故应减轻被告的民事责任。因此，法院依法确认：被告对原告的此

---

① 根据资料改编。资料来源：《在娱乐场所人身受损后的责任承担》，昆明市盘龙区人民法院，2013 年 11 月 28 日，http://www.kmplfy.gov.cn/news/1385619993689.html。

次损伤承担 30% 的民事赔偿责任，原告自行承担 70% 的责任。至于原告主张被告的游乐设施不规范，因未提供相应证据予以佐证，不予支持。根据《中华人民共和国侵权责任法》第十六条、第二十六条、第三十七条第一款，《最高人民法院关于民事诉讼证据的若干规定》第二条，《中华人民共和国民事诉讼法》第六十四条、第一百零七条之规定，法院判决如下：（1）被告 × 旅游服务有限公司于本判决生效之日起三十日内赔偿原告医疗费、误工费、护理费、交通费、住院伙食补助费、营养费、残疾赔偿金、鉴定费、后期医疗费共计人民币 50899.72 元；（2）驳回原告的其他诉讼请求。案件宣判后双方当事人均未上诉。

二、法理分析

[适用法条]

1.《旅游娱乐场所基础设施管理及服务规范》5.1.3 信息服务设施：旅游娱乐场所应配置内部管理用信息系统和面向旅游者的信息公告服务系统。信息服务设施至少应包括：电子显示导览屏、公共广播、引导标牌、安全标志和设施服务安全提示牌等各种标志、图形符号应符合国家标准 GB2894、GB/T10001、GB13495、GB15630 和 GB/T20501 的要求。

2.《中华人民共和国侵权责任法》第十六条：侵害他人造成人身损害的，应当赔偿医疗费、护理费、交通费等为治疗和康复支出的合理费用，以及因误工减少的收入。造成残疾的，还应当赔偿残疾生活辅助具费和残疾赔偿金。造成死亡的，还应当赔偿丧葬费和死亡赔偿金。

3.《中华人民共和国侵权责任法》第二十六条：被侵权人对损害的发生也有过错的，可以减轻侵权人的责任。

4.《中华人民共和国侵权责任法》第三十七条第一款：宾馆、商场、银行、车站、娱乐场所等公共场所的管理人或者群众性活动的组织者，未尽到安全保障义务，造成他人损害的，应当承担侵权责任。

5.《最高人民法院关于民事诉讼证据的若干规定》第二条：当事人对自己提出的诉讼请求所依据的事实或者反驳对方诉讼请求所依据的事实有责任提供证据加以证明。没有证据或者证据不足以证明当事人的事实主张的，由负有举证责任的当事人承担不利后果。

6.《中华人民共和国民事诉讼法》第六十四条：当事人对自己提出的主张，有责任提供证据。当事人及其诉讼代理人因客观原因不能自行收集的证据，或者人民法院认为审理案件需要的证据，人民法院应当调查收集。人民法院应当按照法定程序，全面地、客观地审查核实证据。

7.《中华人民共和国民事诉讼法》第一百零七条：人民法院裁定先予执行的，应当符合下列条件：（一）当事人之间权利义务关系明确，不先予执行将严重影响申请人的生活或者生产经营的；（二）被申请人有履行能力。人民法院可以责令申请人提供担保，申请人不提供担保的，驳回申请。申请人败诉的，应当赔偿被申请人因先予执行遭受的财产损失。

[分析]

被告经营的"保龄球廊桥"项目系免费的自助项目，项目本身也不需要教练员的陪同。被告在事发地正门入口处也设置了安全提醒。事发后，被告第一时间赶到现场察看原告的伤情、给予指导、积极配合120的施救。但被告"保龄球廊桥"项目所在场所却不是只有通过正门才能进入，如果原告从非正门进入，则不能排除原告看不见被告的安全提醒，即被告的安全提醒、安全告知行为并不充分。由于被告安全告知行为的不充分，导致原告的防范意识没有相应提高是不能排除的。另外，原告作为成年人自己踩在"保龄球廊桥"的木桩上游玩滑倒受伤，系原告自身的不慎造成自己受伤。其所踩的木桩、所使用的游乐设施无证据证明不符合规定。原告自身的不慎是其受伤的直接、主要原因，原告应承担主要责任。被告只是未充分尽到安全保障义务，且被告未充分尽到安全保障义务与原告受伤无直接的因果关系，只是导致不能排除原告的防范意识没有相应提高。被告只应承担次要责任。但考虑到原告相对于被告是弱势群体，出于保护弱势群体的需要，在主次责任上，具体判令被告承当30%的责任，由原告自行承担70%的责任。

三、启示

旅游经营者应对所提供的相关游乐设施尽到安全保障义务，及时做好安全提醒、安全告知工作。广大旅游者也需提高防范意识，在旅游过程中时刻注意保护自身的人身安全。

第12章　旅游纠纷的解决案例

培训目标：掌握旅游纠纷的概念、基本类型及旅游投诉的受理及处理的基本程序。

12.1　旅游纠纷及解决途径

【案例12-1】不合理低价赴泰游①

一、案例介绍

安徽省国泰国际旅行社有限责任公司以1300元/人的不合理低价诱骗招徕、组织19名旅游者于2017年6月13日至19日赴泰国7日游。经查实，旅游行程开始前，安徽省国泰国际旅行社有限责任公司未告知旅游者旅游行程中有另行付费的旅游项目，领队通过安排旅游者参加购物和另行付费旅游项目直接领取佣金、获取回扣等不正当利益，且该领队不符合出境游领队法定条件。

二、法理分析

[适用法条]

1. 《旅游法》第三十五条第一款：旅行社不得以不合理的低价组织旅游活动，诱骗旅游者，并通过安排购物或者另行付费旅游项目获取回扣等不正当利益。

2. 《旅游法》第三十六条：旅行社组织团队出境旅游或者组织、接待团队入境旅游，应当按照规定安排领队或者导游全程陪同。

3. 《旅游法》第九十六条：旅行社违反本法规定，有下列行为之一的，由旅游主管部门责令改正，没收违法所得，并处五千元以上五万元以下罚款；情节严重的，责令停业整顿或者吊销旅行社业务经营许可证；对直接负责的主管人员和其他直接责任人员，处二千元以上二万元以下罚款：（一）未按照规定为出境或者入境团队旅游安排领

---

① 根据资料改编。资料来源：《国泰国际旅行社被罚款停业　安徽公布5大旅游投诉案例》，中国经济网，2019年7月13日，http：//travel. ce. cn/gdtj/201803/14/t20180314_6257104. shtml。

队或者导游全程陪同的；（二）安排未取得导游证的人员提供导游服务或者安排不具备领队条件的人员提供领队服务的；（三）未向临时聘用的导游支付导游服务费用的；（四）要求导游垫付或者向导游收取费用的。

4. 《旅游法》第九十八条：旅行社违反本法第三十五条规定的，由旅游主管部门责令改正，没收违法所得，责令停业整顿，并处三万元以上三十万元以下罚款；违法所得三十万元以上的，并处违法所得一倍以上五倍以下罚款；情节严重的，吊销旅行社业务经营许可证；对直接负责的主管人员和其他直接责任人员，没收违法所得，处二千元以上二万元以下罚款，并暂扣或者吊销导游证。

[分析]

本案中，安徽国泰国际旅行社以不合理低价诱骗招徕、组织 19 名旅游者赴泰游，安排旅游者参加购物和另行付费旅游项目直接领取佣金、获取回扣等不正当利益，违反了《旅游法》第三十五条之规定。该旅行社所安排的领队不符合出境游领队法定条件，违反了《旅游法》第三十六条之规定。

依据《旅游法》第九十六、第九十八条所规定的处罚标准，合肥市旅游局对该旅行社合并作出罚款 35000 元，并责令停业整顿 1 个月的行政处罚。对直接负责的主管人员作出 4000 元罚款的行政处罚。

三、启　示

《旅游法》明令禁止旅行社以不合理低价组织旅游活动，严禁通过安排购物、另行付费旅游项目获取回扣等不正当利益，这是旅行社组织旅游活动的基点。

【案例 12 - 2】游客乘旅行车受伤，该诉侵权还是违约？[①]

一、案例介绍

2011 年 10 月 24 日，D 女士参加了由浙江某旅行社组织的旅游活动并签订了《团队国内旅游合同》，双方约定：旅游时间为 2011 年 10 月 26 日至 10 月 31 日，旅游费用每人 1150 元。该旅游团按约于 10 月 26 日出发，出发当日，即因车辆行驶过程中急刹车，导致 D 女士受伤。D 女士被送往山东省日照市人民医院住院治疗，出院记录记载：诊断为闭合性胸外伤，左侧多发肋骨骨折，左侧气胸；胸部 X 线显示左侧第 3~5 根肋骨骨折。D 女士住院 5 天后经医院同意回宁波到鄞州二院继续住院治疗，出院记录记载：入院时经诊断为左侧多发肋骨骨折，左肺挫伤，左侧气胸引流术后又住院治疗 9 天后出院。同年 12 月 22 日，D 女士的伤情经宁波某司法鉴定所鉴定并出司法鉴定意见书：因交通事故致左侧 5 根肋骨骨折的伤残等级评定为十级，建议伤后的误工损失日为

---

①　根据资料改编。资料来源：浙江省宁波市中级人民法院：《旅游合同纠纷如何处理》，110 法律咨询网，2013 年 2 月 28 日，https：// www. sogou. com/ link？ url = DSOYnZeCC_pHOGfPNIi0JJfxWGs0aWQzGibDTPys3R7zKWbujDJOQTh3ZfoXRJBg。

120 日，伤后的护理期限为 30 日，伤后的营养期限为 30 日。D 女士为此支付鉴定费 1600 元。

D 女士诉至法院，请求判令浙江某旅行社赔偿其医疗费、残疾赔偿金、误工费、精神损失费等各项损失共计 29 万余元。

在分清是非、明晰责任的基础上，本案经法院调解，由浙江某旅行社分期赔偿 D 女士医疗费、残疾赔偿金、误工费等损失共计 20 万元，该案得以妥善解决。

二、法理分析

[适用法条]

1. 《合同法》第一百二十二条：因当事人一方的违约行为，侵害对方人身、财产权益的，受损害方有权选择依照本法要求其承担违约责任或者依照其他法律要求其承担侵权责任。

2. 《旅游法》第七十条第一款：旅行社不履行包价旅游合同义务或者履行合同义务不符合约定的，应当依法承担继续履行、采取补救措施或者赔偿损失等违约责任；造成旅游者人身损害、财产损失的，应当依法承担赔偿责任。旅行社具备履行条件，经旅游者要求仍拒绝履行合同，造成旅游者人身损害、滞留等严重后果的，旅游者还可以要求旅行社支付旅游费用一倍以上三倍以下的赔偿金。

[分析]

我国《合同法》第一百二十二条规定："因当事人一方的违约行为，侵害对方人身、财产权益的，受损害方有权选择依照本法要求承担违约责任或者依照其他法律要求承担侵权责任。"

违约之诉与侵权之诉作为不同的诉讼责任类型，在构成要件、举证责任、赔偿范围等方面均存在一定差异。通常情况下，提起违约之诉的不能再行主张精神损害赔偿，但旅游合同这种以精神愉悦为目的的合同能否主张精神损害赔偿，理论界与实务界所持争议均较大。

基于我国奉行严格的精神损害赔偿法定主义，在我国现行立法中找不到支持合同之诉中的精神损害赔偿的依据之考虑，旅游合同纠纷不适用精神损害赔偿。

同时，对于严重违约造成严重损害后果的个案，法官可以酌情判处违约金，或者当事人可以提起侵权之诉主张精神损害赔偿。对此，在诉讼过程中法官应主动行使释明权，使当事人自主选择是否变更诉请。

本案因提供交通运输服务的旅游辅助服务者的原因致旅游者受伤，从而导致旅游经营者违约，构成侵权之诉与违约之诉的竞合，当事人可选择其一行使请求权。人民法院应当根据当事人选择的请求权确定案由，并确定旅游经营者、旅游辅助服务者在诉讼中的地位。原告选择以旅游合同纠纷起诉被告，并不违反法律相关规定。

具体到本案，原告 D 女士原先在诉请中要求被告赔偿精神抚慰金 5000 元，因其以旅游合同纠纷起诉，经一审法院释明，原告撤回了该项诉请。根据私法"意思自治"

精神，当事人在合同中对精神损害赔偿作出明确约定的，因并未违反法律、法规强制性规定，可将其视为对违约责任承担的约定，理应认定合法有效，各方应依约履行。

三、启示

违约责任与侵权责任的竞合问题一直是近现代民法学说与判例长期争论不休的重要课题。我国《合同法》第一百二十二条规定："因当事人一方的违约行为，侵害对方人身、财产权益的，受损害方有权选择依照本法要求承担违约责任或者依照其他法律要求承担侵权责任。"

在具体的司法实践中存在着合同法与侵权法的交错，同时，基于现代立法对消费者权益的特别保护，在合同纠纷领域又往往存在着《合同法》与《消费者权益保护法》的交错。旅游者的损失，可能由于旅游经营者的违约行为造成，也可能由于旅游经营者或旅游辅助服务者的侵权行为导致，故旅游经营者的行为可能同时构成违约和侵权。此时，当事人对其赔偿请求权具有选择的权利，既可请求旅游经营者承担违约责任，也可请求其承担侵权责任，或者请求旅游经营者、旅游辅助服务者承担侵权责任。涉案旅游合同纠纷中的旅游者兼具消费者与合同当事人的双重身份，按照我国的立法指导思想，原则上并不排除适用《消费者权益保护法》的相关规定。

12.2　旅游投诉制度

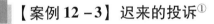

【案例 12 – 3】迟来的投诉①

一、案例介绍

重庆市民余某等 3 人报名参加了重庆某旅行社组织的香港五日游（2011 年 7 月 4 日至 7 月 8 日），并签订了出境旅游合同。7 月 6 日凌晨，余某在香港某酒店房间内意外摔伤，导致其后续行程无法参加。余某等人返回重庆后，并未及时投诉维权，而是从 2012 年 10 月起才陆续分别向重庆市旅游投诉处理机构递交投诉书、仲裁申请书，反映旅行社将余某等 3 人遗弃在港的情况，要求维权处理。2013 年 1 月 18 日，重庆市旅游投诉处理机构经审核后，书面决定不予受理。余某等人对此处理结果不满，遂提起行政诉讼。一审法院判决驳回起诉，余某等人上诉。二审认为，根据《旅游投诉处理办法》，超过旅游合同结束之日 90 天的投诉不予受理。余某等人的投诉时间超过了投诉时限，重庆市旅游投诉处理机构接到投诉后，已告知其投诉超过受理时限，重庆市旅游投

---

① 根据资料改编。资料来源：唐中明：《香港旅游意外受伤一年才投诉》，载于《重庆晚报》2013 年 11 月 5 日。

诉处理机构的不予受理行为合法。为此，二审判决驳回上诉，维持原判。

二、法理分析

[适用法条]

1. 《旅游投诉处理办法》第九条规定："下列情形不予受理：……（四）超过旅游合同结束之日 90 天的；……"

2. 《旅游法》第九十二条：旅游者与旅游经营者发生纠纷，可以通过下列途径解决：（一）双方协商；（二）向消费者协会、旅游投诉受理机构或者有关调解组织申请调解；（三）根据与旅游经营者达成的仲裁协议提请仲裁机构仲裁；（四）向人民法院提起诉讼。

[分析]

《旅游投诉处理办法》规定，旅游者向旅游投诉处理机构请求保护合法权益的投诉时效期限为自旅游合同履行完毕之日起的 90 天内。旅游者的合法权益遭到侵害时，应当在 90 天内，依照法定程序，向法定机关提出自己的维权主张。本案中，余某等 3 人自 2011 年 7 月旅游合同结束，到 2012 年 10 月开始投诉，其间时间跨度达一年以上，已经远远超过了 90 天的旅游投诉时效期限，旅游投诉处理机构不予受理的行为合法。

依据《旅游法》第九十二条的规定，旅游者与旅游经营者发生纠纷，除了可以向旅游投诉受理机构投诉，还可向消费者协会或者有关调解组织申请调解，也可以根据与旅游经营者达成的仲裁协议提请仲裁机构仲裁，或者向人民法院提起诉讼。本案中，余某等 3 人亦可以直接起诉旅行社，但依法同样存在 1 年的诉讼时效。

三、启示

旅游者维护自身合法权益要注意时效期限，投诉时效期限为自旅游合同履行完毕之日起的 90 天内，诉讼时效期限为一年内。超过有效时限，旅游者维护自身权益的相关诉求将不受法律支持。

【案例 12-4】 低价团费为饵，钓的就是你[①]

一、案例介绍

某年 1 月 29 日，某女士致电旅游服务热线 12301，反映其夫妇二人参加了广东省的某旅行社组织的"海南 4 天 3 夜游"，当行程至海南兴隆时，地陪坚持要求每人必须参加 400 元以上的自费项目才能入住酒店。夫妇二人在与地陪交涉未果的情况下，作出让步，决定让其丈夫参加，该女士自己不参加，但地陪仍然不同意。该女士遂请求 12301

---

① 根据资料改编。资料来源：《低价团费为饵 小心上钩》，搜狐网，2019 年 3 月 15 日，http：//www. so-hu. com/a/301584429_120067461。

的客服人员协助解决。随后，客服人员向地陪和旅行社了解情况：地陪表示游客团费较低，不能维持成本，只能按公司要求做；旅行社表示会解决好。半小时后，该女士回电表示旅行社同意其丈夫一人参加自费项目（530 元）就可以让他们入住酒店，夫妇二人认为基本能接受，遂表示不再投诉。但 1 月 31 日早上，该女士再次致电 12301 继续投诉，称其发现同团的其他游客并没交自费项目就可以入住酒店，且当晚其丈夫不忍心妻子在外等候，交了两人的自费项目费用一共 800 多元，该女士要求旅行社退回所交的自费项目费用，并道歉。

二、法理分析

[适用法条]

1. 《旅游法》第三十五条第一款：旅行社不得以不合理的低价组织旅游活动，诱骗旅游者，并通过安排购物或者另行付费旅游项目获取回扣等不正当利益。

2. 《旅游投诉处理办法》第八条：投诉人可以就下列事项向旅游投诉处理机构投诉：（一）认为旅游经营者违反合同约定的；（二）因旅游经营者的责任致使投诉人人身、财产受到损害的；（三）因不可抗力、意外事故致使旅游合同不能履行或者不能完全履行，投诉人与被投诉人发生争议的；（四）其他损害旅游者合法权益的。

[分析]

本案例属于典型的低价团费所造成的强迫购物和消费问题。案例发生时间为 2012年，当时适用的《旅行社条例》第二十七条规定，旅行社不得以低于旅游成本的报价招徕旅游者。未经旅游者同意，旅行社不得在旅游合同之外提供其他有偿服务。2013年 10 月颁布施行的《旅游法》第三十五条更明确规定："旅行社不得以不合理的低价组织旅游活动，诱骗旅游者，并通过安排购物或者另行付费旅游项目获取回扣等不正当利益。"本案例中的旅行社以低价组团，地陪以不购买自费项目就不能入住酒店为由强迫游客消费，依法不容，应该退还该游客夫妇的相关费用，并视情节轻重给予旅行社及地陪以惩处。案例情形符合《旅游投诉处理办法》受理条件，旅游质监部门应该予以受理。

本案例中，当旅游质监部门介入调解时，该游客夫妇已与旅行社协商处理，旅行社退回了相关费用，且游客夫妇再无其他投诉理由，因此旅游质监部门无须再跟进此案，不再受理。

[点评]

本案例所反映的现象在当今旅游市场中十分普遍。很多时候，游客早已意识到了低价团所带来的各种购物、加点等风险，但仍然会选择此类旅游团出游，而这恰恰助长了这种畸形的营运模式。旅行社通过购物加点收费来弥补营运成本甚至榨取利润，大大影响了出团质量与旅游服务，侵犯了游客权益。要从根源上找到解决零负团费问题的方法，不能仅靠事后调解，而应注重引导消费者理性消费，改善整个旅行社市场环境。

【案例 12 - 5】 自费项目未告知①

一、案例介绍

F 女士到某旅行社报名某地旅游,工作人员向她推荐旅游线路、服务标准,F 女士接受了。F 女士交付旅游团款,旅行社出具旅游发票后,旅行社工作人员告知 F 女士,每一位旅游者在境外必须参加自费项目,办护照的费用也由旅游者直接交给公安部门。F 女士认为旅行社工作人员有意隐瞒事实真相,存在欺诈行为。

二、法理分析

[适用法条]

1.《旅游法》第九条:旅游者有权自主选择旅游产品和服务,有权拒绝旅游经营者的强制交易行为。旅游者有权知悉其购买的旅游产品和服务的真实情况。旅游者有权要求旅游经营者按照约定提供产品和服务。

2.《旅游法》第三十二条:旅行社为招徕、组织旅游者发布信息,必须真实、准确,不得进行虚假宣传,误导旅游者。

3.《旅游法》第三十五条:旅行社不得以不合理的低价组织旅游活动,诱骗旅游者,并通过安排购物或者另行付费旅游项目获取回扣等不正当利益。旅行社组织、接待旅游者,不得指定具体购物场所,不得安排另行付费旅游项目。但是,经双方协商一致或者旅游者要求,且不影响其他旅游者行程安排的除外。发生违反前两款规定情形的,旅游者有权在旅游行程结束后三十日内,要求旅行社为其办理退货并先行垫付退货货款,或者退还另行付费旅游项目的费用。

[分析]

依据《旅游法》,旅游者对旅游产品与服务有自主选择权、知悉真相权;旅行社必须真实、准确地告知旅游者相关旅游信息,不得误导与虚假宣传,不得安排另行付费旅游项目。

本案中,鉴于旅行社的所作所为,经旅游管理部门协调,旅行社退还旅游者全额旅游团款,旅游行程被取消。

三、启示

旅行社作为旅游服务的经营者,必须事先向旅游者履行告知、答复和解释义务,告知旅游者各种费用的支出。

---

① 根据资料改编。资料来源:《旅游维权案例|四大旅游投诉案例分析 帮游客出行排难解"游"》,搜狐·乌尔盖旅游,2019 年 1 月 8 日,http://www.sohu.com/a/287560024_195050。

【案例 12 - 6】游客投诉旅行社擅自变更旅游行程[①]

一、案例介绍

S 女士一行两人在潍坊市区某旅行社报名泰国游。旅游行程中，旅行社未按合同约定组织安排游览全部景点，住宿酒店及餐饮也未达合同约定标准。行程结束，S 女士将该旅行社投诉至潍坊市旅游质监部门，要求退还全部旅游费用。

二、法理分析

[适用法条]

1.《旅游法》第一百条：旅行社违反本法规定，有下列行为之一的，由旅游主管部门责令改正，处三万元以上三十万元以下罚款，并责令停业整顿；造成旅游者滞留等严重后果的，吊销旅行社业务经营许可证；对直接负责的主管人员和其他直接责任人员，处二千元以上二万元以下罚款，并暂扣或者吊销导游证、领队证。（一）在旅游行程中擅自变更旅游行程安排，严重损害旅游者权益的；（二）拒绝履行合同的；（三）未征得旅游者书面同意，委托其他旅行社履行包价旅游合同的。

2.《旅行社服务质量赔偿标准》第八条：旅行社安排的旅游活动及服务档次与合同不符，造成旅游者经济损失的，旅行社应退还旅游者合同金额与实际花费的差额，并支付同额违约金。

3.《旅行社服务质量赔偿标准》第十条第一款：旅行社及导游或领队违反旅行社与旅游者的合同约定，损害旅游者合法权益的，旅行社按下述标准承担赔偿责任：（一）擅自缩短游览时间、遗漏旅游景点、减少旅游服务项目的，旅行社应赔偿未完成约定旅游服务项目等合理费用，并支付同额违约金。遗漏无门票景点的，每遗漏一处旅行社向旅游者支付旅游费用总额 5% 的违约金。

[分析]

根据《旅游法》与《旅行社服务质量赔偿标准》相关规定，擅自缩短游览时间、遗漏旅游景点、减少旅游服务项目的，旅行社应赔偿未完成约定旅游服务项目等合理费用，并支付同额违约金。旅行社安排的旅游活动及服务档次与合同不符，造成旅游者经济损失的，旅行社应退还旅游者合同金额与实际花费的差额，并支付同额违约金。情节严重的，对直接负责的主管人员和其他直接责任人员要处以相应行政处罚。

本案中，旅行社擅自变更旅游行程，住宿及餐饮安排未达合约标准，已经违反了上述法律条文。经调解，旅行社赔付宋女士等人 1/3 团费作为补偿。

---

① 根据资料改编。资料来源：《合理维权！潍坊通报 2018 年十大旅游投诉典型案例》，搜狐·文明潍坊，2019 年 3 月 14 日，http://www.sohu.com/a/301293030_368039。

三、启　示

游客在参团前，要认真阅读并签订旅游合同，启程前对合同约定的景点、住宿、交通工具等细节进行确认，避免旅行途中发生纠纷，影响体验。发现旅游企业违反合同约定的行为，注意保留相关证据，及时向相关旅游管理部门反映。

 【案例 12 - 7】 旅游购物，他乡遇老乡诱骗把戏多①

一、案例介绍

2016 年 6 月，中山市旅游局联合公安、工商、发改、交通、质监等部门开展联合执法检查，集中开展整治旅游购物市场专项行动。据调查，从 2015 年起，以湖南省祁阳县籍为主的人员先后在中山市南朗镇开设了 13 家专门接待外地旅客团体的经营玉器、丝绸床上用品商场，其中经营玉器的商场 6 家，从业人员众多；警方进一步调查还发现，该镇各旅游购物场所均与市外旅游公司、导游存在一定的利益挂钩。他们用"他乡遇老乡"的把戏诱骗不明真相的游客高价购买玉器、珠宝。2016 年 6 月 22 日，中山市公安局以涉嫌非国家机关工作人员受贿罪抓获了非法组织游客购物的梁某某，并予以刑事拘留审查。6 月 23 日，中山市公安局经侦支队、中山市国家税务局联合突击检查了部分游客投诉较多的珠宝工艺品店，对涉及逃税情况进行核查，缴获涉案 POS 机、电脑等物品一批。

二、法理分析

[适用法条]

《旅游法》第三十五条：旅行社不得以不合理的低价组织旅游活动，诱骗旅游者，并通过安排购物或者另行付费旅游项目获取回扣等不正当利益。旅行社组织、接待旅游者，不得指定具体购物场所，不得安排另行付费旅游项目。但是，经双方协商一致或者旅游者要求，且不影响其他旅游者行程安排的除外。发生违反前两款规定情形的，旅游者有权在旅游行程结束后三十日内，要求旅行社为其办理退货并先行垫付退货货款，或者退还另行付费旅游项目的费用。

[分析]

本案例反映出，2016 年前后，中山市一些销售珠宝玉器、床上用品的旅游购物点，专门针对外省旅行社组织的低价港澳旅游团队的回程游客，以次充好，虚高价格，诱骗游客购物。依据《旅游法》的相关规定，旅游者未与旅行社达成购物协议，旅行社在行程中指定具体的购物场所诱骗游客购物的，行程结束后 30 天内旅游者有权要求旅行

---

① 　根据资料改编。资料来源：《十大旅游投诉案例分析》，肇庆市旅游局，转引自：舟山市职高旅游名师虞燕芬工作室网站，2018 年 10 月 17 日，http：//msgl. zsjyxy. cn/Item/60677. aspx。

社办理退货并先行垫付退货款。旅游者在旅游服务合同中约定的购物场所买到假冒伪劣商品，旅行社应当负责挽回或赔偿旅游者的直接经济损失。

三、启示

提醒游客朋友，这种玉器店遇到"老乡"便打折优惠的把戏一直都在全国各旅游城市"打游击战"。出门在外的游客要擦亮眼睛，多长个心眼。

附　　录

《中华人民共和国旅游法》（2018 年修正）

（2013 年 4 月 25 日第十二届全国人民代表大会常务委员会第二次会议通过；根据 2016 年 11 月 7 日第十二届全国人民代表大会常务委员会第二十四次会议《关于修改〈中华人民共和国对外贸易法〉等十二部法律的决定》第一次修正；根据 2018 年 10 月 26 日第十三届全国人民代表大会常务委员会第六次会议《关于修改〈中华人民共和国野生动物保护法〉等十五部法律的决定》第二次修正。）

目　　录

第一章　总　　则

第一条　为保障旅游者和旅游经营者的合法权益，规范旅游市场秩序，保护和合理利用旅游资源，促进旅游业持续健康发展，制定本法。

第二条　在中华人民共和国境内的和在中华人民共和国境内组织到境外的游览、度假、休闲等形式的旅游活动以及为旅游活动提供相关服务的经营活动，适用本法。

第三条　国家发展旅游事业，完善旅游公共服务，依法保护旅游者在旅游活动中的权利。

第四条 旅游业发展应当遵循社会效益、经济效益和生态效益相统一的原则。国家鼓励各类市场主体在有效保护旅游资源的前提下，依法合理利用旅游资源。利用公共资源建设的游览场所应当体现公益性质。

第五条 国家倡导健康、文明、环保的旅游方式，支持和鼓励各类社会机构开展旅游公益宣传，对促进旅游业发展做出突出贡献的单位和个人给予奖励。

第六条 国家建立健全旅游服务标准和市场规则，禁止行业垄断和地区垄断。旅游经营者应当诚信经营，公平竞争，承担社会责任，为旅游者提供安全、健康、卫生、方便的旅游服务。

第七条 国务院建立健全旅游综合协调机制，对旅游业发展进行综合协调。县级以上地方人民政府应当加强对旅游工作的组织和领导，明确相关部门或者机构，对本行政区域的旅游业发展和监督管理进行统筹协调。

第八条 依法成立的旅游行业组织，实行自律管理。

第二章 旅 游 者

第九条 旅游者有权自主选择旅游产品和服务，有权拒绝旅游经营者的强制交易行为。

旅游者有权知悉其购买的旅游产品和服务的真实情况。

旅游者有权要求旅游经营者按照约定提供产品和服务。

第十条 旅游者的人格尊严、民族风俗习惯和宗教信仰应当得到尊重。

第十一条 残疾人、老年人、未成年人等旅游者在旅游活动中依照法律、法规和有关规定享受便利和优惠。

第十二条 旅游者在人身、财产安全遇有危险时，有请求救助和保护的权利。旅游者人身、财产受到侵害的，有依法获得赔偿的权利。

第十三条 旅游者在旅游活动中应当遵守社会公共秩序和社会公德，尊重当地的风俗习惯、文化传统和宗教信仰，爱护旅游资源，保护生态环境，遵守旅游文明行为规范。

第十四条 旅游者在旅游活动中或者在解决纠纷时，不得损害当地居民的合法权益，不得干扰他人的旅游活动，不得损害旅游经营者和旅游从业人员的合法权益。

第十五条 旅游者购买、接受旅游服务时，应当向旅游经营者如实告知与旅游活动相关的个人健康信息，遵守旅游活动中的安全警示规定。

旅游者对国家应对重大突发事件暂时限制旅游活动的措施以及有关部门、机构或者旅游经营者采取的安全防范和应急处置措施，应当予以配合。

旅游者违反安全警示规定，或者对国家应对重大突发事件暂时限制旅游活动的措施、安全防范和应急处置措施不予配合的，依法承担相应责任。

第十六条 出境旅游者不得在境外非法滞留，随团出境的旅游者不得擅自分团、脱团。

入境旅游者不得在境内非法滞留，随团入境的旅游者不得擅自分团、脱团。

第三章　旅游规划和促进

第十七条　国务院和县级以上地方人民政府应当将旅游业发展纳入国民经济和社会发展规划。

国务院和省、自治区、直辖市人民政府以及旅游资源丰富的设区的市和县级人民政府，应当按照国民经济和社会发展规划的要求，组织编制旅游发展规划。对跨行政区域且适宜进行整体利用的旅游资源进行利用时，应当由上级人民政府组织编制或者由相关地方人民政府协商编制统一的旅游发展规划。

第十八条　旅游发展规划应当包括旅游业发展的总体要求和发展目标，旅游资源保护和利用的要求和措施，以及旅游产品开发、旅游服务质量提升、旅游文化建设、旅游形象推广、旅游基础设施和公共服务设施建设的要求和促进措施等内容。

根据旅游发展规划，县级以上地方人民政府可以编制重点旅游资源开发利用的专项规划，对特定区域内的旅游项目、设施和服务功能配套提出专门要求。

第十九条　旅游发展规划应当与土地利用总体规划、城乡规划、环境保护规划以及其他自然资源和文物等人文资源的保护和利用规划相衔接。

第二十条　各级人民政府编制土地利用总体规划、城乡规划，应当充分考虑相关旅游项目、设施的空间布局和建设用地要求。规划和建设交通、通信、供水、供电、环保等基础设施和公共服务设施，应当兼顾旅游业发展的需要。

第二十一条　对自然资源和文物等人文资源进行旅游利用，必须严格遵守有关法律、法规的规定，符合资源、生态保护和文物安全的要求，尊重和维护当地传统文化和习俗，维护资源的区域整体性、文化代表性和地域特殊性，并考虑军事设施保护的需要。有关主管部门应当加强对资源保护和旅游利用状况的监督检查。

第二十二条　各级人民政府应当组织对本级政府编制的旅游发展规划的执行情况进行评估，并向社会公布。

第二十三条　国务院和县级以上地方人民政府应当制定并组织实施有利于旅游业持续健康发展的产业政策，推进旅游休闲体系建设，采取措施推动区域旅游合作，鼓励跨区域旅游线路和产品开发，促进旅游与工业、农业、商业、文化、卫生、体育、科教等领域的融合，扶持少数民族地区、革命老区、边远地区和贫困地区旅游业发展。

第二十四条　国务院和县级以上地方人民政府应当根据实际情况安排资金，加强旅游基础设施建设、旅游公共服务和旅游形象推广。

第二十五条　国家制定并实施旅游形象推广战略。国务院旅游主管部门统筹组织国家旅游形象的境外推广工作，建立旅游形象推广机构和网络，开展旅游国际合作与交流。

县级以上地方人民政府统筹组织本地的旅游形象推广工作。

第二十六条　国务院旅游主管部门和县级以上地方人民政府应当根据需要建立旅游公共信息和咨询平台，无偿向旅游者提供旅游景区、线路、交通、气象、住宿、安全、医疗急救等必要信息和咨询服务。设区的市和县级人民政府有关部门应当根据需要在交通枢纽、商业中心和旅游者集中场所设置旅游咨询中心，在景区和通往主要景区的道路设置旅游指示标识。

旅游资源丰富的设区的市和县级人民政府可以根据本地的实际情况，建立旅游客运专线或者游客中转站，为旅游者在城市及周边旅游提供服务。

第二十七条　国家鼓励和支持发展旅游职业教育和培训，提高旅游从业人员素质。

第四章　旅　游　经　营

第二十八条　设立旅行社，招徕、组织、接待旅游者，为其提供旅游服务，应当具备下列条件，取得旅游主管部门的许可，依法办理工商登记：

（一）有固定的经营场所；

（二）有必要的营业设施；

（三）有符合规定的注册资本；

（四）有必要的经营管理人员和导游；

（五）法律、行政法规规定的其他条件。

第二十九条　旅行社可以经营下列业务：

（一）境内旅游；

（二）出境旅游；

（三）边境旅游；

（四）入境旅游；

（五）其他旅游业务。

旅行社经营前款第二项和第三项业务，应当取得相应的业务经营许可，具体条件由国务院规定。

第三十条　旅行社不得出租、出借旅行社业务经营许可证，或者以其他形式非法转让旅行社业务经营许可。

第三十一条　旅行社应当按照规定交纳旅游服务质量保证金，用于旅游者权益损害赔偿和垫付旅游者人身安全遇有危险时紧急救助的费用。

第三十二条　旅行社为招徕、组织旅游者发布信息，必须真实、准确，不得进行虚假宣传，误导旅游者。

第三十三条　旅行社及其从业人员组织、接待旅游者，不得安排参观或者参与违反我国法律、法规和社会公德的项目或者活动。

第三十四条　旅行社组织旅游活动应当向合格的供应商订购产品和服务。

第三十五条　旅行社不得以不合理的低价组织旅游活动，诱骗旅游者，并通过安排购物或者另行付费旅游项目获取回扣等不正当利益。

旅行社组织、接待旅游者，不得指定具体购物场所，不得安排另行付费旅游项目。但是，经双方协商一致或者旅游者要求，且不影响其他旅游者行程安排的除外。

发生违反前两款规定情形的，旅游者有权在旅游行程结束后三十日内，要求旅行社为其办理退货并先行垫付退货货款，或者退还另行付费旅游项目的费用。

第三十六条 旅行社组织团队出境旅游或者组织、接待团队入境旅游，应当按照规定安排领队或者导游全程陪同。

第三十七条 参加导游资格考试成绩合格，与旅行社订立劳动合同或者在相关旅游行业组织注册的人员，可以申请取得导游证。

第三十八条 旅行社应当与其聘用的导游依法订立劳动合同，支付劳动报酬，缴纳社会保险费用。

旅行社临时聘用导游为旅游者提供服务的，应当全额向导游支付本法第六十条第三款规定的导游服务费用。

旅行社安排导游为团队旅游提供服务的，不得要求导游垫付或者向导游收取任何费用。

第三十九条 从事领队业务，应当取得导游证，具有相应的学历、语言能力和旅游从业经历，并与委派其从事领队业务的取得出境旅游业务经营许可的旅行社订立劳动合同。

第四十条 导游和领队为旅游者提供服务必须接受旅行社委派，不得私自承揽导游和领队业务。

第四十一条 导游和领队从事业务活动，应当佩戴导游证，遵守职业道德，尊重旅游者的风俗习惯和宗教信仰，应当向旅游者告知和解释旅游文明行为规范，引导旅游者健康、文明旅游，劝阻旅游者违反社会公德的行为。

导游和领队应当严格执行旅游行程安排，不得擅自变更旅游行程或者中止服务活动，不得向旅游者索取小费，不得诱导、欺骗、强迫或者变相强迫旅游者购物或者参加另行付费旅游项目。

第四十二条 景区开放应当具备下列条件，并听取旅游主管部门的意见：

（一）有必要的旅游配套服务和辅助设施；

（二）有必要的安全设施及制度，经过安全风险评估，满足安全条件；

（三）有必要的环境保护设施和生态保护措施；

（四）法律、行政法规规定的其他条件。

第四十三条 利用公共资源建设的景区的门票以及景区内的游览场所、交通工具等另行收费项目，实行政府定价或者政府指导价，严格控制价格上涨。拟收费或者提高价格的，应当举行听证会，征求旅游者、经营者和有关方面的意见，论证其必要性、可行性。

利用公共资源建设的景区，不得通过增加另行收费项目等方式变相涨价；另行收费项目已收回投资成本的，应当相应降低价格或者取消收费。

公益性的城市公园、博物馆、纪念馆等，除重点文物保护单位和珍贵文物收藏单位外，应当逐步免费开放。

第四十四条 景区应当在醒目位置公示门票价格、另行收费项目的价格及团体收费价格。景区提高门票价格应当提前六个月公布。

将不同景区的门票或者同一景区内不同游览场所的门票合并出售的，合并后的价格不得高于各单项门票的价格之和，且旅游者有权选择购买其中的单项票。

景区内的核心游览项目因故暂停向旅游者开放或者停止提供服务的，应当公示并相应减少收费。

第四十五条　景区接待旅游者不得超过景区主管部门核定的最大承载量。景区应当公布景区主管部门核定的最大承载量，制定和实施旅游者流量控制方案，并可以采取门票预约等方式，对景区接待旅游者的数量进行控制。

旅游者数量可能达到最大承载量时，景区应当提前公告并同时向当地人民政府报告，景区和当地人民政府应当及时采取疏导、分流等措施。

第四十六条　城镇和乡村居民利用自有住宅或者其他条件依法从事旅游经营，其管理办法由省、自治区、直辖市制定。

第四十七条　经营高空、高速、水上、潜水、探险等高风险旅游项目，应当按照国家有关规定取得经营许可。

第四十八条　通过网络经营旅行社业务的，应当依法取得旅行社业务经营许可，并在其网站主页的显著位置标明其业务经营许可证信息。

发布旅游经营信息的网站，应当保证其信息真实、准确。

第四十九条　为旅游者提供交通、住宿、餐饮、娱乐等服务的经营者，应当符合法律、法规规定的要求，按照合同约定履行义务。

第五十条　旅游经营者应当保证其提供的商品和服务符合保障人身、财产安全的要求。

旅游经营者取得相关质量标准等级的，其设施和服务不得低于相应标准；未取得质量标准等级的，不得使用相关质量等级的称谓和标识。

第五十一条　旅游经营者销售、购买商品或者服务，不得给予或者收受贿赂。

第五十二条　旅游经营者对其在经营活动中知悉的旅游者个人信息，应当予以保密。

第五十三条　从事道路旅游客运的经营者应当遵守道路客运安全管理的各项制度，并在车辆显著位置明示道路旅游客运专用标识，在车厢内显著位置公示经营者和驾驶人信息、道路运输管理机构监督电话等事项。

第五十四条　景区、住宿经营者将其部分经营项目或者场地交由他人从事住宿、餐饮、购物、游览、娱乐、旅游交通等经营的，应当对实际经营者的经营行为给旅游者造成的损害承担连带责任。

第五十五条　旅游经营者组织、接待出入境旅游，发现旅游者从事违法活动或者有违反本法第十六条规定情形的，应当及时向公安机关、旅游主管部门或者我国驻外机构报告。

第五十六条　国家根据旅游活动的风险程度，对旅行社、住宿、旅游交通以及本法第四十七条规定的高风险旅游项目等经营者实施责任保险制度。

第五章　旅游服务合同

第五十七条　旅行社组织和安排旅游活动，应当与旅游者订立合同。

第五十八条　包价旅游合同应当采用书面形式，包括下列内容：

（一）旅行社、旅游者的基本信息；

（二）旅游行程安排；

（三）旅游团成团的最低人数；

（四）交通、住宿、餐饮等旅游服务安排和标准；

（五）游览、娱乐等项目的具体内容和时间；

（六）自由活动时间安排；

（七）旅游费用及其交纳的期限和方式；

（八）违约责任和解决纠纷的方式；

（九）法律、法规规定和双方约定的其他事项。

订立包价旅游合同时，旅行社应当向旅游者详细说明前款第二项至第八项所载内容。

第五十九条　旅行社应当在旅游行程开始前向旅游者提供旅游行程单。旅游行程单是包价旅游合同的组成部分。

第六十条　旅行社委托其他旅行社代理销售包价旅游产品并与旅游者订立包价旅游合同的，应当在包价旅游合同中载明委托社和代理社的基本信息。

旅行社依照本法规定将包价旅游合同中的接待业务委托给地接社履行的，应当在包价旅游合同中载明地接社的基本信息。

安排导游为旅游者提供服务的，应当在包价旅游合同中载明导游服务费用。

第六十一条　旅行社应当提示参加团队旅游的旅游者按照规定投保人身意外伤害保险。

第六十二条　订立包价旅游合同时，旅行社应当向旅游者告知下列事项：

（一）旅游者不适合参加旅游活动的情形；

（二）旅游活动中的安全注意事项；

（三）旅行社依法可以减免责任的信息；

（四）旅游者应当注意的旅游目的地相关法律、法规和风俗习惯、宗教禁忌，依照中国法律不宜参加的活动等；

（五）法律、法规规定的其他应当告知的事项。

在包价旅游合同履行中，遇有前款规定事项的，旅行社也应当告知旅游者。

第六十三条　旅行社招徕旅游者组团旅游，因未达到约定人数不能出团的，组团社可以解除合同。但是，境内旅游应当至少提前七日通知旅游者，出境旅游应当至少提前三十日通知旅游者。

因未达到约定人数不能出团的，组团社经征得旅游者书面同意，可以委托其他旅行社履行合同。组团社对旅游者承担责任，受委托的旅行社对组团社承担责任。旅游者不同意的，可以解除合同。

因未达到约定的成团人数解除合同的，组团社应当向旅游者退还已收取的全部费用。

第六十四条　旅游行程开始前，旅游者可以将包价旅游合同中自身的权利义务转让给第三人，旅行社没有正当理由的不得拒绝，因此增加的费用由旅游者和第三人承担。

第六十五条　旅游行程结束前，旅游者解除合同的，组团社应当在扣除必要的费用后，将余款退还旅游者。

第六十六条　旅游者有下列情形之一的，旅行社可以解除合同：

（一）患有传染病等疾病，可能危害其他旅游者健康和安全的；

（二）携带危害公共安全的物品且不同意交有关部门处理的；

（三）从事违法或者违反社会公德的活动的；

（四）从事严重影响其他旅游者权益的活动，且不听劝阻、不能制止的；

（五）法律规定的其他情形。

因前款规定情形解除合同的，组团社应当在扣除必要的费用后，将余款退还旅游者；给旅行社造成损失的，旅游者应当依法承担赔偿责任。

第六十七条　因不可抗力或者旅行社、履行辅助人已尽合理注意义务仍不能避免的事件，影响旅游行程的，按照下列情形处理：

（一）合同不能继续履行的，旅行社和旅游者均可以解除合同。合同不能完全履行的，旅行社经向旅游者作出说明，可以在合理范围内变更合同；旅游者不同意变更的，可以解除合同。

（二）合同解除的，组团社应当在扣除已向地接社或者履行辅助人支付且不可退还的费用后，将余款退还旅游者；合同变更的，因此增加的费用由旅游者承担，减少的费用退还旅游者。

（三）危及旅游者人身、财产安全的，旅行社应当采取相应的安全措施，因此支出的费用，由旅行社与旅游者分担。

（四）造成旅游者滞留的，旅行社应当采取相应的安置措施。因此增加的食宿费用，由旅游者承担；增加的返程费用，由旅行社与旅游者分担。

第六十八条　旅游行程中解除合同的，旅行社应当协助旅游者返回出发地或者旅游者指定的合理地点。由于旅行社或者履行辅助人的原因导致合同解除的，返程费用由旅行社承担。

第六十九条　旅行社应当按照包价旅游合同的约定履行义务，不得擅自变更旅游行程安排。

经旅游者同意，旅行社将包价旅游合同中的接待业务委托给其他具有相应资质的地接社履行的，应当与地接社订立书面委托合同，约定双方的权利和义务，向地接社提供与旅游者订立的包价旅游合同的副本，并向地接社支付不低于接待和服务成本的费用。地接社应当按照包价旅游合同和委托合同提供服务。

第七十条　旅行社不履行包价旅游合同义务或者履行合同义务不符合约定的，应当依法承担继续履行、采取补救措施或者赔偿损失等违约责任；造成旅游者人身损害、财产损失的，应当依法承担赔偿责任。旅行社具备履行条件，经旅游者要求仍拒绝履行合同，造成旅游者人身损害、滞留等严重后果的，旅游者还可以要求旅行社支付旅游费用一倍以上三倍以下的赔偿金。

由于旅游者自身原因导致包价旅游合同不能履行或者不能按照约定履行，或者造成旅游者人身损害、财产损失的，旅行社不承担责任。

在旅游者自行安排活动期间，旅行社未尽到安全提示、救助义务的，应当对旅游者的人身损害、财产损失承担相应责任。

第七十一条 由于地接社、履行辅助人的原因导致违约的，由组团社承担责任；组团社承担责任后可以向地接社、履行辅助人追偿。

由于地接社、履行辅助人的原因造成旅游者人身损害、财产损失的，旅游者可以要求地接社、履行辅助人承担赔偿责任，也可以要求组团社承担赔偿责任；组团社承担责任后可以向地接社、履行辅助人追偿。但是，由于公共交通经营者的原因造成旅游者人身损害、财产损失的，由公共交通经营者依法承担赔偿责任，旅行社应当协助旅游者向公共交通经营者索赔。

第七十二条 旅游者在旅游活动中或者在解决纠纷时，损害旅行社、履行辅助人、旅游从业人员或者其他旅游者的合法权益的，依法承担赔偿责任。

第七十三条 旅行社根据旅游者的具体要求安排旅游行程，与旅游者订立包价旅游合同的，旅游者请求变更旅游行程安排，因此增加的费用由旅游者承担，减少的费用退还旅游者。

第七十四条 旅行社接受旅游者的委托，为其代订交通、住宿、餐饮、游览、娱乐等旅游服务，收取代办费用的，应当亲自处理委托事务。因旅行社的过错给旅游者造成损失的，旅行社应当承担赔偿责任。

旅行社接受旅游者的委托，为其提供旅游行程设计、旅游信息咨询等服务的，应当保证设计合理、可行，信息及时、准确。

第七十五条 住宿经营者应当按照旅游服务合同的约定为团队旅游者提供住宿服务。住宿经营者未能按照旅游服务合同提供服务的，应当为旅游者提供不低于原定标准的住宿服务，因此增加的费用由住宿经营者承担；但由于不可抗力、政府因公共利益需要采取措施造成不能提供服务的，住宿经营者应当协助安排旅游者住宿。

第六章 旅游安全

第七十六条 县级以上人民政府统一负责旅游安全工作。县级以上人民政府有关部门依照法律、法规履行旅游安全监管职责。

第七十七条 国家建立旅游目的地安全风险提示制度。旅游目的地安全风险提示的级别划分和实施程序，由国务院旅游主管部门会同有关部门制定。

县级以上人民政府及其有关部门应当将旅游安全作为突发事件监测和评估的重要

内容。

第七十八条　县级以上人民政府应当依法将旅游应急管理纳入政府应急管理体系，制定应急预案，建立旅游突发事件应对机制。

突发事件发生后，当地人民政府及其有关部门和机构应当采取措施开展救援，并协助旅游者返回出发地或者旅游者指定的合理地点。

第七十九条　旅游经营者应当严格执行安全生产管理和消防安全管理的法律、法规和国家标准、行业标准，具备相应的安全生产条件，制定旅游者安全保护制度和应急预案。

旅游经营者应当对直接为旅游者提供服务的从业人员开展经常性应急救助技能培训，对提供的产品和服务进行安全检验、监测和评估，采取必要措施防止危害发生。

旅游经营者组织、接待老年人、未成年人、残疾人等旅游者，应当采取相应的安全保障措施。

第八十条　旅游经营者应当就旅游活动中的下列事项，以明示的方式事先向旅游者作出说明或者警示：

（一）正确使用相关设施、设备的方法；

（二）必要的安全防范和应急措施；

（三）未向旅游者开放的经营、服务场所和设施、设备；

（四）不适宜参加相关活动的群体；

（五）可能危及旅游者人身、财产安全的其他情形。

第八十一条　突发事件或者旅游安全事故发生后，旅游经营者应当立即采取必要的救助和处置措施，依法履行报告义务，并对旅游者作出妥善安排。

第八十二条　旅游者在人身、财产安全遇有危险时，有权请求旅游经营者、当地政府和相关机构进行及时救助。

中国出境旅游者在境外陷于困境时，有权请求我国驻当地机构在其职责范围内给予协助和保护。

旅游者接受相关组织或者机构的救助后，应当支付应由个人承担的费用。

第七章　旅游监督管理

第八十三条　县级以上人民政府旅游主管部门和有关部门依照本法和有关法律、法规的规定，在各自职责范围内对旅游市场实施监督管理。

县级以上人民政府应当组织旅游主管部门、有关主管部门和市场监督管理、交通等执法部门对相关旅游经营行为实施监督检查。

第八十四条　旅游主管部门履行监督管理职责，不得违反法律、行政法规的规定向监督管理对象收取费用。

旅游主管部门及其工作人员不得参与任何形式的旅游经营活动。

第八十五条　县级以上人民政府旅游主管部门有权对下列事项实施监督检查：

（一）经营旅行社业务以及从事导游、领队服务是否取得经营、执业许可；

（二）旅行社的经营行为；

（三）导游和领队等旅游从业人员的服务行为；

（四）法律、法规规定的其他事项。

旅游主管部门依照前款规定实施监督检查，可以对涉嫌违法的合同、票据、账簿以及其他资料进行查阅、复制。

第八十六条 旅游主管部门和有关部门依法实施监督检查，其监督检查人员不得少于二人，并应当出示合法证件。监督检查人员少于二人或者未出示合法证件的，被检查单位和个人有权拒绝。

监督检查人员对在监督检查中知悉的被检查单位的商业秘密和个人信息应当依法保密。

第八十七条 对依法实施的监督检查，有关单位和个人应当配合，如实说明情况并提供文件、资料，不得拒绝、阻碍和隐瞒。

第八十八条 县级以上人民政府旅游主管部门和有关部门，在履行监督检查职责中或者在处理举报、投诉时，发现违反本法规定行为的，应当依法及时作出处理；对不属于本部门职责范围的事项，应当及时书面通知并移交有关部门查处。

第八十九条 县级以上地方人民政府建立旅游违法行为查处信息的共享机制，对需要跨部门、跨地区联合查处的违法行为，应当进行督办。

旅游主管部门和有关部门应当按照各自职责，及时向社会公布监督检查的情况。

第九十条 依法成立的旅游行业组织依照法律、行政法规和章程的规定，制定行业经营规范和服务标准，对其会员的经营行为和服务质量进行自律管理，组织开展职业道德教育和业务培训，提高从业人员素质。

第八章　旅游纠纷处理

第九十一条 县级以上人民政府应当指定或者设立统一的旅游投诉受理机构。受理机构接到投诉，应当及时进行处理或者移交有关部门处理，并告知投诉者。

第九十二条 旅游者与旅游经营者发生纠纷，可以通过下列途径解决：

（一）双方协商；

（二）向消费者协会、旅游投诉受理机构或者有关调解组织申请调解；

（三）根据与旅游经营者达成的仲裁协议提请仲裁机构仲裁；

（四）向人民法院提起诉讼。

第九十三条 消费者协会、旅游投诉受理机构和有关调解组织在双方自愿的基础上，依法对旅游者与旅游经营者之间的纠纷进行调解。

第九十四条 旅游者与旅游经营者发生纠纷，旅游者一方人数众多并有共同请求的，可以推选代表人参加协商、调解、仲裁、诉讼活动。

第九章　法　律　责　任

第九十五条 违反本法规定，未经许可经营旅行社业务的，由旅游主管部门或者市场监督管理部门责令改正，没收违法所得，并处一万元以上十万元以下罚款；违法所得十万元以上的，并处违法所得一倍以上五倍以下罚款；对有关责任人员，处二千元以上二万元以下罚款。

旅行社违反本法规定，未经许可经营本法第二十九条第一款第二项、第三项业务，或者出租、出借旅行社业务经营许可证，或者以其他方式非法转让旅行社业务经营许可的，除依照前款规定处罚外，并责令停业整顿；情节严重的，吊销旅行社业务经营许可证；对直接负责的主管人员，处二千元以上二万元以下罚款。

第九十六条　旅行社违反本法规定，有下列行为之一的，由旅游主管部门责令改正，没收违法所得，并处五千元以上五万元以下罚款；情节严重的，责令停业整顿或者吊销旅行社业务经营许可证；对直接负责的主管人员和其他直接责任人员，处二千元以上二万元以下罚款：

（一）未按照规定为出境或者入境团队旅游安排领队或者导游全程陪同的；

（二）安排未取得导游证的人员提供导游服务或者安排不具备领队条件的人员提供领队服务的；

（三）未向临时聘用的导游支付导游服务费用的；

（四）要求导游垫付或者向导游收取费用的。

第九十七条　旅行社违反本法规定，有下列行为之一的，由旅游主管部门或者有关部门责令改正，没收违法所得，并处五千元以上五万元以下罚款；违法所得五万元以上的，并处违法所得一倍以上五倍以下罚款；情节严重的，责令停业整顿或者吊销旅行社业务经营许可证；对直接负责的主管人员和其他直接责任人员，处二千元以上二万元以下罚款：

（一）进行虚假宣传，误导旅游者的；

（二）向不合格的供应商订购产品和服务的；

（三）未按照规定投保旅行社责任保险的。

第九十八条　旅行社违反本法第三十五条规定的，由旅游主管部门责令改正，没收违法所得，责令停业整顿，并处三万元以上三十万元以下罚款；违法所得三十万元以上的，并处违法所得一倍以上五倍以下罚款；情节严重的，吊销旅行社业务经营许可证；对直接负责的主管人员和其他直接责任人员，没收违法所得，处二千元以上二万以下罚款，并暂扣或者吊销导游证。

第九十九条　旅行社未履行本法第五十五条规定的报告义务的，由旅游主管部门处五千元以上五万元以下罚款；情节严重的，责令停业整顿或者吊销旅行社业务经营许可证；对直接负责的主管人员和其他直接责任人员，处二千元以上二万元以下罚款，并暂扣或者吊销导游证。

第一百条　旅行社违反本法规定，有下列行为之一的，由旅游主管部门责令改正，处三万元以上三十万元以下罚款，并责令停业整顿；造成旅游者滞留等严重后果的，吊销旅行社业务经营许可证；对直接负责的主管人员和其他直接责任人员，处二千元以上二万元以下罚款，并暂扣或者吊销导游证：

（一）在旅游行程中擅自变更旅游行程安排，严重损害旅游者权益的；

（二）拒绝履行合同的；

（三）未征得旅游者书面同意，委托其他旅行社履行包价旅游合同的。

第一百零一条　旅行社违反本法规定，安排旅游者参观或者参与违反我国法律、法规和社会公德的项目或者活动的，由旅游主管部门责令改正，没收违法所得，责令停业整顿，并处二万元以上二十万元以下罚款；情节严重的，吊销旅行社业务经营许可证；对直接负责的主管人员和其他直接责任人员，处二千元以上二万元以下罚款，并暂扣或者吊销导游证。

第一百零二条　违反本法规定，未取得导游证或者不具备领队条件而从事导游、领队活动的，由旅游主管部门责令改正，没收违法所得，并处一千元以上一万元以下罚款，予以公告。

导游、领队违反本法规定，私自承揽业务的，由旅游主管部门责令改正，没收违法所得，处一千元以上一万元以下罚款，并暂扣或者吊销导游证。

导游、领队违反本法规定，向旅游者索取小费的，由旅游主管部门责令退还，处一千元以上一万元以下罚款；情节严重的，并暂扣或者吊销导游证。

第一百零三条　违反本法规定被吊销导游证的导游、领队和受到吊销旅行社业务经营许可证处罚的旅行社的有关管理人员，自处罚之日起未逾三年的，不得重新申请导游证或者从事旅行社业务。

第一百零四条　旅游经营者违反本法规定，给予或者收受贿赂的，由市场监督管理部门依照有关法律、法规的规定处罚；情节严重的，并由旅游主管部门吊销旅行社业务经营许可证。

第一百零五条　景区不符合本法规定的开放条件而接待旅游者的，由景区主管部门责令停业整顿直至符合开放条件，并处二万元以上二十万元以下罚款。景区在旅游者数量可能达到最大承载量时，未依照本法规定公告或者未向当地人民政府报告，未及时采取疏导、分流等措施，或者超过最大承载量接待旅游者的，由景区主管部门责令改正，情节严重的，责令停业整顿一个月至六个月。

第一百零六条　景区违反本法规定，擅自提高门票或者另行收费项目的价格，或者有其他价格违法行为的，由有关主管部门依照有关法律、法规的规定处罚。

第一百零七条　旅游经营者违反有关安全生产管理和消防安全管理的法律、法规或者国家标准、行业标准的，由有关主管部门依照有关法律、法规的规定处罚。

第一百零八条　对违反本法规定的旅游经营者及其从业人员，旅游主管部门和有关部门应当记入信用档案，向社会公布。

第一百零九条　旅游主管部门和有关部门的工作人员在履行监督管理职责中，滥用职权、玩忽职守、徇私舞弊，尚不构成犯罪的，依法给予处分。

第一百一十条　违反本法规定，构成犯罪的，依法追究刑事责任。

第十章　附　　则

第一百一十一条　本法下列用语的含义：

（一）旅游经营者，是指旅行社、景区以及为旅游者提供交通、住宿、餐饮、购物、娱乐等服务的经营者。

（二）景区，是指为旅游者提供游览服务、有明确的管理界限的场所或者区域。

（三）包价旅游合同，是指旅行社预先安排行程，提供或者通过履行辅助人提供交通、住宿、餐饮、游览、导游或者领队等两项以上旅游服务，旅游者以总价支付旅游费用的合同。

（四）组团社，是指与旅游者订立包价旅游合同的旅行社。

（五）地接社，是指接受组团社委托，在目的地接待旅游者的旅行社。

（六）履行辅助人，是指与旅行社存在合同关系，协助其履行包价旅游合同义务，实际提供相关服务的法人或者自然人。

第一百一十二条　本法自 2013 年 10 月 1 日起施行。

《旅行社条例》（2017 年修订版全文）

（2009 年 2 月 20 日国务院令第 550 号发布；根据 2016 年 2 月 6 日国务院令第 666 号《国务院关于修改部分行政法规的决定》修订；根据 2017 年 3 月 1 日国务院令第 676 号《国务院关于修改和废止部分行政法规的决定》修订。）

目　　录

第一章　总　　则

第一条　为了加强对旅行社的管理，保障旅游者和旅行社的合法权益，维护旅游市场秩序，促进旅游业的健康发展，制定本条例。

第二条　本条例适用于中华人民共和国境内旅行社的设立及经营活动。

本条例所称旅行社，是指从事招徕、组织、接待旅游者等活动，为旅游者提供相关旅游服务，开展国内旅游业务、入境旅游业务或者出境旅游业务的企业法人。

第三条　国务院旅游行政主管部门负责全国旅行社的监督管理工作。

县级以上地方人民政府管理旅游工作的部门按照职责负责本行政区域内旅行社的监督管理工作。

县级以上各级人民政府工商、价格、商务、外汇等有关部门，应当按照职责分工，依法对旅行社进行监督管理。

第四条　旅行社在经营活动中应当遵循自愿、平等、公平、诚信的原则，提高服务质量，维护旅游者的合法权益。

第五条　旅行社行业组织应当按照章程为旅行社提供服务，发挥协调和自律作用，引导旅行社合法、公平竞争和诚信经营。

第二章　旅行社的设立

第六条　申请经营国内旅游业务和入境旅游业务的，应当取得企业法人资格，并且注册资本不少于 30 万元。

第七条　申请经营国内旅游业务和入境旅游业务的，应当向所在地省、自治区、直辖市旅游行政管理部门或者其委托的设区的市级旅游行政管理部门提出申请，并提交符合本条例第六条规定的相关证明文件。受理申请的旅游行政管理部门应当自受理申请之日起20个工作日内作出许可或者不予许可的决定。予以许可的，向申请人颁发旅行社业务经营许可证；不予许可的，书面通知申请人并说明理由。

第八条　旅行社取得经营许可满两年，且未因侵害旅游者合法权益受到行政机关罚款以上处罚的，可以申请经营出境旅游业务。

第九条　申请经营出境旅游业务的，应当向国务院旅游行政主管部门或者其委托的省、自治区、直辖市旅游行政管理部门提出申请，受理申请的旅游行政管理部门应当自受理申请之日起20个工作日内作出许可或者不予许可的决定。予以许可的，向申请人换发旅行社业务经营许可证；不予许可的，书面通知申请人并说明理由。

第十条　旅行社设立分社的，应当向分社所在地的工商行政管理部门办理设立登记，并自设立登记之日起3个工作日内向分社所在地的旅游行政管理部门备案。

旅行社分社的设立不受地域限制。分社的经营范围不得超出设立分社的旅行社的经营范围。

第十一条　旅行社设立专门招徕旅游者、提供旅游咨询的服务网点（以下简称旅行社服务网点）应当依法向工商行政管理部门办理设立登记手续，并向所在地的旅游行政管理部门备案。

旅行社服务网点应当接受旅行社的统一管理，不得从事招徕、咨询以外的活动。

第十二条　旅行社变更名称、经营场所、法定代表人等登记事项或者终止经营的，应当到工商行政管理部门办理相应的变更登记或者注销登记，并在登记办理完毕之日起10个工作日内，向原许可的旅游行政管理部门备案，换领或者交回旅行社业务经营许可证。

第十三条　旅行社应当自取得旅行社业务经营许可证之日起3个工作日内，在国务院旅游行政主管部门指定的银行开设专门的质量保证金账户，存入质量保证金，或者向作出许可的旅游行政管理部门提交依法取得的担保额度不低于相应质量保证金数额的银行担保。

经营国内旅游业务和入境旅游业务的旅行社，应当存入质量保证金20万元；经营出境旅游业务的旅行社，应当增存质量保证金120万元。

质量保证金的利息属于旅行社所有。

第十四条　旅行社每设立一个经营国内旅游业务和入境旅游业务的分社，应当向其质量保证金账户增存5万元；每设立一个经营出境旅游业务的分社，应当向其质量保证金账户增存30万元。

第十五条　有下列情形之一的，旅游行政管理部门可以使用旅行社的质量保证金：

（一）旅行社违反旅游合同约定，侵害旅游者合法权益，经旅游行政管理部门查证属实的；

（二）旅行社因解散、破产或者其他原因造成旅游者预交旅游费用损失的。

第十六条 人民法院判决、裁定及其他生效法律文书认定旅行社损害旅游者合法权益，旅行社拒绝或者无力赔偿的，人民法院可以从旅行社的质量保证金账户上划拨赔偿款。

第十七条 旅行社自交纳或者补足质量保证金之日起三年内未因侵害旅游者合法权益受到行政机关罚款以上处罚的，旅游行政管理部门应当将旅行社质量保证金的交存数额降低50%，并向社会公告。旅行社可凭省、自治区、直辖市旅游行政管理部门出具的凭证减少其质量保证金。

第十八条 旅行社在旅游行政管理部门使用质量保证金赔偿旅游者的损失，或者依法减少质量保证金后，因侵害旅游者合法权益受到行政机关罚款以上处罚的，应当在收到旅游行政管理部门补交质量保证金的通知之日起5个工作日内补足质量保证金。

第十九条 旅行社不再从事旅游业务的，凭旅游行政管理部门出具的凭证，向银行取回质量保证金。

第二十条 质量保证金存缴、使用的具体管理办法由国务院旅游行政主管部门和国务院财政部门会同有关部门另行制定。

第三章 外商投资旅行社

第二十一条 外商投资旅行社适用本章规定；本章没有规定的，适用本条例其他有关规定。

前款所称外商投资旅行社，包括中外合资经营旅行社、中外合作经营旅行社和外资旅行社。

第二十二条 外商投资企业申请经营旅行社业务，应当向所在地省、自治区、直辖市旅游行政管理部门提出申请，并提交符合本条例第六条规定条件的相关证明文件。省、自治区、直辖市旅游行政管理部门应当自受理申请之日起30个工作日内审查完毕。予以许可的，颁发旅行社业务经营许可证；不予许可的，书面通知申请人并说明理由。

设立外商投资旅行社，还应当遵守有关外商投资的法律、法规。

第二十三条 外商投资旅行社不得经营中国内地居民出国旅游业务以及赴香港特别行政区、澳门特别行政区和台湾地区旅游的业务，但是国务院决定或者我国签署的自由贸易协定和内地与香港、澳门关于建立更紧密经贸关系的安排另有规定的除外。

第四章 旅行社经营

第二十四条 旅行社向旅游者提供的旅游服务信息必须真实可靠，不得作虚假宣传。

第二十五条 经营出境旅游业务的旅行社不得组织旅游者到国务院旅游行政主管部门公布的中国公民出境旅游目的地之外的国家和地区旅游。

第二十六条 旅行社为旅游者安排或者介绍的旅游活动不得含有违反有关法律、法规规定的内容。

第二十七条　旅行社不得以低于旅游成本的报价招徕旅游者。未经旅游者同意，旅行社不得在旅游合同约定之外提供其他有偿服务。

第二十八条　旅行社为旅游者提供服务，应当与旅游者签订旅游合同并载明下列事项：

（一）旅行社的名称及其经营范围、地址、联系电话和旅行社业务经营许可证编号；

（二）旅行社经办人的姓名、联系电话；

（三）签约地点和日期；

（四）旅游行程的出发地、途经地和目的地；

（五）旅游行程中交通、住宿、餐饮服务安排及其标准；

（六）旅行社统一安排的游览项目的具体内容及时间；

（七）旅游者自由活动的时间和次数；

（八）旅游者应当交纳的旅游费用及交纳方式；

（九）旅行社安排的购物次数、停留时间及购物场所的名称；

（十）需要旅游者另行付费的游览项目及价格；

（十一）解除或者变更合同的条件和提前通知的期限；

（十二）违反合同的纠纷解决机制及应当承担的责任；

（十三）旅游服务监督、投诉电话；

（十四）双方协商一致的其他内容。

第二十九条　旅行社在与旅游者签订旅游合同时，应当对旅游合同的具体内容作出真实、准确、完整的说明。

旅行社和旅游者签订的旅游合同约定不明确或者对格式条款的理解发生争议的，应当按照通常理解予以解释；对格式条款有两种以上解释的，应当作出有利于旅游者的解释；格式条款和非格式条款不一致的，应当采用非格式条款。

第三十条　旅行社组织中国内地居民出境旅游的，应当为旅游团队安排领队全程陪同。

第三十一条　旅行社为接待旅游者委派的导游人员，应当持有国家规定的导游证。

取得出境旅游业务经营许可的旅行社为组织旅游者出境旅游委派的领队，应当取得导游证，具有相应的学历、语言能力和旅游从业经历，并与委派其从事领队业务的旅行社订立劳动合同。旅行社应当将本单位领队名单报所在地设区的市级旅游行政管理部门备案。

第三十二条　旅行社聘用导游人员、领队人员应当依法签订劳动合同，并向其支付不低于当地最低工资标准的报酬。

第三十三条　旅行社及其委派的导游人员和领队人员不得有下列行为：

（一）拒绝履行旅游合同约定的义务；

（二）非因不可抗力改变旅游合同安排的行程；

（三）欺骗、胁迫旅游者购物或者参加需要另行付费的游览项目。

第三十四条　旅行社不得要求导游人员和领队人员接待不支付接待和服务费用或者支付的费用低于接待和服务成本的旅游团队，不得要求导游人员和领队人员承担接待旅游团队的相关费用。

第三十五条　旅行社违反旅游合同约定，造成旅游者合法权益受到损害的，应当采取必要的补救措施，并及时报告旅游行政管理部门。

第三十六条　旅行社需要对旅游业务作出委托的，应当委托给具有相应资质的旅行社，征得旅游者的同意，并与接受委托的旅行社就接待旅游者的事宜签订委托合同，确定接待旅游者的各项服务安排及其标准，约定双方的权利、义务。

第三十七条　旅行社将旅游业务委托给其他旅行社的，应当向接受委托的旅行社支付不低于接待和服务成本的费用；接受委托的旅行社不得接待不支付或者不足额支付接待和服务费用的旅游团队。

接受委托的旅行社违约，造成旅游者合法权益受到损害的，作出委托的旅行社应当承担相应的赔偿责任。作出委托的旅行社赔偿后，可以向接受委托的旅行社追偿。

接受委托的旅行社故意或者重大过失造成旅游者合法权益损害的，应当承担连带责任。

第三十八条　旅行社应当投保旅行社责任险。旅行社责任险的具体方案由国务院旅游行政主管部门会同国务院保险监督管理机构另行制定。

第三十九条　旅行社对可能危及旅游者人身、财产安全的事项，应当向旅游者作出真实的说明和明确的警示，并采取防止危害发生的必要措施。

发生危及旅游者人身安全的情形的，旅行社及其委派的导游人员、领队人员应当采取必要的处置措施并及时报告旅游行政管理部门；在境外发生的，还应当及时报告中华人民共和国驻该国使领馆、相关驻外机构、当地警方。

第四十条　旅游者在境外滞留不归的，旅行社委派的领队人员应当及时向旅行社和中华人民共和国驻该国使领馆、相关驻外机构报告。旅行社接到报告后应当及时向旅游行政管理部门和公安机关报告，并协助提供非法滞留者的信息。

旅行社接待入境旅游发生旅游者非法滞留我国境内的，应当及时向旅游行政管理部门、公安机关和外事部门报告，并协助提供非法滞留者的信息。

第五章　监督检查

第四十一条　旅游、工商、价格、商务、外汇等有关部门应当依法加强对旅行社的监督管理，发现违法行为，应当及时予以处理。

第四十二条　旅游、工商、价格等行政管理部门应当及时向社会公告监督检查的情况。公告的内容包括旅行社业务经营许可证的颁发、变更、吊销、注销情况，旅行社的违法经营行为以及旅行社的诚信记录、旅游者投诉信息等。

第四十三条　旅行社损害旅游者合法权益的，旅游者可以向旅游行政管理部门、工商行政管理部门、价格主管部门、商务主管部门或者外汇管理部门投诉，接到投诉的部门应当按照其职责权限及时调查处理，并将调查处理的有关情况告知旅游者。

第四十四条　旅行社及其分社应当接受旅游行政管理部门对其旅游合同、服务质量、旅游安全、财务账簿等情况的监督检查，并按照国家有关规定向旅游行政管理部门报送经营和财务信息等统计资料。

第四十五条　旅游、工商、价格、商务、外汇等有关部门工作人员不得接受旅行社的任何馈赠，不得参加由旅行社支付费用的购物活动或者游览项目，不得通过旅行社为自己、亲友或者其他个人、组织牟取私利。

第六章　法 律 责 任

第四十六条　违反本条例的规定，有下列情形之一的，由旅游行政管理部门或者工商行政管理部门责令改正，没收违法所得，违法所得 10 万元以上的，并处违法所得 1 倍以上 5 倍以下的罚款；违法所得不足 10 万元或者没有违法所得的，并处 10 万元以上 50 万元以下的罚款：

（一）未取得相应的旅行社业务经营许可，经营国内旅游业务、入境旅游业务、出境旅游业务的；

（二）分社超出设立分社的旅行社的经营范围经营旅游业务的；

（三）旅行社服务网点从事招徕、咨询以外的旅行社业务经营活动的。

第四十七条　旅行社转让、出租、出借旅行社业务经营许可证的，由旅游行政管理部门责令停业整顿 1 个月至 3 个月，并没收违法所得；情节严重的，吊销旅行社业务经营许可证。受让或者租借旅行社业务经营许可证的，由旅游行政管理部门责令停止非法经营，没收违法所得，并处 10 万元以上 50 万元以下的罚款。

第四十八条　违反本条例的规定，旅行社未在规定期限内向其质量保证金账户存入、增存、补足质量保证金或者提交相应的银行担保的，由旅游行政管理部门责令改正；拒不改正的，吊销旅行社业务经营许可证。

第四十九条　违反本条例的规定，旅行社不投保旅行社责任险的，由旅游行政管理部门责令改正；拒不改正的，吊销旅行社业务经营许可证。

第五十条　违反本条例的规定，旅行社有下列情形之一的，由旅游行政管理部门责令改正；拒不改正的，处 1 万元以下的罚款：

（一）变更名称、经营场所、法定代表人等登记事项或者终止经营，未在规定期限内向原许可的旅游行政管理部门备案，换领或者交回旅行社业务经营许可证的；

（二）设立分社未在规定期限内向分社所在地旅游行政管理部门备案的；

（三）不按照国家有关规定向旅游行政管理部门报送经营和财务信息等统计资料的。

第五十一条　违反本条例的规定，外商投资旅行社经营中国内地居民出国旅游业务以及赴香港特别行政区、澳门特别行政区和台湾地区旅游业务，或者经营出境旅游业务的旅行社组织旅游者到国务院旅游行政主管部门公布的中国公民出境旅游目的地之外的国家和地区旅游的，由旅游行政管理部门责令改正，没收违法所得，违法所得 10 万元以上的，并处违法所得 1 倍以上 5 倍以下的罚款；违法所得不足 10 万元或者没有违法所得的，并处 10 万元以上 50 万元以下的罚款；情节严重的，吊销旅行社业务经营许可证。

第五十二条　违反本条例的规定，旅行社为旅游者安排或者介绍的旅游活动含有违反有关法律、法规规定的内容的，由旅游行政管理部门责令改正，没收违法所得，并处 2 万元以上 10 万元以下的罚款；情节严重的，吊销旅行社业务经营许可证。

第五十三条　违反本条例的规定，旅行社向旅游者提供的旅游服务信息含有虚假内容或者作虚假宣传的，由工商行政管理部门依法给予处罚。

违反本条例的规定，旅行社以低于旅游成本的报价招徕旅游者的，由价格主管部门依法给予处罚。

第五十四条　违反本条例的规定，旅行社未经旅游者同意在旅游合同约定之外提供其他有偿服务的，由旅游行政管理部门责令改正，处 1 万元以上 5 万元以下的罚款。

第五十五条　违反本条例的规定，旅行社有下列情形之一的，由旅游行政管理部门责令改正，处 2 万元以上 10 万元以下的罚款；情节严重的，责令停业整顿 1 个月至 3 个月：

（一）未与旅游者签订旅游合同；

（二）与旅游者签订的旅游合同未载明本条例第二十八条规定的事项；

（三）未取得旅游者同意，将旅游业务委托给其他旅行社；

（四）将旅游业务委托给不具有相应资质的旅行社；

（五）未与接受委托的旅行社就接待旅游者的事宜签订委托合同。

第五十六条　违反本条例的规定，旅行社组织中国内地居民出境旅游，不为旅游团队安排领队全程陪同的，由旅游行政管理部门责令改正，处 1 万元以上 5 万元以下的罚款；拒不改正的，责令停业整顿 1 个月至 3 个月。

第五十七条　违反本条例的规定，旅行社委派的导游人员未持有国家规定的导游证或者委派的领队人员不具备规定的领队条件的，由旅游行政管理部门责令改正，对旅行社处 2 万元以上 10 万元以下的罚款。

第五十八条　违反本条例的规定，旅行社不向其聘用的导游人员、领队人员支付报酬，或者所支付的报酬低于当地最低工资标准的，按照《中华人民共和国劳动合同法》的有关规定处理。

第五十九条　违反本条例的规定，有下列情形之一的，对旅行社，由旅游行政管理部门或者工商行政管理部门责令改正，处 10 万元以上 50 万元以下的罚款；对导游人员、领队人员，由旅游行政管理部门责令改正，处 1 万元以上 5 万元以下的罚款；情节严重的，吊销旅行社业务经营许可证、导游证：

（一）拒不履行旅游合同约定的义务的；

（二）非因不可抗力改变旅游合同安排的行程的；

（三）欺骗、胁迫旅游者购物或者参加需要另行付费的游览项目的。

第六十条　违反本条例的规定，旅行社要求导游人员和领队人员接待不支付接待和服务费用、支付的费用低于接待和服务成本的旅游团队，或者要求导游人员和领队人员承担接待旅游团队的相关费用的，由旅游行政管理部门责令改正，处 2 万元以上 10 万元以下的罚款。

第六十一条　旅行社违反旅游合同约定，造成旅游者合法权益受到损害，不采取必要的补救措施的，由旅游行政管理部门或者工商行政管理部门责令改正，处 1 万元以上 5 万元以下的罚款；情节严重的，由旅游行政管理部门吊销旅行社业务经营许可证。

第六十二条　违反本条例的规定，有下列情形之一的，由旅游行政管理部门责令改正，停业整顿 1 个月至 3 个月；情节严重的，吊销旅行社业务经营许可证：

（一）旅行社不向接受委托的旅行社支付接待和服务费用的；

（二）旅行社向接受委托的旅行社支付的费用低于接待和服务成本的；

（三）接受委托的旅行社接待不支付或者不足额支付接待和服务费用的旅游团队的。

第六十三条　违反本条例的规定，旅行社及其委派的导游人员、领队人员有下列情形之一的，由旅游行政管理部门责令改正，对旅行社处 2 万元以上 10 万元以下的罚款；对导游人员、领队人员处 4000 元以上 2 万元以下的罚款；情节严重的，责令旅行社停业整顿 1 个月至 3 个月，或者吊销旅行社业务经营许可证、导游证：

（一）发生危及旅游者人身安全的情形，未采取必要的处置措施并及时报告的；

（二）旅行社组织出境旅游的旅游者非法滞留境外，旅行社未及时报告并协助提供非法滞留者信息的；

（三）旅行社接待入境旅游的旅游者非法滞留境内，旅行社未及时报告并协助提供非法滞留者信息的。

第六十四条　因妨害国（边）境管理受到刑事处罚的，在刑罚执行完毕之日起五年内不得从事旅行社业务经营活动；旅行社被吊销旅行社业务经营许可的，其主要负责人在旅行社业务经营许可被吊销之日起五年内不得担任任何旅行社的主要负责人。

第六十五条　旅行社违反本条例的规定，损害旅游者合法权益的，应当承担相应的民事责任；构成犯罪的，依法追究刑事责任。

第六十六条　违反本条例的规定，旅游行政管理部门或者其他有关部门及其工作人员有下列情形之一的，对直接负责的主管人员和其他直接责任人员依法给予处分：

（一）发现违法行为不及时予以处理的；

（二）未及时公告对旅行社的监督检查情况的；

（三）未及时处理旅游者投诉并将调查处理的有关情况告知旅游者的；

（四）接受旅行社的馈赠的；

（五）参加由旅行社支付费用的购物活动或者游览项目的；

（六）通过旅行社为自己、亲友或者其他个人、组织牟取私利的。

第七章　附　则

第六十七条　香港特别行政区、澳门特别行政区和台湾地区的投资者在内地投资设立的旅行社，参照适用本条例。

第六十八条　本条例自 2009 年 5 月 1 日起施行。1996 年 10 月 15 日国务院发布的《旅行社管理条例》同时废止。

《导游管理办法》

第一章　总　　则

第一条　为规范导游执业行为，提升导游服务质量，保障导游合法权益，促进导游行业健康发展，依据《中华人民共和国旅游法》《导游人员管理条例》和《旅行社条例》等法律法规，制定本办法。

第二条　导游执业的许可、管理、保障与激励，适用本办法。

第三条　国家对导游执业实行许可制度。从事导游执业活动的人员，应当取得导游人员资格证和导游证。

国家旅游局建立导游等级考核制度、导游服务星级评价制度和全国旅游监管服务信息系统，各级旅游主管部门运用标准化、信息化手段对导游实施动态监管和服务。

第四条　旅游行业组织应当依法维护导游合法权益，促进导游职业发展，加强导游行业自律。

旅行社等用人单位应当加强对导游的管理和培训，保障导游合法权益，提升导游服务质量。

导游应当恪守职业道德，提升服务水平，自觉维护导游行业形象。

第五条　支持和鼓励各类社会机构积极弘扬导游行业先进典型，优化导游执业环境，促进导游行业健康稳定发展。

第二章　导游执业许可

第六条　经导游人员资格考试合格的人员，方可取得导游人员资格证。

国家旅游局负责制定全国导游资格考试政策、标准，组织导游资格统一考试，以及对地方各级旅游主管部门导游资格考试实施工作进行监督管理。

省、自治区、直辖市旅游主管部门负责组织、实施本行政区域内导游资格考试具体工作。

全国导游资格考试管理的具体办法，由国家旅游局另行制定。

第七条　取得导游人员资格证，并与旅行社订立劳动合同或者在旅游行业组织注册的人员，可以通过全国旅游监管服务信息系统向所在地旅游主管部门申请取得导游证。

导游证采用电子证件形式，由国家旅游局制定格式标准，由各级旅游主管部门通过全国旅游监管服务信息系统实施管理。电子导游证以电子数据形式保存于导游个人移动电话等移动终端设备中。

第八条　在旅游行业组织注册并申请取得导游证的人员，应当向所在地旅游行业组织提交下列材料：

（一）身份证；

（二）导游人员资格证；

（三）本人近期照片；

（四）注册申请。

旅游行业组织在接受申请人取得导游证的注册时，不得收取注册费；旅游行业组织收取会员会费的，应当符合《社会团体登记条例》等法律法规的规定，不得以导游证注册费的名义收取会费。

第九条　导游通过与旅行社订立劳动合同取得导游证的，劳动合同的期限应当在 1 个月以上。

第十条　申请取得导游证，申请人应当通过全国旅游监管服务信息系统填写申请信息，并提交下列申请材料：

（一）身份证的扫描件或者数码照片等电子版；

（二）未患有传染性疾病的承诺；

（三）无过失犯罪以外的犯罪记录的承诺；

（四）与经常执业地区的旅行社订立劳动合同或者在经常执业地区的旅游行业组织注册的确认信息。

前款第（四）项规定的信息，旅行社或者旅游行业组织应当自申请人提交申请之日起 5 个工作日内确认。

第十一条　所在地旅游主管部门对申请人提出的取得导游证的申请，应当依法出具受理或者不予受理的书面凭证。需补正相关材料的，应当自收到申请材料之日起 5 个工作日内一次性告知申请人需要补正的全部内容；逾期不告知的，收到材料之日起即为受理。

所在地旅游主管部门应当自受理申请之日起 10 个工作日内，作出准予核发或者不予核发导游证的决定。不予核发的，应当书面告知申请人理由。

第十二条　具有下列情形的，不予核发导游证：

（一）无民事行为能力或者限制民事行为能力的；

（二）患有甲类、乙类以及其他可能危害旅游者人身健康安全的传染性疾病的；

（三）受过刑事处罚的，过失犯罪的除外；

（四）被吊销导游证之日起未逾 3 年的。

第十三条　导游证的有效期为 3 年。导游需要在导游证有效期届满后继续执业的，应当在有效期限届满前 3 个月内，通过全国旅游监管服务信息系统向所在地旅游主管部门提出申请，并提交本办法第十条第（二）项至第（四）项规定的材料。

旅行社或者旅游行业组织应当自导游提交申请之日起 3 个工作日内确认信息。所在地旅游主管部门应当自旅行社或者旅游行业组织核实信息之日起 5 个工作日内予以审核，并对符合条件的导游变更导游证信息。

第十四条　导游与旅行社订立的劳动合同解除、终止或者在旅游行业组织取消注册的，导游及旅行社或者旅游行业组织应当自解除、终止合同或者取消注册之日起 5 个工作日内，通过全国旅游监管服务信息系统将信息变更情况报告旅游主管部门。

第十五条 导游应当自下列情形发生之日起 10 个工作日内，通过全国旅游监管服务信息系统提交相应材料，申请变更导游证信息：

（一）姓名、身份证号、导游等级和语种等信息发生变化的；

（二）与旅行社订立的劳动合同解除、终止或者在旅游行业组织取消注册后，在 3 个月内与其他旅行社订立劳动合同或者在其他旅游行业组织注册的；

（三）经常执业地区发生变化的；

（四）其他导游身份信息发生变化的。

旅行社或者旅游行业组织应当自收到申请之日起 3 个工作日内对信息变更情况进行核实。所在地旅游主管部门应当自旅行社或者旅游行业组织核实信息之日起 5 个工作日内予以审核确认。

第十六条 有下列情形之一的，所在地旅游主管部门应当撤销导游证：

（一）对不具备申请资格或者不符合法定条件的申请人核发导游证的；

（二）申请人以欺骗、贿赂等不正当手段取得导游证的；

（三）依法可以撤销导游证的其他情形。

第十七条 有下列情形之一的，所在地旅游主管部门应当注销导游证：

（一）导游死亡的；

（二）导游证有效期届满未申请换发导游证的；

（三）导游证依法被撤销、吊销的；

（四）导游与旅行社订立的劳动合同解除、终止或者在旅游行业组织取消注册后，超过 3 个月未与其他旅行社订立劳动合同或者未在其他旅游行业组织注册的；

（五）取得导游证后出现本办法第十二条第（一）项至第（三）项情形的；

（六）依法应当注销导游证的其他情形。

导游证被注销后，导游符合法定执业条件需要继续执业的，应当依法重新申请取得导游证。

第十八条 导游的经常执业地区应当与其订立劳动合同的旅行社（含旅行社分社）或者注册的旅游行业组织所在地的省级行政区域一致。

导游证申请人的经常执业地区在旅行社分社所在地的，可以由旅行社分社所在地旅游主管部门负责导游证办理相关工作。

第三章 导游执业管理

第十九条 导游为旅游者提供服务应当接受旅行社委派，但另有规定的除外。

第二十条 导游在执业过程中应当携带电子导游证、佩戴导游身份标识，并开启导游执业相关应用软件。

旅游者有权要求导游展示电子导游证和导游身份标识。

第二十一条　导游身份标识中的导游信息发生变化，导游应当自导游信息发生变化之日起 10 个工作日内，向所在地旅游主管部门申请更换导游身份标识。旅游主管部门应当自收到申请之日起 5 个工作日内予以确认更换。

导游身份标识丢失或者因磨损影响使用的，导游可以向所在地旅游主管部门申请重新领取，旅游主管部门应当自收到申请之日起 10 个工作日内予以发放或者更换。

第二十二条　导游在执业过程中应当履行下列职责：

（一）自觉维护国家利益和民族尊严；

（二）遵守职业道德，维护职业形象，文明诚信服务；

（三）按照旅游合同提供导游服务，讲解自然和人文资源知识、风俗习惯、宗教禁忌、法律法规和有关注意事项；

（四）尊重旅游者的人格尊严、宗教信仰、民族风俗和生活习惯；

（五）向旅游者告知和解释文明行为规范、不文明行为可能产生的后果，引导旅游者健康、文明旅游，劝阻旅游者违反法律法规、社会公德、文明礼仪规范的行为；

（六）对可能危及旅游者人身、财产安全的事项，向旅游者作出真实的说明和明确的警示，并采取防止危害发生的必要措施。

第二十三条　导游在执业过程中不得有下列行为：

（一）安排旅游者参观或者参与涉及色情、赌博、毒品等违反我国法律法规和社会公德的项目或者活动；

（二）擅自变更旅游行程或者拒绝履行旅游合同；

（三）擅自安排购物活动或者另行付费旅游项目；

（四）以隐瞒事实、提供虚假情况等方式，诱骗旅游者违背自己的真实意愿，参加购物活动或者另行付费旅游项目；

（五）以殴打、弃置、限制活动自由、恐吓、侮辱、咒骂等方式，强迫或者变相强迫旅游者参加购物活动、另行付费等消费项目；

（六）获取购物场所、另行付费旅游项目等相关经营者以回扣、佣金、人头费或者奖励费等名义给予的不正当利益；

（七）推荐或者安排不合格的经营场所；

（八）向旅游者兜售物品；

（九）向旅游者索取小费；

（十）未经旅行社同意委托他人代为提供导游服务；

（十一）法律法规规定的其他行为。

第二十四条　旅游突发事件发生后，导游应当立即采取下列必要的处置措施：

（一）向本单位负责人报告，情况紧急或者发生重大、特别重大旅游突发事件时，可以直接向发生地、旅行社所在地县级以上旅游主管部门、安全生产监督管理部门和负有安全生产监督管理职责的其他相关部门报告；

（二）救助或者协助救助受困旅游者；

（三）根据旅行社、旅游主管部门及有关机构的要求，采取调整或者中止行程、停止带团前往风险区域、撤离风险区域等避险措施。

第二十五条　具备领队条件的导游从事领队业务的，应当符合《旅行社条例实施细则》等法律、法规和规章的规定。

旅行社应当按要求将本单位具备领队条件的领队信息及变更情况，通过全国旅游监管服务信息系统报旅游主管部门备案。

第四章　导游执业保障与激励

第二十六条　导游在执业过程中，其人格尊严受到尊重，人身安全不受侵犯，合法权益受到保障。导游有权拒绝旅行社和旅游者的下列要求：

（一）侮辱其人格尊严的要求；

（二）违反其职业道德的要求；

（三）不符合我国民族风俗习惯的要求；

（四）可能危害其人身安全的要求；

（五）其他违反法律、法规和规章规定的要求。

旅行社等用人单位应当维护导游执业安全、提供必要的职业安全卫生条件，并为女性导游提供执业便利、实行特殊劳动保护。

第二十七条　旅行社有下列行为的，导游有权向劳动行政部门投诉举报、申请仲裁或者向人民法院提起诉讼：

（一）不依法与聘用的导游订立劳动合同的；

（二）不依法向聘用的导游支付劳动报酬、导游服务费用或者缴纳社会保险费用的；

（三）要求导游缴纳自身社会保险费用的；

（四）支付导游的报酬低于当地最低工资标准的。

旅行社要求导游接待以不合理低价组织的旅游团队或者承担接待旅游团队的相关费用的，导游有权向旅游主管部门投诉举报。

鼓励景区对持有导游证从事执业活动或者与执业相关活动的导游免除门票。

第二十八条　旅行社应当与通过其取得导游证的导游订立不少于 1 个月期限的劳动合同，并支付基本工资、带团补贴等劳动报酬，缴纳社会保险费用。

旅行社临时聘用在旅游行业组织注册的导游为旅游者提供服务的，应当依照旅游和劳动相关法律、法规的规定足额支付导游服务费用；旅行社临时聘用的导游与其他单位不具有劳动关系或者人事关系的，旅行社应当与其订立劳动合同。

第二十九条　旅行社应当提供设置"导游专座"的旅游客运车辆，安排的旅游者与导游总人数不得超过旅游客运车辆核定乘员数。

导游应当在旅游车辆"导游专座"就坐，避免在高速公路或者危险路段站立讲解。

第三十条　导游服务星级评价是对导游服务水平的综合评价，星级评价指标由技能水平、学习培训经历、从业年限、奖惩情况、执业经历和社会评价等构成。导游服务星级根据星级评价指标通过全国旅游监管服务信息系统自动生成，并根据导游执业情况每年度更新一次。

旅游主管部门、旅游行业组织和旅行社等单位应当通过全国旅游监管服务信息系统，及时、真实地备注各自获取的导游奖惩情况等信息。

第三十一条 各级旅游主管部门应当积极组织开展导游培训，培训内容应当包括政策法规、安全生产、突发事件应对和文明服务等，培训方式可以包括培训班、专题讲座和网络在线培训等，每年累计培训时间不得少于24小时。培训不得向参加人员收取费用。

旅游行业组织和旅行社等应当对导游进行包括安全生产、岗位技能、文明服务和文明引导等内容的岗前培训和执业培训。

导游应当参加旅游主管部门、旅游行业组织和旅行社开展的有关政策法规、安全生产、突发事件应对和文明服务内容的培训；鼓励导游积极参加其他培训，提高服务水平。

第五章 罚 则

第三十二条 导游违反本办法有关规定的，依照下列规定处理：

（一）违反本办法第十九条规定的，依据《旅游法》第一百零二条第二款的规定处罚；

（二）违反本办法第二十条第一款规定的，依据《导游人员管理条例》第二十一条的规定处罚；

（三）违反本办法第二十二条第（一）项规定的，依据《导游人员管理条例》第二十条的规定处罚；

（四）违反本办法第二十三条第（一）项规定的，依据《旅游法》第一百零一条的规定处罚；

（五）违反本办法第二十三条第（二）项规定的，依据《旅游法》第一百条的规定处罚；

（六）违反本办法第二十三条第（三）项至第（六）项规定的，依据《旅游法》第九十八条的规定处罚；

（七）违反本办法第二十三条第（七）项规定的，依据《旅游法》第九十七条第（二）项的规定处罚；

（八）违反本办法第二十三条第（八）项规定的，依据《导游人员管理条例》第二十三条的规定处罚；

（九）违反本办法第二十三条第（九）项规定的，依据《旅游法》第一百零二条第三款的规定处罚。

违反本办法第三条第一款规定，未取得导游证从事导游活动的，依据《旅游法》第一百零二条第一款的规定处罚。

第三十三条 违反本办法规定，导游有下列行为的，由县级以上旅游主管部门责令改正，并可以处 1000 元以下罚款；情节严重的，可以处 1000 元以上 5000 元以下罚款：

（一）未按期报告信息变更情况的；

（二）未申请变更导游证信息的；

（三）未更换导游身份标识的；

（四）不依照本办法第二十四条规定采取相应措施的；

（五）未按规定参加旅游主管部门组织的培训的；

（六）向负责监督检查的旅游主管部门隐瞒有关情况、提供虚假材料或者拒绝提供反映其活动情况的真实材料的；

（七）在导游服务星级评价中提供虚假材料的。

旅行社或者旅游行业组织有前款第（一）项和第（七）项规定行为的，依照前款规定处罚。

第三十四条 导游执业许可申请人隐瞒有关情况或者提供虚假材料申请取得导游人员资格证、导游证的，县级以上旅游主管部门不予受理或者不予许可，并给予警告；申请人在一年内不得再次申请该导游执业许可。

导游以欺骗、贿赂等不正当手段取得导游人员资格证、导游证的，除依法撤销相关证件外，可以由所在地旅游主管部门处 1000 元以上 5000 元以下罚款；申请人在三年内不得再次申请导游执业许可。

第三十五条 导游涂改、倒卖、出租、出借导游人员资格证、导游证，以其他形式非法转让导游执业许可，或者擅自委托他人代为提供导游服务的，由县级以上旅游主管部门责令改正，并可以处 2000 元以上 1 万元以下罚款。

第三十六条 违反本办法第二十五条第二款规定，旅行社不按要求报备领队信息及变更情况，或者备案的领队不具备领队条件的，由县级以上旅游主管部门责令改正，并可以删除全国旅游监管服务信息系统中不具备领队条件的领队信息；拒不改正的，可以处 5000 元以下罚款。

旅游行业组织、旅行社为导游证申请人申请取得导游证隐瞒有关情况或者提供虚假材料的，由县级以上旅游主管部门责令改正，并可以处 5000 元以下罚款。

第三十七条 对导游违反本办法规定的行为，县级以上旅游主管部门应当依照旅游经营服务不良信息管理有关规定，纳入旅游经营服务不良信息管理；构成犯罪的，依法移送公安机关追究其刑事责任。

第三十八条 旅游主管部门及其工作人员在履行导游执业许可、管理职责中，滥用职权、玩忽职守、徇私舞弊的，由有关部门责令改正，对直接负责的主管人员和其他直接责任人员依法给予处分。

第六章 附 则

第三十九条 本办法下列用语的含义：

（一）所在地旅游主管部门，是指旅行社（含旅行社分社）、旅游行业组织所在地的省、自治区、直辖市旅游主管部门或者其委托的设区的市级旅游主管部门、县级旅游主管部门；

（二）旅游行业组织，是指依照《社会团体登记管理条例》成立的导游协会，以及在旅游协会、旅行社协会等旅游行业社会团体内设立的导游分会或者导游工作部门，具体由所在地旅游主管部门确定；

（三）经常执业地区，是指导游连续执业或者 3 个月内累计执业达到 30 日的省级行政区域；

（四）导游身份标识，是指标识有导游姓名、证件号码等导游基本信息，以便于旅游者和执法人员识别身份的工作标牌，具体标准由国家旅游局制定。

第四十条　本办法自 2018 年 1 月 1 日起施行。

参 考 文 献

1. 杨智勇主编：《旅游法规》，北京大学出版社 2017 年版。
2. 杨富斌主编：《中华人民共和国旅游法释义》，中国法制出版社 2013 年版。
3. 李柏槐、石应平主编：《旅游法律法规典型案例汇编》，四川大学出版社 2013年版。
4. 杨富斌主编：《旅游法案例解析》，旅游教育出版社 2012 年版。